Dieter Schwartz
Gefühle erkennen und positiv beeinflussen

S.158f

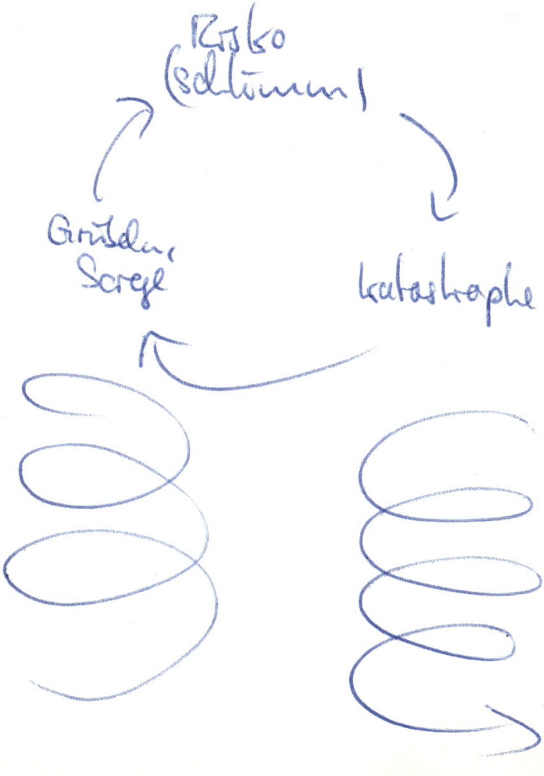

Dieter Schwartz

Gefühle erkennen und positiv beeinflussen

mvg verlag

CIP-Titelaufnahme der Deutschen Bibliothek

Schwartz, Dieter:
Gefühle erkennen und positiv beeinflussen / Dieter Schwartz. –
3. Aufl. – Landsberg am Lech : mvg-Verl., 1987
(mvg-Paperbacks ; 201)
ISBN 3-478-02012-3

NE: GT

3. Auflage

8910 Landsberg am Lech
Schutzumschlag: Hendrik van Gemert
Druck- und Bindearbeiten: Presse-Druck Augsburg
Printed in Germany 020012/1187802
ISBN 3-478-02012-3

Inhalt

Vorwort 9

Teil I: Die rational-emotive Auffassung psychischer Probleme

1. Empfindungen, Gefühle und Handlungen 13
   Haben Sie ein psychisches Problem? 14

2. Sie, Ihre Umwelt und Ihr psychisches Problem 15
   Die medizinische Auffassung vom Wesen der psychischen Störung 16
   Die rational-emotive Auffassung vom Wesen der psychischen Störung 17
   Wahrnehmungen und Wertungen: Ihre Kognitionen 18
   Einstellungen 20

3. Wer steuert Ihre Gefühle? 21
   Das Großhirn oder Ihre »Denkhaube« 21
   Das Limbische System oder der Gefühlsteil Ihres Gehirns 22
   Das Zusammenspiel von Großhirn und Limbischem System 22
   Sie fühlen wie Sie denken 25
   Gedanken und inneres Selbstgespräch 29
   Kontrolle 30

4. Rationale Selbsthilfe (RSH) und rational-emotive Therapie (RET) 31
   Rational-emotive Therapie und andere psychotherapeutische Methoden 33

Teil II: Die Grundlagen rationaler Selbsthilfe (RSH)

1. Zwei grundsätzliche Hypothesen 39

2. Lernen Sie das ABC der Gefühle 39

3. Irrationale Ideen führen zu emotionalen Störungen 51
10 irrationale Ideen 52
Rationale Alternativen zu den 10 irrationalen Ideen 62

4. Rationales Denken 63
Kontrolle 76

Teil III: Die Praxis der rationalen Selbsthilfe

1. Ihr erster Schritt: Das Erlernen der rationalen Selbstanalyse (RSA) 81
Schema für Ihre RSA 82
Erläuterung der sechs Stationen Ihrer RSA 83
Emotionen und Verhalten 98
Mein Vorschlag für die Disputationsübung 100
Kontrolle 102

2. Das Üben der rationalen Selbstanalyse 103
Christines erste rationale Selbstanalyse 104
Christines »Kamera-Check« von A; die DA-Station 108
Christines Disput von B 111
Karls erste rationale Selbstanalyse 119
Karls Disput von A 121
Karls Disput von B 122
Antwort zur Übung Christines' irrationale Ideen 126
Kontrolle 126

3. Ihr zweiter Schritt: Die rationale Vorstellungsübung 127
Das Durchspielen der schlimmsten Situationen 133
Kontrolle 137

4. Ein rationales Übungsprogramm 138
Übungen zur irrationalen Idee Nr. 1 139
Der Problembereich »selbstsicheres Verhalten« 141
Übungen zur irrationalen Idee Nr. 2 145
Shame-Attacking-Exercises 147
Wie Sie Ihre Selbsthilfepraxis möglichst effektiv machen 150

Teil IV: Besondere Problembereiche

1. Ein Wegweiser durch die »großen Vier«: Angst, Depression, Wut und Schuldgefühle 155
Angst und Furcht 155
Drei Hauptängste 156
Die gedankliche Grundstruktur der Angst 158
Die Logik, die uns zu ängstlichen Menschen macht 159
Angst überwinden 161
Niederdrückende Gedanken machen niedergedrückte Gefühle: die Depression 162
Mensch-ärgere-dich-nicht? 165
Schuldgefühle 168

2. Sexual- und Liebesprobleme 170
Sexuelle Störungen 170
Ein Fall von Erektionsstörung 171
Einige irrationale Ansichten über Sex und Liebe 176
Spezielle Probleme bei Frauen 179
Ihre mangelnde Selbstbehauptung bei Sex und Liebe 180
Störende Schuldgefühle und Ängste 181
Orgas*muß*??? 188
Scheiden tut weh 193

3. Ein Zugang zu psychosomatischen Beschwerden 197
Was sind psychosomatische Beschwerden? 198
Psychosomatischer Kurztest 200
Wie kommt es zu psychosomatischen Störungen? 201
Wie produzieren Sie Dauerstreß? 203
Die psychosomatische Ideologie 206

4. Einige Ratschläge zum Schluß 208
Wenn Sie noch mehr lesen wollen 208
Sie wählen einen Therapeuten 209

Adressenverzeichnis 212

Literaturverzeichnis 213

Stichwortverzeichnis 215

Vorwort zur Neuauflage

Seit Erscheinen der Erstauflage dieses Buches im Jahre 1981 (noch unter dem Titel »RE-Therapie«) habe ich viele Rückmeldungen zur Arbeit mit meinem Buch erhalten. Sowohl von Klienten, als auch von Therapeutenkollegen. Obwohl sich darunter natürlich auch kritische Stellungnahmen fanden, war das Echo doch in einem für mich sehr erfreulichen Ausmaß positiv: es hat sich gezeigt, daß das Selbsthilfebuch nicht nur Spaß beim Durcharbeiten bringt, sondern auch für fast alle relevanten Problembereiche eine wirksame Hilfe darstellt: sowohl für diejenigen, die das Buch begleitend zu einer Therapie als auch für Menschen, die es als alleinige Hilfe zur Bewältigung psychischer Probleme benutzen. Das Buch wird sogar in einigen psychosomatischen Kliniken den Patienten empfohlen.

Erfreulich fand ich auch, daß mir von Kennern der RET bestätigt wurde, daß fast alle Aspekte der rational-emotiven Therapie in dem Buch behandelt werden.

Meine Vermutung, daß das Buch eine praxisbezogene Einführung in die RET darstellen könnte, hat sich also als begründet erwiesen.

Nicht zuletzt hat sich die Situation der RET allgemein in der BRD günstig entwickelt: Sie ist inzwischen unter Diplompsychologen sehr bekannt und nimmt einen anerkannten Platz unter seriösen Therapieschulen ein.

Die Einbettung der RET in ein umfassendes philosophisches System, das seine Wurzeln im Stoizismus hat, ermöglicht eine therapeutische Anwendung als Zieltherapie, die nicht nur die Ursachen für psychische Störung, sondern vielmehr für psychisches Wohlbefinden aufzeigt: Entwicklung einer Lebensphilosophie als Basis für ein relativ zufriedenes Leben.

Würzburg *Dieter Schwartz*

Vorwort

Seit längerer Zeit bedaure ich es, daß ich den Klienten in meiner psychotherapeutischen Praxis für die Zeit zwischen den einzelnen Therapiesitzungen kein geeignetes Buch mitgeben konnte, das ihnen eine zusätzliche Hilfe bei der Bewältigung ihrer Probleme bietet. Auch bitten mich viele Klienten, ihnen nach Abschluß ihrer Therapie ein Buch zu nennen, mit dessen Hilfe sie auch in Zukunft an der Bewältigung ihrer Probleme weiterarbeiten können. Dieser Bitte konnte ich nur durch Nennung englischsprachiger Bücher entgegenkommen; denn leider liegen entsprechende 'bibliotherapeutische' Werke von Albert Ellis und anderen Autoren der rational-emotiven Psychotherapie bisher nicht in deutscher Sprache vor.

Deshalb faßte ich den Entschluß, ein *Klientenbuch* für meine Klienten zusammenzustellen.

Das Buch sollte folgenden Ansprüchen genügen:

- Erstens sollte es eine kurze Einführung in die Grundprinzipien der rational-emotiven Therapie geben.
- Zweitens sollte es 'Bewußtwerdungsprozesse', wie sie sich im Verlauf einer rational-emotiven Therapie ergeben, typisieren und sozusagen wiedererkennbar machen – damit meine Klienten während ihrer Therapie darauf zurückgreifen konnten.
- Drittens sollte es für besondere Problembereiche einige spezielle Hinweise enthalten.
- Viertens sollte es Klienten in die Lage versetzen, auch *ohne* ihren Therapeuten nach Beendigung der Therapie oder in späteren kritischen Lebenssituationen die Methode wieder praktizieren zu können, mit der sie bereits einmal gearbeitet hatten.
- Fünftens sollten es Klienten leichter haben, ihren Freunden, Ehepartnern und Bekannten zu vermitteln, was sie in ihrer Therapie eigentlich taten; denn häufig besteht bei Personen aus dem sozialen Umfeld von Klienten ein starker Wunsch, mehr darüber zu erfahren, wie Klienten an ihrem Problem arbeiten.

Bibliotherapie ist ihrem Wesen nach Hilfe zur Selbsthilfe. Der Gedanke lag daher nahe, mittels einer Veröffentlichung des Klientenbuches auf breiterer Basis auch Nicht-Klienten diese Hilfe anzubieten. Dies gilt umsomehr, da die psychosoziale Versorgung in der Bundesrepublik Deutschland bekanntermaßen noch wenig optimal ist (Krankenkassen übernehmen die Kosten für nichtärztliche Psychotherapie nur in Ausnahmefällen, öffentliche Institutionen haben lange Wartelisten). Die rational-emotive Therapie eignet sich gut dafür, sie in *ausschließlich* bibliotherapeutischer Form zu vermitteln, zumindest was den Vergleich mit anderen Psychotherapiemethoden betrifft. Das heißt natürlich nicht, daß ein Selbsthilfebuch in allen oder auch nur in den meisten Fällen den Kontakt mit einem professionellen Therapeuten überflüssig macht. Selbsthilfe verlangt den Einsatz persönlicher Energie und Arbeit, wozu nicht alle Menschen über ein Buch zu motivieren sind.

Während ich das Selbsthilfebuch – wie ich es nunmehr nenne – schrieb und als es fertiggestellt war, schien mir, daß es sich auch für praktizierende Therapeuten, Psychologen in Beratungsstellen und andere Angehörige helfender Berufe im psychosozialen Bereich eignen könnte, mehr über die Methode der rational-emotiven Therapie zu erfahren. Selbst mit dem Buch an sich zu arbeiten, also die Methode konkret auf eigene Probleme anzuwenden, ist ein guter Weg, um rational-emotive Therapie zu verstehen.

Ich möchte an dieser Stelle nicht versäumen, Frau Dipl.-Psych. J. Kluge und Frau Soz.-Päd. R. Kadelka meinen besonderen Dank auszusprechen, die trotz vieler anderer Verpflichtungen die Mühe nicht scheuten, mein Manuskript durchzusehen und die mir dabei wertvolle Anregungen vermittelten.

Würzburg *Dieter Schwartz*

Teil I
Die rational-emotive Auffassung psychischer Probleme

1. Empfindungen, Gefühle und Handlungen

Wenn Sie ein psychisches Problem haben, so meinen Sie in der Regel damit, daß Ihnen irgendwelche Körperempfindungen oder Gefühle »das Leben sauer machen« oder daß Sie sich auf eine bestimmte Art und Weise verhalten oder nicht verhalten, die Ihnen »gegen den Strich geht«. Sie klagen zum Beispiel über ständige Kopfschmerzen oder haben einen unangenehmen Druck im Magen. Ein anderesmal sind Sie niedergeschlagen und bedrückt oder haben »eine Wut im Bauch«, daß Sie »zu zerplatzen« drohen. Diese unangenehmen Körperempfindungen oder Gefühle stellen Ihr Problem dar und Sie versuchen dementsprechend, sie wieder loszuwerden. So nehmen Sie zum Beispiel eine Kopfschmerztablette oder trinken sich Ihre Depressionen mit einigen Glas Wein weg.

Häufig besteht ein Problem, mit dem wir uns im Leben herumschlagen, aber nicht nur aus unerwünschten Gefühlen und Körperempfindungen, sondern es bezeichnet die Tatsache, daß wir uns auf eine unerwünschte Weise verhalten oder nicht verhalten. Sie gehören vielleicht zu den Menschen, die Zigaretten rauchen oder ständig »über den Durst« trinken, obwohl Sie diese Verhaltensweisen – Rauchen und Trinken – lieber nicht beibehalten möchten, weil Sie sich begründetermaßen sagen, daß diese Verhaltensweisen Ihrer Gesundheit abträglich sein werden. Oder aber Sie besuchen des öfteren ein Tanzlokal, weil Sie dort gerne Bekanntschaft mit einem Angehörigen des anderen Geschlechts machen möchten; denn Sie suchen einen Freund oder eine Freundin. Aber Sie stehen den ganzen Abend herum, ohne eine Frau zum Tanzen aufzufordern oder einen netten Mann durch ein Lächeln zu ermutigen. Sie verhalten sich nicht so, wie Sie es gerne wollen. Ihr Problem – in der Sprache der Psychologie – ist in diesem Falle ein Verhaltensproblem.

In den meisten Fällen sind unsere Probleme zusammengesetzt aus mehreren Anteilen: Sie könnten zum Beispiel *Kopfschmerzen* haben, *bevor* Sie zu Ihrer Diskothek aufbrechen, in dem Moment, wo Sie eine attraktive Frau ohne Begleiter an einem Tisch des Lokals sehen, könnten Sie *Angst* verspüren. Sie könnten sich »erst mal« ein *Bier* genehmigen, statt die Frau zum Tanzen aufzufordern. Und nachdem Sie drei Zigaretten *geraucht* und das Bier fast geleert haben, *ärgern* Sie sich maßlos darüber, daß Ihnen »wieder einmal« ein anderer zuvorgekommen ist. Sie beschließen den Abend mit einigen weiteren Gläsern und zwei Packungen Zigaretten; zuhause angekommen, sind Sie *niedergeschlagen,* wälzen sich *schlaflos* im Bett herum ... Ersparen wir uns weitere Ausführungen!

Was ich Ihnen zeigen wollte, war dies: Probleme, die wir gewöhnlich in der Psychologie als »seelische oder psychische Probleme« bezeichnen, umfassen im allgemeinen unangenehme Körperempfindungen, das ist der Bereich der psychosomatischen Beschwerden, unangenehme Gefühle wie Depressionen, Angst, exzessiver Ärger etc. (emotionale Probleme) und schließlich Verhaltensweisen, die wir unerwünschterweise aufrechterhalten oder nicht an den Tag legen (Verhaltensprobleme). Emotionale Probleme und Verhaltensprobleme sind in vielfältiger Weise miteinander verknüpft und verbunden und oft von psychosomatischen Beschwerden begleitet. Der ganze Komplex stellt ein psychisches Problem dar, das Sie lösen wollen, um ein glücklicheres Leben führen zu können.

Haben Sie ein psychisches Problem?

Durchdenken Sie jetzt Ihr augenblickliches Leben und sehen Sie nach, ob Sie

a) irgendwelche regelmäßig auftretenden Körperempfindungen haben, die Ihnen zu schaffen machen und die Sie loswerden wollen (vgl. hierzu Teil IV, Kap. 3).
b) ob Sie manchmal oder häufig unter Gefühlen wie Depressionen, Angst, Wut, Schuldgefühlen etc. leiden.
c) und ob Sie sich oft so verhalten, wie Sie es gar nicht wollen oder sich oft nicht so verhalten, wie Sie es gerne würden.

Wenn Sie etwas entdeckt haben, dann lesen Sie weiter. Sie haben eine gute Chance, mit diesem Selbsthilfebuch eine Reihe Ihrer psychischen Probleme zu verringern oder ganz zu lösen; denn diesem Selbsthilfebuch liegen über ein Vierteljahrhundert psychotherapeutischer Erfahrung und Praxis zugrunde. Und obwohl dies eine Menge Zeit bedeutet, wenn Sie bedenken, daß die gesamte Geschichte der Psychotherapie seit ihrem Pionier Sigmund Freud noch kein Jahrhundert alt ist, liegen diesem Buch keine verstaubten Techniken zugrunde. Denn alles, was Sie hier lesen werden, ist einem Therapiesystem verpflichtet, das zu den modernsten und effektivsten der 80er Jahre dieses Jahrhunderts zu zählen ist: der rational-emotiven Therapie von Albert Ellis.

Sollten Sie aber vorhin weder unter a, b noch c etwas gefunden haben, so gratuliere ich Ihnen zunächst einmal. Dennoch bin ich überzeugt davon, daß auch Sie Ihr Leben noch zufriedener und glücklicher führen können, wenn Sie einige der Grundsätze rationaler Lebensführung anwenden werden, wie ich Sie Ihnen in diesem Buch nahebringen möchte.

Machen Sie zum Beispiel folgendes Experiment: Wo Sie sich auch jetzt befinden - wenn Sie die Möglichkeit haben, sich unter Menschen zu begeben, dann stehen Sie auf, suchen Sie nach einem Ihnen fremden Angehörigen des anderen Geschlechts - einer attraktiven Frau oder einem attraktiven Mann - und laden Sie die betreffende Person sofort zu einer Tasse Kaffee ein. Oder begeben Sie sich in ein großes Kaufhaus, in eine Bahnhofshalle oder schlicht in eine belebte Straße und rufen Sie dort laut und vernehmlich fünf mal die augenblickliche Uhrzeit aus!

Sollte Ihnen die Vorstellung dieser Aktivitäten aber ein starkes Gefühl der Angst verschaffen, bleiben Sie sitzen und lesen Sie erst einmal weiter. Es wird nämlich gut sein, erst einmal an sich zu arbeiten, bevor Sie ein solches Experiment unternehmen werden. Wie? Durch rationale Selbsthilfe. Dieses Buch zeigt Ihnen den Weg.

2. Sie, Ihre Umwelt und Ihr psychisches Problem

Zunächst jedoch möchte ich Ihr Augenmerk auf eine verbreitete Sichtweise von psychischen Problemen lenken. Viele Menschen mit seelischen Problemen neigen dazu, die Ursachen ihrer Störung *ausschließlich* in ihrer Umwelt zu sehen. Mit dieser Auffassung haben sie aber nur in den seltensten Fällen recht. Richtig ist vielmehr, daß unsere Umwelt zwar häufig eine notwendige Bedingung dafür darstellt, daß wir ein bestimmtes psychisches Problem haben, aber nicht, daß unsere Umwelt die einzige Ursache ist - mit der Folge, daß *nur* eine Veränderung der Umwelt geeignet wäre, ein psychisches Problem aus der Welt zu schaffen.

Die medizinische Auffassung vom Wesen der psychischen Störung

Verantwortlich für eine solche oft verhängnisvolle Auffassung über die Ursachen psychischer Probleme ist eine Einstellung, die auch unter Leuten noch verbreitet gefunden wird, welche sich professionell mit psychischen Problemen beschäftigen: Wir können diese Einstellung als die »medizinische Auffassung vom Wesen der psychischen Störung« bezeichnen.

Die psychische Störung wird nämlich wie eine Krankheit angesehen. Und wenn Sie nun daran denken, daß körperliche Krankheiten häufig direkt als Folge von Umwelteinwirkungen zustandekommen, wird Ihnen der Zusammenhang klar: Eine Infektionskrankheit zum Beispiel ist die direkte Folge eines Eindringens krankheitsverursachender Viren oder Bakterien; ein Beinbruch ist die direkte Folge einer gewaltsamen Umwelteinwirkung. Und mehr oder minder diesem 'Krankheitsmodell' folgt die 'medizinische Auffassung' vom Wesen der psychischen Störung.

Sie ist besonders verbreitet unter Ärzten, die sich von Berufs wegen mit Menschen befassen, deren psychische Probleme über das 'Normalmaß' hinausgehen, den Psychiatern. Im Bereich der Psychiatrie werden nämlich bis heute psychische Probleme als Krankheiten angesehen, ohne daß die vor über 150 Jahren begonnene Suche nach den im Körper vermeintlich verborgenen Krankheitsherden bisher wesentlichen Erfolg gehabt hätte. Aber auch viele Psychologen, die ihre ärztlichen Kollegen, die Psychiater, gerade aus dem Grund heraus scharf kritisieren, daß sie ihnen die Gleichstellung von Krankheit und psychischem Problem vorwerfen, denken recht eingleisig:

Das Auftreten von starker Angst, was wir in der Psychologie als Phobie bezeichnen, oder die depressive Verstimmung, wird dann zum Beispiel als Folge bestimmter Familienkonstellationen oder bestimmter gesellschaftlicher Verhältnisse angesehen. Und daran ist vieles richtig. Falsch und verhängnisvoll wird diese Meinung aber dann, wenn sie diesen Bedingungen den Rang einer alleinigen Ursache zuweist. Denn zwar würde vielleicht eine entsprechende Änderung der Umweltbedingungen das psychische Problem entschärfen oder sogar lösen, aber leider ist es demjenigen, der unter einem seelischen Problem leidet, nur in seltenen Fällen möglich, seine Umwelt so radikal

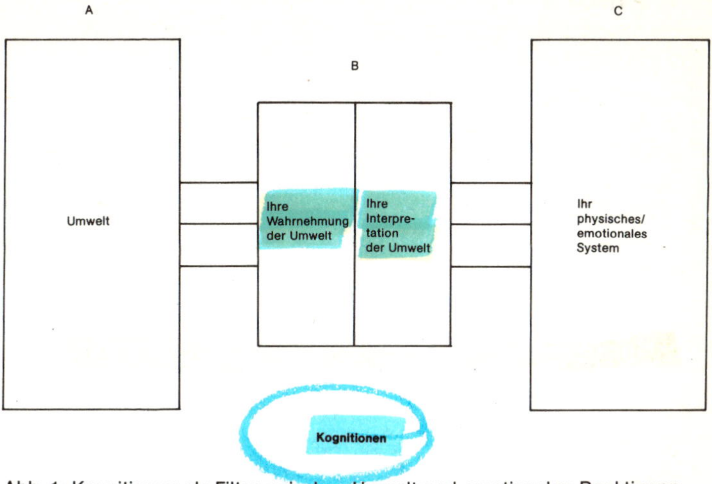

Abb. 1: Kognitionen als Filter zwischen Umwelt und emotionalen Reaktionen

umzugestalten, daß er sein Ziel erreichen würde. Dies erkennen viele Menschen und geben dann auf, weil sie fälschlicherweise glauben, daß *nur* Umweltbedingungen für ihre Probleme verantwortlich seien und sie folglich nichts mehr tun können, um ihre emotionalen und psychischen Probleme zu bewältigen.

Die rational-emotive Auffassung vom Wesen der psychischen Störung

Ja, aber welche Bedingungen sind denn noch dafür verantwortlich, daß ich ein psychisches Problem habe, werden Sie nun fragen. Und kann ich an diesen Bedingungen etwas ändern?

Zur Beantwortung dieser Fragen werfen Sie bitte einen Blick auf die Abb. 1.

Nehmen Sie an, Ihr psychisches Problem bestehe darin, daß Sie unter häufigen Gefühlen der Niedergeschlagenheit und Bedrücktheit, also unter einer depressiven Verstimmung leiden. Dieses Gefühl der Depression ordnen wir dem Punkt C – Ihrem physischen/emotionalen System – zu.

Sie werden nun nach einer Ursache für Ihre Depression suchen und zum Beispiel irgendein Umweltereignis oder mehrere Umweltereignisse finden. Es könnte sein, daß Sie zum dritten Mal ein für Sie wichtiges Examen nicht bestanden haben und man Ihnen nun verwehrt, den angestrebten Beruf, für den die erfolgreiche Ablegung der Prüfung Voraussetzung war, auszuüben. Dieses Ereignis ordnen wir dem Punkt A zu.

Wahrnehmungen und Bewertungen: Ihre Kognitionen

Wie Sie leicht ersehen können, fehlt uns nun nur noch der Punkt B. Dieser Punkt stellt die Stelle dar, die alle Ereignisse aus der Umwelt durchlaufen müssen, damit sie Ihnen überhaupt bewußt werden können. Oder anders ausgedrückt: sie müssen in irgendeiner Form Ihre Umwelt *wahrnehmen* und *gedanklich verarbeiten,* damit überhaupt irgendwelche Reaktionen auf diese Umwelt stattfinden können. Ihre Kognitionen von A sind notwendige Bedingungen zur Erfassung Ihrer Umwelt und damit ebenfalls ein notwendiges Filter für Ihre physisch/emotionalen Reaktionen am Punkt C.
In unserem Beispiel mußten Sie also

1. wahrnehmen, daß Sie durch die Prüfung gefallen waren

und 2. dieser Tatsache eine irgendwie negative Bewertung zukommen lassen.

Würde es an einer dieser beiden Voraussetzungen fehlen, so könnten Sie schwerlich die Tatsache des nicht bestandenen Examens mit Ihrer depressiven Verstimmung in Verbindung bringen.
Sie fragen jetzt vielleicht:

»Nun, daß ich die Ereignisse meiner Umwelt wahrnehmen muß, da sie ansonsten wohl kaum irgendwelche Reaktionen bei mir hervorrufen würden, leuchtet mir ein. Aber was meinen Sie damit, daß ich irgendwelche Bewertungen vornehmen muß, damit in mir bestimmte Gefühle entstehen?« Und vor allem: »Was kann ich denn an meiner Wahrnehmung oder meinen Bewertungen ändern? Denn das soll doch der Punkt sein, an dem ich ansetzen kann *ohne* daß ich notwendigerweise meine Umwelt radikal zu verändern habe. Ich nehme doch das wahr, *was ist!*« Und schließlich: »Ist es denn nicht so, daß irgendwelche unangenehmen Ereignisse unmittelbar in mir unangenehme Emotionen entstehen lassen, sodaß es eben an den äußeren Ereignissen liegt, wenn ich Angst, Depression, Ärger oder Schuldgefühle verspüre!«

Teilen wir diesen Fragenkomplex in zwei Teile:

Zunächst: Ist es wirklich so, daß wir das wahrnehmen, *was ist,* und zwar so, *wie es ist?*

Sie können sich leicht davon überzeugen, daß die Frage mit nein zu beantworten ist, wenn Sie wieder ein kleines Experiment mit sich vornehmen. Sie sitzen vielleicht gerade in einem gemütlichen Sessel und konzentrieren sich auf die Lektüre dieser Zeilen. Legen Sie nun das Buch für einen Moment weg und achten Sie darauf, was Sie nun alles wahrnehmen werden, was Sie vorher weder gehört, gesehen, gerochen oder gefühlt haben.

Jetzt hören Sie plötzlich, daß irgendwo in Ihrem Haus ein Radio leise Musik verbreitet oder es fällt Ihnen der Straßenverkehr auf. Vielleicht merken Sie plötzlich, daß Ihr Arm seit einiger Zeit unangenehm gegen die Stuhllehne drückt oder Sie registrieren erstmals den schmalen Sonnenstrahl, der in Ihr Zimmer fällt, etc. All das sind Umweltreize, die die ganze Zeit prinzipiell Ihrer Sinneswahrnehmung zugänglich waren, die Sie aber dennoch nicht wahrgenommen haben! Oder denken Sie daran, wie Sie während Ihres letzten Sommerurlaubes im heißen Süden plötzlich so starken Durst bekamen, daß Sie jedes Cola-Reklameschild bemerkten, an dem Sie vorbeikamen.

Dieser Sachverhalt ist in der Sozialpsychologie seit langem bekannt: man spricht von der Selektivität der Wahrnehmung, d. h. daß wir aus dem gesamten Wahrnehmungsfeld immer nur bestimmte Aspekte herausgreifen und andere vernachlässigen. Gesteuert werden dabei unsere Wahrnehmungen von unseren jeweiligen Bedürfnissen und Gedanken.

Und es kann auch nicht die Rede davon sein, daß wir so wahrnehmen, wie die Dinge sind: Denken Sie nur an die optischen Täuschungen, wo Sie objektiv gleiche Längen verschieden lang beurteilen etc.

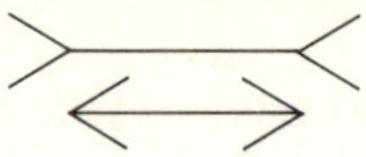

Abb. 2: Die berühmte Müller-Lyersche Täuschung. Die beiden waagerechten Linien sind gleich lang.

Sie sehen: das Abbild von der Realität, das wir uns von ihr in unseren Köpfen machen, ist kein fotografisch genaues Bild: unser Gehirn ist manchmal eine sehr schlechte Kamera!

Einstellungen

Lassen Sie uns nun den zweiten Teil unserer Ausgangsfrage näher betrachten. Wie wirken sich denn unsere Einstellungen und Vorannahmen in dem komplizierten Prozeß aus, an dessen Ende wir etwas fühlen?

Unser Gehirn läßt uns die Umwelt (einschließlich unserer selbst) wahrnehmen, wobei die so entstehenden inneren Abbilder der äußeren Welt selektive Bilder sind, d. h. einige Wahrnehmungen bleiben erhalten, andere werden nicht in das innere Abbild aufgenommen.

Die so geformten Eindrücke vermischen sich aber nun auch noch mit Ihren bereits vorhandenen Einstellungen zu bestimmten Sachverhalten. Erst auf dieser Basis werden dann bestimmte Emotionen und Handlungen (Reaktionen) ausgelöst. Insofern kontrolliert und dirigiert Ihr Gehirn Ihre Emotionen und Handlungen. Da Sie jedoch über Ihre Einstellungen, Annahmen und Erwartungen, d. h. über Ihre Gedanken bestimmen, kontrollieren Sie selbst Ihre Emotionen und Handlungen.

Lassen Sie mich hierzu ein Beispiel geben:

Als ich einmal sehr spät nachts von einer Einladung mit meinem Wagen nach Hause fuhr, passierte mir folgendes. Ich war müde und wollte auf dem schnellsten Wege in mein Bett. Die Straßen waren wegen der späten Stunde praktisch leer und ich beschleunigte meinen Wagen auf die in einem Stadtgebiet unzulässige Geschwindigkeit von circa 80 km/h. Plötzlich bemerkte ich im Rückspiegel, wie sich mir ein Wagen mit noch höherer Geschwindigkeit näherte. Es war ein Polizeiwagen! »Ach, du lieber Himmel«, durchfuhr es mich, »jetzt bist du dran! Verdammter Mist. Jetzt kannst du zahlen und vielleicht machen sie noch eine Blutprobe, verdammt noch mal!« Ich fühlte mich ziemlich elend und ärgerlich. Aber was geschah dann? Der Polizeiwagen überholte mich und setzte seine Fahrt fort, ohne auch nur Notiz von mir zu nehmen!

Ich dachte: »Mann, was für ein Glück hast du da gehabt, das hätte leicht ins Auge gehen können.« Mein Ärger und meine Panik waren verflogen und hatten tiefer Erleichterung Platz gemacht. An diesem Beispiel sehen Sie: Es war nicht das Herannahen des Polizeifahrzeuges, das meine Reaktionen des Ärgers und der Panik auslöste. In Wirklichkeit machten mich meine ärgerlichen und entsetzten Gedanken *über* dieses Ereignis ärgerlich und aufgeregt. In dem Moment, als der Wagen vorbeifuhr, ohne mich anzuhalten, hatte ich angenehme Gedanken. Und wiederum waren diese erleichternden Gedanken die Ursache für mein verändertes Gefühl. Behalten Sie diesen wichtigen Punkt unbedingt im Gedächtnis. Äußere Ereignisse führen nicht auf direktem Wege zu bestimmten Emotionen.

Denn alles, was wir wahrnehmen, gelangt von unseren Sinnesorganen (Augen, Ohren, Nase, Haut etc.) über Millionen von Nervenbahnen zum Gehirn. Hier entsteht dann ein mentales Abbild unserer Umwelt und erst dieses mentale Bild steuert unsere emotionalen und physischen Reaktionen. Aber dieses Abbild, das sich unser Gehirn von der Realität bildet, entspricht nicht völlig der Realität!

3. Wer steuert Ihre Gefühle?

Um wirklich verstehen zu können, wie es möglich ist, seine Emotionen weitgehend selbst zu bestimmen, müssen Sie ein wenig von der Arbeitsweise und dem Aufbau des menschlichen Gehirns kennen. Der Mensch verfügt im Prinzip über *zwei Gehirne:*

1. Das Großhirn oder der Neocortex
2. Das Althirn oder Limbische System

Das Großhirn oder Ihre 'Denkhaube'

Das Großhirn ist der entwicklungsgeschichtlich jüngste Teil unseres Gehirns. Wahrscheinlich entstand es etwa vor einer halben Million Jahren im Verlaufe einer regelrechten evolutionären 'Gehirnexplosion'. Dieser spezifisch menschliche Gehirnteil umschließt die tieferen oder inneren Anteile unseres Gehirns wie eine Rinde, weshalb man auch von der Gehirnrinde spricht. Das Großhirn aber ist verantwortlich dafür, daß wir wahrnehmen und mentale Abbilder von uns selbst und der Umwelt bilden. Es macht es uns möglich, zu denken; der Verstandesteil des menschlichen Gehirns ist seine 'Denkhaube'.

Das Limbische System oder der Gefühlsteil Ihres Gehirns

Unter der Haube des Neocortex liegt das Althirn oder Limbische System. Hierbei handelt es sich um archaische Gehirnstrukturen, die der Mensch mit den Reptilien und niederen Säugetieren gemeinsam hat. Es ist noch gar nicht lange her, etwa einige Jahrzehnte, daß man weiß, welcher Teil des Gehirns für unsere emotionalen Zustände bzw. Reaktionen verantwortlich ist, nämlich das Limbische System. Dieser Gehirnteil löst in uns jeweils bestimmte Emotionen aus, aber er bestimmt nicht, welcher Art diese Emotionen sind. Die Richtung Ihrer Emotionen bestimmt vielmehr der denkende Teil Ihres Gehirns.

Das Zusammenspiel von Großhirn und Limbischem System

Ein Bild mag den Zusammenhang etwas verdeutlichen: Sie denken sich das menschliche Großhirn als Kapitän und das Limbische System als Steuermann. Der Kapitän erkennt einen Eisberg voraus und entscheidet, daß man dieser Gefahr besser ausweicht. Er gibt diese Information an seinen Steuermann weiter und dieser legt das Ruder um, sodaß das Schiff einen neuen Kurs fährt. Nehmen Sie an: Sie begegnen plötzlich einem Bären. Was passiert? Über Ihre Sinnesorgane werden entsprechende Nervenimpulse an Ihr Gehirn weitergeleitet. Ob diese Impulse zunächst an den 'Kapitän', also das Großhirn, und von dort zum 'Steuermann', dem Althirn, geleitet werden *oder* gleichzeitig Kapitän und Steuermann erreichen, darüber besteht unter den Wissenschaftlern keine Einigkeit. Das spielt aber für unsere Frage keine Rolle; denn in jedem Fall ist man sich einig, daß unsere Emotionen nicht allein durch den Steuermann kontrolliert, sondern wesentlich vom Kapitän mitbestimmt werden. Im ersten Fall versteht sich das von selbst: Nachdem der Bär als solcher erkannt wurde, entscheidet das Großhirn, ob er eine Gefahr darstellt oder nicht. Dementsprechend aktiviert das Großhirn das emotionale System. Im zweiten Fall würde die Entscheidung des Kapitäns, der Bär sei *nicht* gefährlich, über *hemmende* Impulse ein Tätigwerden des Steuermannes unterbinden. Die folgenden Abbildungen 3/4 veranschaulichen den Vorgang:

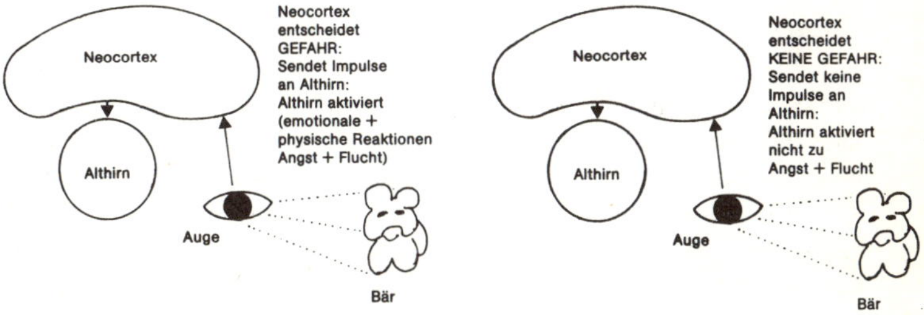

Abb. 3: Zusammenspiel von Neocortex und limbischem System nach der James-Langeschen Theorie.

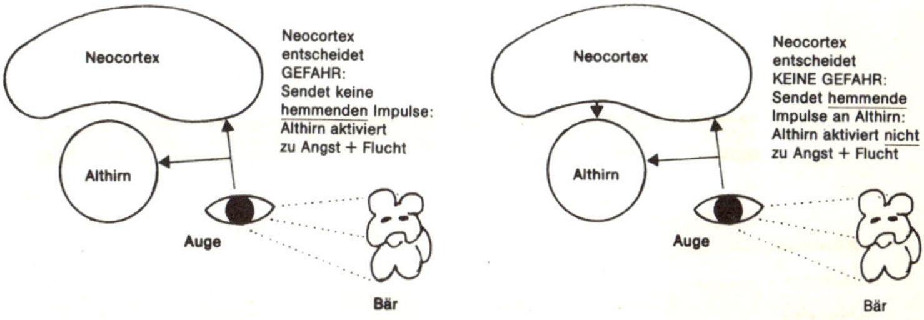

Abb. 4: Zusammenspiel von Neocortex und limbischem System nach der Cannon-Bardschen-Theorie.

Nun denken Sie vielleicht: »Das klingt ja geradeso, als ob ich freiwillig meine unangenehmen Gefühle 'herbeidenke'. Das kann nicht stimmen! Wenn ich depressive Gefühle oder Panik verspüre, dann doch nicht, weil ich diese Gefühle haben will, sondern sogar obwohl ich sie nicht haben will. Wie meinen Sie das also?«

Sie haben natürlich recht, daß Sie Ihre jeweiligen unangenehmen Gefühle nicht deshalb haben, weil Sie sie haben wollen. Und dennoch sind Sie es selbst, der die Weichen stellt für Ihre Gefühle, indem Sie die Weichen für die Art und Richtung Ihrer Gedanken stellen. Erinnern Sie sich an das Beispiel mit dem überholenden Polizeiwagen. Natürlich wollte ich mich nicht ärgerlich und aufgeregt machen als ich den Polizeiwagen hinter mir herankommen sah. Aber durch die Art und Weise, wie ich über die Situation dachte, stellte ich die Weichen für meinen höchst unerfreulichen emotionalen Zustand. Mußte ich wirklich denken: »Verdammter Mist, was für ein Unglück, jetzt bis du dran etc.«? Konnte ich nicht auch so denken: »Du hast gewußt, daß du zu schnell fährst. Du bist das Risiko eingegangen, daß dich die Polizei erwischt und nun ist genau das eingetreten. Kein Grund dich sonderlich aufzuregen! Das nächste Mal wirst du genau überlegen, ob du ein solches Risiko nochmal eingehst.«

Kein Zweifel, würde ich diese Art Gedanken gewählt haben, so hätte ich damit die Weichen für weniger unangenehme Emotionen gestellt.

Sie sehen also: bevor Sie irgendeine emotionale Reaktion verspüren, nehmen Sie zunächst etwas wahr; diese Sinneswahrnehmungen werden über Nervenleitungen von Ihren Sinnesorganen an das Großhirn weitergegeben; diese Nervenimpulse formen in Ihrem Großhirn Bilder und Eindrücke und veranlassen weitere Wahrnehmungen und Gedanken. Insbesondere führen die entstandenen Bilder und Eindrücke dazu, daß Sie sich Gedanken *über* Ihre Wahrnehmungen machen: Das Großhirn klassifiziert nämlich Ihre Wahrnehmungen als für Sie

1. relativ positiv;
2. relativ negativ;
3. relativ neutral

oder

4. als Mischung aus allen drei Bewertungen.

Diese vollständigen Gedanken über ein Ereignis (einschließlich bestimmter Wertungen des Ereignisses) veranlassen nunmehr Ihr Limbisches System, Sie in genau den emotionalen Zustand zu versetzen, der Ihren Gedanken über ein Ereignis entspricht. Deshalb konnte ich bei dem Polizeiwagen-Beispiel davon sprechen, daß meine ärgerlichen und entsetzten *Gedanken* meinen Ärger und mein Entsetzen auslösten, und nicht das Ereignis als solches! Mein Limbisches System zwang mich nur dazu, genau die Emotionen zu haben, die die logische Folge meiner Gedanken waren. Und als der Polizeiwagen mich schließlich überholte, ohne mich anzuhalten, waren die Gefühle der Erleichterung die logische Folge meiner *erleichterten Gedanken.*

Sie fühlen wie Sie denken!

Diese Erkenntnis ist die logische Konsequenz dessen, worüber wir uns auf den vorangegangenen Seiten dieses Buches Gedanken gemacht haben. Sollten Sie aber noch weiterhin einen inneren Widerstand gegen diese Betrachtungsweise in sich verspüren, so liegt das daran, daß das Konzept über das Zustandekommen von Emotionen, wie wir es hier und in der Rational-emotiven Therapie überhaupt verwenden, ungewohnt und neuartig ist. Es entspricht nicht dem Alltagskonzept, wie Sie an folgender Gegenüberstellung erkennen können:

Emotion Alltagskonzept	Emotion Rational-emotives Konzept
1. Eine Person nimmt ein Ereignis wahr.	1. Eine Person nimmt ein Ereignis wahr.
2. Eine Person hat Gefühle und legt Verhaltensweisen an den Tag, die eine logische Konsequenz des *Ereignisses* sind.	2. Eine Person macht sich *Gedanken* über das Ereignis.
	3. Eine Person hat Gefühle und legt Verhaltensweisen an den Tag, die eine logische Konsequenz der *Gedanken über das Ereignis* sind.

Hier sind einige weitere typische Gedankengänge, die dem Alltagskonzept über das Zustandekommen von Emotionen entsprechen.

Wir stellen ihnen auf der rechten Seite die alternativen Gedanken gegenüber, die dem Konzept der RET folgen:

Alltagskonzept	*RET-Konzept*
1. »Das (irgendein Ereignis) hat mich fuchsteufelswild gemacht«	»Ich habe mich fuchsteufelswild gemacht, indem ich über das Ereignis entsprechende Gedanken hatte«
2. »Der oder die regt mich unwahrscheinlich auf«	»Ich habe mich (ganz und gar nicht unwahrscheinlich, sondern höchst vorhersehbar) selbst aufgeregt, weil ich bestimmte Gedanken über die Person hatte.
3. »Das macht mir Angst«	»Ich mache mir Angst mit meinen ängstlichen Gedanken«
4. »Ich fühle mich schrecklich, also ist meine Situation schrecklich. Wäre die Situation nicht so schrecklich, würde ich mich nicht so schrecklich fühlen«	»Ich fühle mich schrecklich, weil ich die Situation als schrecklich beurteile (in meinen Gedanken). Wäre die Situation besser, könnte ich mich dennoch schrecklich fühlen, wenn ich nicht daran *glauben* würde, daß die Situation nicht schrecklich ist«
5. »Ich *fühle*, daß Du mich nicht magst und das macht mich traurig.«	»Ich *denke*, daß Du mich nicht magst und *fühle* mich traurig.«
6. Ich habe das Gefühl, es fängt bald an zu schneien.«	»Ich *glaube*, daß es bald anfängt zu schneien.«
7. »Du machts Deiner Frau Schuldgefühle!«	»Deine Frau benutzt Deine Äußerungen, um sich Schuldgefühle *zu machen.«*
8. (Äußerung eines klientenzentrierten Gesprächspsychotherapeuten): »Mhm, Sie haben *das Gefühl*, Ihr Leben hat so gar keinen Sinn.«	»Sie *denken*, so hat Ihr Leben keinen Sinn.«

Betrachten Sie nun die folgende Abbildung und vergleichen Sie anhand der Zeichnung die jeweiligen Gedanken (oder das »innere Selbstgespräch«) nach dem Alltagskonzept (linke Seite) mit den Gedanken) oder dem »inneren Selbstgespräch«) nach dem Konzept der RET. (rechte Seite)

Sie werden feststellen, daß die Gedankengänge auf der linken Seite ausnahmslos fälschlicherweise eine 'kurzschlüssige' Verbindung von A nach C unterstellen und die wesentliche Station bei B unterschlagen.

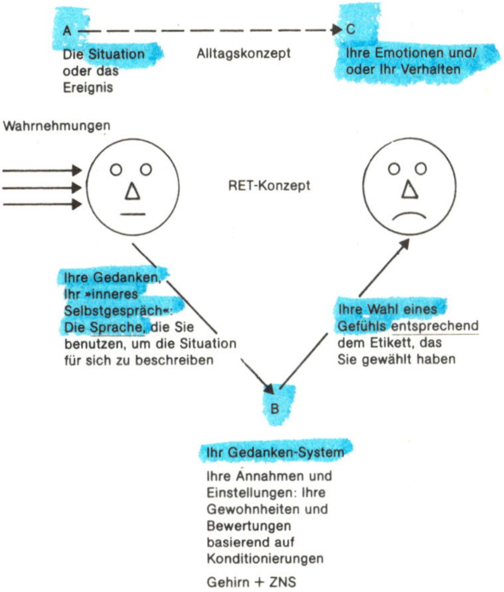

Abb. 5: Alltagskonzept und RET-Konzept der Emotionen

Es ist also nicht verwunderlich, wenn Ihnen die Behauptung, daß Sie so fühlen wie Sie denken, zunächst nicht so recht in den Kopf will; denn die Menschen (zumindest in unserer abendländischen Kultur) sind gewohnt, das Zustandekommen ihrer Gefühle nach dem Alltagskonzept zu beurteilen.

Die Verwirrung im Zusammenhang mit dem Begriff »Gefühl« ist tatsächlich so groß, daß auch viele Psychologen und sogar Psychotherapeuten damit nicht umzugehen wissen (vgl. die typische Äußerung eines Rogerianischen Therapeuten auf S. 27). Das ist umso erstaunlicher, als viele der neueren psychotherapeutischen Methoden den Emotionen eine ganz besondere Bedeutung zuweisen. Sogenannte »emotionale« Therapien sind geradezu modisch. Und doch verfügt m. W. keine dieser Therapierichtungen über ein einigermaßen schlüssiges theoretisches Konzept über das Zustandekommen von Gefühlen. Häufig werden sogar verhaltensmäßige und kognitive Reaktionen mit emotionalen Reaktionen verwechselt bzw. nicht auseinandergehalten. Als Gefühle werden dann z. B. angesehen: Zynismus, arrogante Distanziertheit, Zähne knirschen, Skepsis, Hoffnungslosigkeit etc.

Von ca. 70 »unangenehmen Gefühlen«, die im Rahmen eines Selbstsicherheitstrainings von den Klienten erfragt werden, sind in Wirklichkeit höchstens 7–10 »Gefühle« wirklich Emotionen. Alle anderen Reaktionen sind behaviorale (also verhaltensmäßige), kognitive (also gedankliche) oder somatische (also körperliche) Reaktionen.

Aber seien Sie unbesorgt: Es kostet erfahrungsgemäß nur ein wenig Aufmerksamkeit und Übung, um mit der Zeit das eigene Alltagskonzept der Gefühle gegen das RET-Konzept auszutauschen. Nehmen Sie sich zu diesem Zweck folgendes vor:

Achten Sie darauf, wenn Ihnen Ihr Freund/Ihre Freundin oder Ihr Ehepartner, Ihre Bekannten und Arbeitskollegen etwas von einem Problem erzählen, das sie belastet. Hören Sie genau zu und versuchen Sie zu entscheiden, ob Ihr Gesprächspartner nach dem Alltagskonzept über seine emotionalen Probleme berichtet oder nicht.

Beispiel:

»Also das war mal wieder typisch deine Mutter! Sie hat doch nichts anderes zu tun, als uns ständig anzurufen und sich in unsere Angelegenheiten einzumischen. Ich hab überhaupt das Gefühl, daß sie das macht, um mich zu ärgern. Ihre Telefonanrufe machen mich jetzt langsam ganz schön sauer.«

Achten Sie auch darauf, wenn Sie selbst dem Alltagskonzept der Emotionen folgen und versuchen Sie dann, den gleichen Gedanken gemäß dem rational-emotiven Konzept umzuformulieren.

Haben Sie erkannt, wo der Sprecher in unserem Beispiel oben dem Alltagskonzept folgte?

Wenn der Sprecher sagt, er habe das Gefühl, so meint er in Wirklichkeit damit, daß er glaubt oder der Ansicht ist etc. Und zum zweiten konnten nicht die Telefonanrufe dem Sprecher sein Gefühl des 'Sauerseins' einpflanzen, sondern nur er selbst konnte sich sauer machen.

Gedanken und inneres Selbstgespräch

Wie Sie sahen, mißt man in der rational-emotiven Therapie den Gedanken große Bedeutung für das Zustandekommen von Gefühlen zu – und damit auch für das Zustandekommen psychischer oder emotionaler Probleme.

Aber was sind Gedanken?

Die moderne Denkpsychologie geht davon aus, daß Denken und Sprache einen engen Zusammenhang aufweisen. Dies nicht nur in dem Sinne, daß die Sprache das Medium ist, um Gedanken auszudrücken, sondern vielmehr, daß die Sprache das konstituierende Grundelement des Denkens bildet. Oder anders ausgedrückt: wenn wir denken, sprechen wir mit uns selbst. Wenn wir also an unsere Gedanken herankommen wollen, so müssen wir auf unser inneres Selbstgespräch lauschen. Im Verlaufe dieses Kurses in rationaler Selbsthilfe werden Sie lernen, Ihrem inneren Selbstgespräch volle Aufmerksamkeit zu widmen, indem Sie z. B. Ihr inneres Selbstgespräch *zu Papier* bringen werden.

Die Gedanken, die Sie sich so zu Bewußtsein gebracht haben, *sind* Ihre Gedanken und als solche möglicherweise für Ihr emotionales Problem verantwortlich. Das ist ein wichtiger Punkt! Beachten Sie das: es ist nicht etwa so, daß Ihr inneres Selbstgespräch (das Sie z. B. zu Papier gebracht haben) von Ihren Gedanken *verschieden* wäre. Lassen Sie mich diesen wichtigen Punkt anhand eines Beispiels erläutern:

Manche Klienten, die bereits über Grundkenntnisse in der rational-emotiven Therapie verfügen, stimmen grundsätzlich der Auffassung zu, daß ihre Gefühle von ihren Gedanken verursacht werden. Wenn ich dann z. B. einen Klienten frage, was er gedacht bzw. was er *zu sich gesagt* hat, um sich in eine so depressive Stimmung zu bringen, bekomme ich manchmal zur Antwort:

»Nun, ich sagte zu mir: was bin ich doch für ein elender Stinker!« Und wenn ich dann den Klienten auffordere, zu überprüfen, ob er

wirklich 'elend stinke', so lautet eine häufige Antwort: »Natürlich stinke ich *nicht wirklich;* aber so *meine* ich das auch nicht.«
»Wie meinen Sie es denn?« frage ich den Klienten.
»Nun, ich meine damit, daß ich mich nicht getraute, meinem Freund die Wahrheit zu sagen.«

Was der Klient *wirklich* dachte (nämlich: ich Stinker), meinte er also nicht und was er meinte, *dachte er nicht!*

Seine Gefühle aber richteten sich einfach danach, was er dachte, und so fühlte er sich logischerweise wie ein 'elender Stinker'. Wer würde sich gut fühlen, wenn er sich als 'elenden Stinker' ansähe?

Sie sehen: es ist wichtig, nur das zu denken, was Sie wirklich meinen, wenn Sie emotionale Probleme vermeiden wollen. Je 'schlampiger' Sie denken, desto eher bereiten Sie sich damit emotionale Schwierigkeiten.

Kontrolle

Ich habe Ihnen im Anschluß an die wichtigsten Kapitel einige Fragen und Feststellungen in programmierter Form zusammengestellt, mit denen Sie sich Kontrolle geben können, ob Sie wichtige Gedankengänge beim Lesen dieses Buches behalten haben. Die Durcharbeitung empfiehlt sich sehr, da Ihnen dadurch das Verständnis für die jeweils folgenden Ausführungen erleichtert wird.

Die in Klammern angegebenen Seitenzahlen hinter den einzelnen Punkten verweisen auf die entsprechende Textseite, auf der Sie Ihre Antworten kontrollieren können.

1. Die Ansicht, psychische oder emotionale Probleme seien ausschließlich die direkte Folge bestimmter Umweltbedingungen, entspricht dem ______________ Krankheitsmodell vom Wesen der psychischen Störung. (16)
2. Alle Umweltreize durchlaufen den Filter Ihrer ______________ (17)
3. Ihre Kognitionen bestehen im wesentlichen aus ______________ und ______________ (18)
4. Selektivität der Wahrnehmung bedeutet, daß wir alles wahrnehmen, und zwar so, wie es ist. Richtig/Falsch (19)

5. Unsere Wahrnehmung ist auch abhängig von unseren _____________ (20)
6. Das menschliche Gehirn läßt sich einteilen in das _____________ und das _____________ _____________ (21)
7. Der Verstandesteil des menschlichen Gehirns ist seine _____________ (21)
8. Verantwortlich für unsere emotionalen Reaktionen ist das _____________ _____________ (22)
9. Welcher Theorie über das Zusammenspiel von Neocortex und Althirn beim Entstehen von Gefühlen man auch folgt, in jedem Fall werden Emotionen nicht allein vom _____________ kontrolliert (23)
10. Als der Verfasser hinter sich einen Polizeiwagen herankommen sah, lösten seine _____________ _____________ seine Panik aus (21).
11. Seine Erleichterung war die Folge seiner _____________ _____________ (21)
12. Wir _____________ wie wir denken! (25)
13. Dem RET-Konzept über das Zustandekommen von Gefühlen steht das _____________ gegenüber (26).
14. Nach dem Alltagskonzept der Emotionen wird eine _____________ Verbindung zwischen äußeren Ereignissen und emotionalen Konsequenzen angenommen (27).
15. Unsere Gedanken können wir feststellen, indem wir unserem _____________ _____________ lauschen (29).
16. Um emotionale Probleme zu vermeiden, ist es gut, nur das zu _____________, was Sie wirklich _____________ (30)

4. Rationale Selbsthilfe (RSH) und rational-emotive Therapie (RET)

Was Sie in den ersten Teilen dieses Buches über das Zustandekommen psychischer Probleme hörten, entspricht *zu einem großen Teil* der Auffassung der rational-emotiven Therapie. Was Sie in den folgenden Kapiteln über die Grundlagen und die Praxis rationaler Selbsthilfe lesen werden, entspricht in *allen wesentlichen Punkten* der Auffassung der rational-emotiven Therapie.

Rationale Selbsthilfe basiert also auf den gleichen Grundlagen wie die *professionelle* therapeutische Methode der RET.
Das heißt:

- sowohl RET als auch RSH stützen sich in ihrem Vorgehen auf nachgewiesene Erkenntnisse über die Funktionsweise des menschlichen Gehirns
- RET wie RSH haben ein Konzept von menschlichen Emotionen, das durch klinische Untersuchungen und psychologische Experimente abgesichert ist.

Während Sie aber in der rational-emotiven Therapie mit einem professionellen Psychotherapeuten arbeiten, stellt die RSH eine praktische *Methode der Selbsthilfe* bei psychischen/emotionalen Problemen auf rational-emotiver Grundlage dar.
Aus diesem Grunde hat RSH Vorteile wie Nachteile:

Ein Nachteil z. B. besteht darin, daß Sie unter Umständen mehr Zeit aufwenden müssen, wenn Sie im Wege der Selbsthilfe Ihre Probleme angehen; denn Sie brauchen z. B. Zeit, um dieses Buch zu lesen. Ein weiterer Nachteil könnte darin bestehen, daß die Selbsthilfe *mehr Arbeit* von Ihnen verlangt; denn Sie müssen z. B. rationales Denken zuerst *üben,* bevor Sie es für Ihre Probleme anwenden können. Doch dies kann auch von Vorteil sein: denn häufig haben Klienten, die sich ohne Erfolg einer (professionellen) RET unterzogen, diesen Mißerfolg durch *zu wenig* eigenständige Arbeit selbst herbeigeführt! In Wirklichkeit ist nämlich *jede Therapie* nur dann wirksam, wenn die nötigen Veränderungen vom Klienten *selbst erarbeitet* und durchgeführt werden.

Insofern ist die einzig wirksame therapeutische Hilfe die Selbsthilfe!

RSH verlangt von Ihnen:

1. das Erlernen der Grundlagen rational-emotiver Psychotherapie. diese Grundlagen finden Sie im zweiten Teil dieses Buches.
2. die Anwendung dieser Grundlagen: wie diese Praxis aussieht, können Sie im dritten Teil dieses Buches ersehen.

Rational-emotive Therapie und andere psychotherapeutische Methoden

Sofern Sie nicht beruflich oder aus besonderem Interesse mit Psychologie oder Psychotherapie vertraut sind, werden Sie – wie ich vermute – bisher noch nichts über rational-emotive Therapie gehört haben. Ich möchte Ihnen daher kurz etwas über die RET und einige andere therapeutische Methoden sagen.

Was ist rational-emotive Therapie?

Die rational-emotive Psychotherapie geht auf den amerikanischen Psychotherapeuten Albert Ellis zurück, der mit dieser Methode vor ca. 25 Jahren zu arbeiten begann.

Nach Abschluß seiner Ausbildung als Klinischer Psychologe war Ellis vor allem in den Bereichen Ehe- und Sexualberatung tätig. Auf diesem Gebiet veröffentlichte er eine Reihe von Büchern, die sehr populär wurden.

Wie es für viele Psychotherapeuten in den USA gilt, begann auch A. Ellis seine psychotherapeutische Tätigkeit als ausgebildeter Psychoanalytiker und praktizierte mehrere Jahre klassische (d. h. Freudsche) Psychoanalyse. Im Kontakt mit seinen Klienten wuchs jedoch die Unzufriedenheit mit der Wirksamkeit der analytischen Behandlungsmethode. Die Behandlungen dauerten sehr lange – oftmals über Jahre, was Zeit und Geldbeutel seiner Klienten über Gebühr beanspruchte. Und dann stand der Behandlungserfolg oftmals dennoch in keinem Verhältnis zu diesem Aufwand.

So wandte sich Ellis zunächst von der 'orthodoxen' Analyse zu mehr analytisch orientierten Formen der Therapie und entwickelte schließlich einen aktiven, direkten, ja sogar konfrontativen Therapiestil.

Mit anderen Worten: Ellis scheute nicht mehr davor zurück, seinen Klienten z. B. gezielte Ratschläge zu geben, ihnen klar zu sagen, daß Sie bestimmte selbstschädigende Verhaltensweisen aufgeben müßten, wenn Sie eine Änderung ihrer emotionalen Probleme erreichen wollten etc. Damit setzte er sich scharf von der rein deutenden bzw. reflektierenden 'Spiegelhaltung' seiner psychoanalytischen und gesprächspsychotherapeutischen Kollegen ab, denen es geradezu als Kunstfehler erschien, dem Klienten bestimmte Verhaltensratschläge zu erteilen.

Einzig bei Adlerianischen Psychotherapeuten – deren Einfluß auf die psychotherapeutische Entwicklung zu jener Zeit aber ebenfalls hinter den Rogerianischen und psychoanalytischen Meinungsträgern zurückstand – traf die Ellis'sche Methode auf Verständnis. Inzwischen betonen rational-emotive Therapie und Adlerianische Individualpsychologie ihre starken Affinitäten.

Ellis wies seine Klienten immer mehr auf ihre grundlegenden, geradezu abergläubischen und irrationalen Denkhaltungen hin und zeigte ihnen, daß sie keine Besserung ihrer Probleme zu erwarten hatten, wenn sie an ihrem bisherigen Denken weiter festhielten.

Ellis erkannte, daß die Anschauungen, Werthaltungen, ja die gesamte 'Lebensphilosophie' seiner Klienten entscheidendes Gewicht für das Zustandekommen und Bestehenbleiben ihrer psychischen Probleme hatte.

Dementsprechend bestanden seine therapeutischen Bemühungen immer mehr darin, diese Ansichten und Meinungen seiner Klienten über sich selbst, über andere Menschen und über die Welt zu korrigieren.

Dies alles war für die Psychotherapie jener Zeit verhältnismäßig neu und entsprach auch keineswegs dem damaligen Trend in der Psychotherapie, der vor allem von der klientenzentrierten, nicht-direktiven Therapie nach Rogers geprägt war.

Dennoch finden sich die philosophischen Grundannahmen der RET bereits in den Werken griechischer und römischer Philosophen des Altertums vor 2000 Jahren – insbesondere bei den stoischen Philosophen Mark Aurel und Epiktet.

Insbesondere Epiktets Ausspruch: *»Es sind nicht die Dinge an sich, welche die Menschen in emotionale Verwirrung bringen, sondern die Art und Weise, wie sie diese Dinge sehen«* ist seither immer wieder im Zusammenhang mit rational-emotiver Psychotherapie und kognitiver Verhaltenstherapie zitiert worden.

Heute – nach einem Vierteljahrhundert RET – stellt diese eines der modernsten und effektivsten therapeutischen Verfahren dar, die es gibt. Tausende von Psychotherapeuten arbeiten mit ihr in der ganzen Welt.

Und dennoch schwimmt diese Methode nach wie vor nicht auf der therapeutischen Modewelle. Man kann vielleicht sogar sagen, daß sie sich von modischen Strömungen gerade durch ihre Auffassung über

Bedeutung und Zustandekommen menschlicher Gefühle absetzt. Modische Therapiesysteme stellen zwar ebenfalls die Emotionen der Menschen in den Vordergrund und versuchen mit allen Mitteln – buchstäblich: mit allen Mitteln – die 'wahren' Gefühle der Menschen 'hervorzulocken'. Sie sind jedoch oft so sehr von den emotionalen Prozessen, die sie hervorlocken, fasziniert, daß sie in der bloßen Abreaktion bestimmter Gefühle bereits das Heilmittel sehen. Dabei unterscheiden sie nicht nach der Art der Gefühlszustände, an die sie 'herankommen' wollen und betrachten auch solche emotionalen Zustände, die auf höchst irrationaler Basis zustandekommen, als reinigende und heilsame Prozesse.

So verwundert es nicht, wenn in manchen Therapiegruppen Mitglieder ihre aggressiven Tendenzen so steigern, daß Vergewaltigung und ernsthafte Körperverletzungen die Folge sind. Diese Vorfälle sind zwar berichtet aus therapeutischen Gruppen in einem indischen religiös gefärbten Therapiezentrum; jedoch sind sowohl Gruppenteilnehmer, Therapeuten wie auch die verwendeten therapeutischen Verfahren in diesen Fällen nicht fernöstlicher, sondern westlicher Natur. Verantwortlich zu machen für solche merkwürdigen Methoden sind also sicherlich nicht bestimmte fernöstliche Meditationsmethoden, sondern westlich geprägte therapeutische Arbeit bestimmter Prägung.

Ein wesentlicher Unterschied der RET zur Psychoanalyse und verschiedenen Schulen der »Humanistischen Psychologie« wie Gestalttherapie, Klientenzentrierte (Gesprächs-)psychotherapie, Experiencing etc. besteht vor allem auch darin, daß letztere Therapiesysteme eine starke Tendenz zur Vermischung von Kognitionen (= Gedanken) und Emotionen (= Gefühlen) aufweisen. Sie folgen tatsächlich insofern dem populären (Alltags-)konzept über Gefühle, das ich Ihnen im vorigen Kapitel vorstellte.

Was die rational-emotive Therapie von vielen modischen Therapieformen unterscheidet, ist ihr Festhalten an dem wissenschaftlichen Prinzip, daß Hypothesen logisch und empirisch zu überprüfen sind. Darüberhinaus ist es erklärtes Ziel der RET, daß die Klienten an ihre psychischen Probleme mit der gleichen wissenschaftlichen Grundhaltung herangehen wie sie es z. B. in ihrem Beruf tagtäglich tun. Der Ingenieur, der in seiner beruflichen Tätigkeit nicht auf die Idee käme, eine Brücke ohne naturwissenschaftlich erarbeitete Grundlage zu errichten, würde in der RET lernen, an seine eigenen

Probleme mit dem gleichen Maßstab heranzugehen. D. h. seine bisherigen Hypothesen über sich und andere, über die Welt und das Leben an den Gesetzen der Logik und Empirie zu überprüfen und gegebenenfalls abzuändern. Die RET fordert also die Menschen auf, *ihren Kopf zu gebrauchen* und hält nichts davon, dem Menschen sein 'Verkopftsein' vorzuhalten und ihn aufzufordern, *weniger zu denken* wie es explizit oder implizit so viele modische Therapiesysteme tun.

Teil II
Die Grundlagen rationaler Selbsthilfe (RSH)

1. Zwei grundsätzliche Hypothesen

Bevor Sie an die Lösung Ihrer psychischen Probleme durch rationale Selbsthilfe herangehen können, benötigen Sie einige Kenntnisse über das Entstehen emotionaler Störungen. Teil II dieses Buches gibt Ihnen daher einen Einblick in die Grundzüge der Klinischen Theorie der rational-emotiven Therapie (RET). Das klingt kompliziert. Doch ist es möglich, die Grundprinzipien der rational-emotiven Psychotherapie in verständlicher Form darzustellen. Dies liegt daran, daß die RET im Unterschied zu anderen Therapieformen, wie etwa der Psychoanalyse oder auch der Verhaltenstherapie, in ihrem Grundgehalt leicht verständlich ist.

Sie läßt sich in zwei fundamentalen Hypothesen beschreiben:

Erste Hypothese: Gefühle werden nicht unmittelbar durch bestimmte Ereignisse ausgelöst, sondern durch unsere *Interpretation* dieser Ereignisse.

Punkt 2 (Lernen Sie das A-B-C der Gefühle) zeigt Ihnen diesen Zusammenhang.

Zweite Hypothese: Irrationale Ideen führen zu emotionalen Störungen. Dagegen bewahrt eine rationale Sichtweise der Welt vor neurotischen Problemen.

In Punkt 3 (Irrationale Ideen führen zu emotionalen Störungen) werden Ihnen die hauptsächlichsten irrationalen Ideen vorgestellt, mit denen sich die Menschen emotionale Probleme schaffen.

Die beiden letzten Kapitel von Teil II stellen bereits den Übergang zur Praxis rationaler Selbsthilfe dar. Sie sollen Ihnen den Weg weisen, wie Sie Ihren irrationalen Gedanken auf die Spur kommen und möglichst rational denken.

2. Lernen Sie das A-B-C der Gefühle

In meiner psychotherapeutischen Praxis suchte mich ein junger Lehrer auf und fragte mich, ob ich ihm bei einem Problem helfen könnte, das »ganz plötzlich« über ihn »hereingebrochen« sei. Auf meine Frage, worin sein Problem bestehe, berichtete er mir zwei wesentliche Teile seines Problems.

Der Klient lebt seit einigen Jahren mit seiner Freundin in einer eheähnlichen Beziehung zusammen. Beide waren sich darin einig, irgendwann einmal zu heiraten, und nach den Worten meines Klienten konnte man von einer harmonischen, relativ glücklichen Beziehung sprechen.

Vor einiger Zeit jedoch hatte seine Freundin einen anderen Mann kennengelernt. Sie verliebte sich in diesen Mann und nahm sexuelle Beziehungen zu ihm auf. Zunächst traf sich die Freundin des Klienten mit ihrem neuen Bekannten ein bis zwei Abende pro Woche. Bald blieb sie auch manchmal die ganze Nacht aus und derzeit verbringt sie bereits mehr Zeit mit ihrem neuen Freund als in der gemeinsamen Wohnung. Über all dies sprachen mein Klient und seine Freundin rückhaltlos. Beide waren sich schon immer einig gewesen, daß sie eine 'offene Beziehung' leben wollten, in der auch sogenannte 'Seitensprünge' nicht grundsätzlich ausgeschlossen sein sollten. Mein Klient meinte, er sei in dieser Zeit »traurig gewesen« und habe die Situation als für sich sehr unerfreulich erlebt, er habe aber »die Sache noch verkraftet«.

Vor drei Wochen nun habe seine Freundin ihm zu verstehen gegeben, daß sie »das Doppelleben« nicht mehr aufrechterhalten könne und angekündigt, daß sie sich von meinem Klienten trennen werde.

Diese Entwicklung sei der Grund für sein Kommen, erklärte mir der junge Lehrer; seitdem seine Freundin ihn endgültig verlassen wolle (Teil 1 seines Problems!), sei er »regelrecht depressiv« geworden (Teil 2 seines Problems!). Er hatte sich bereits wegen einer leichten Erkältung für eine Woche krankschreiben lassen. Der eigentliche Grund dafür, daß er nicht mehr zur Schule gegangen war, sei aber nicht die leichte Erkältung gewesen, sondern daß er »in der Verfassung einfach nicht mehr arbeiten« könne.

Betrachten wir diesen Sachverhalt nun unter dem Gesichtspunkt der A-B-C-Theorie der rational-emotiven Therapie:

Am Punkt A hat sich etwas ereignet (A steht für *A*ktivierende Erfahrung oder *A*ktivierendes Ereignis):

Die Freundin meines Klienten kündigt an, daß sie die Beziehung abbrechen werde.

Am Punkt C (C steht für englisch: *C*onsequences, d. h. für die emotionalen und/oder verhaltensmäßigen Konsequenzen) reagiert der junge Lehrer mit depressiven Gefühlen und dem Rückzug von vielerlei Aktivitäten, die er bisher an den Tag gelegt hat. Er ging nicht mehr zur Arbeit und verhielt sich insgesamt passiver als früher.

Der Klient nahm nun an – wie es vermutlich die meisten Menschen auch tun – daß zwischen dem Verlassenwerden bzw. der Ankündigung des Verlassenwerdens (A) und seiner depressiven Verstimmung bzw. seinem Aktivitätsverlust (C) eine direkte kausale Beziehung bestehe.

»Weil mich meine Freundin verlassen will, bin ich depressiv!« Dies ist nicht verwunderlich, da diese emotionalen und verhaltensmäßigen Konsequenzen praktisch unmittelbar – zeitlich gesprochen – auf das Aktivierende Ereignis folgten. Wie wir bereits sahen, neigen die Menschen gewöhnlich dazu, in A-C-Verbindungen zu denken und z. B. die irrige Schlußfolgerung zu ziehen: »Meine Freundin hat gesagt, daß sie mich verlassen will. *Das* macht mich ganz fertig!«

Die entscheidende Überlegung der A-B-C-Theorie der rational-emotiven Psychotherapie besagt aber, daß eine solche Schlußfolgerung nicht zwingend ist. Vielmehr folgt C nicht *unmittelbar* und automatisch aus A, sondern aus B, den Überzeugenden und Interpretationen (B steht für engl. *B*eliefs) in Bezug auf A.

Von diesem entscheidenden Teil seines Problems hatte ich von meinem Klienten noch nichts gehört. Welche Überzeugungen und Interpretationen hatte also mein Klient? Was dachte er darüber, daß seine Freundin ihn verlassen will?

Nachdem mein Klient dieser Frage nachgegangen war, kamen zunächst etwa folgende Gedanken zum Vorschein:

»Meine Freundin hat angekündigt, mich zu verlassen. Somit werde ich wahrscheinlich die Beziehung zu einem Menschen verlieren, an dem mir viel liegt, den ich liebe. Das ist sehr schmerzvoll. Ich werde vielleicht einige Zeit ohne eine feste Verbindung zu einer Frau leben müssen und möglicherweise wird es mir nicht leichtfallen, eine neue Partnerin zu finden, mit der ich ebenso glücklich leben kann. Diese Zeit wird nicht schön sein.« etc. Die logische und einleuchtende Folge oder Konsequenz solcher Gedanken (am Punkt B) über das Ereignis 'Verlassenwerden' etc. (am Punkt A) besteht in Gefühlen der Trauer und Enttäuschung. Nehmen Sie dagegen an, der Klient stünde der Beziehung zu seiner Freundin neutraler gegenüber, etwa weil er selbst eine andere Beziehung eingegangen ist, so wird er sich vielleicht (am Punkt B) darüber sagen: »Meine Freundin und ich haben uns sowieso nichts mehr zu sagen. Wir haben beide bereits andere Menschen gefunden, mit denen wir zusammen sind. Eine Trennung ist also nur die äußere Bestätigung eines bereits bestehenden Zustandes« etc. Dieser innere Dialog enthält natürlich eine ganz andere *Bewertung* des Ereignisses und so ist unschwer zu erraten, daß die logische emotionale Reaktion in diesem Fall höchstens ein gewisses Bedauern oder Gleichgültigkeit wäre.

Die folgende Tafel verdeutlicht die Zusammenhänge verschiedener Bewertungsmöglichkeiten und ihrer jeweiligen emotionalen Folgen: Die erste und dritte Querspalte repräsentiert dabei den Sachverhalt, soweit wir ihn bisher besprachen.

A	B		C
Aktivierende Erfahrung	Interpretationen		Emotionale Folgen
Verlassenwerden	»Das ist schmerzvoll« etc.		Trauer, Enttäuschung
	»Das ist schmerzvoll« etc.	(und zusätzlich) »Schrecklich« etc.	Depression
	»Macht nichts ..« etc.		Gleichgültigkeit

Im Falle meines Klienten entsprachen die Überlegungen am Punkt B aber denen unseres ersten Beispiels. Wieso empfand der Klient dann nicht Trauer und Enttäuschung wie in den Wochen zuvor, sondern war in eine starke *Depression* verfallen?

Weil er *zusätzlich* zu seinen erwähnten Gedanken noch folgendes dachte:

»Es wird *schrecklich* werden, wenn sie mich wirklich verläßt. Das werde ich *nicht aushalten,* daß ich dann alleine dastehe. Ich hätte eben alles anders machen *müssen,* dann wäre ich nicht verlassen worden. Aber ich bin eben ein Mensch, der in der Liebe nie Glück haben wird – weil ich nicht so intelligent, nett und anziehend bin, wie ich sein *sollte,* damit man mich auch so mag wie andere Menschen. Ich bin eben doch ein Mensch, der *zu nichts taugt.* Deshalb werde ich wohl auch *nie* eine wirklich erfolgreiche und dauerhafte Beziehung zu einer Frau haben können. Somit bin ich zu einer *trostlosen, schrecklichen* Existenz gezwungen.«

Diese Art von Überzeugungen (am Punkt B) führen zu Gefühlen der Depression, der Verzweiflung und des völligen Versagens, wie Sie es in der Tafel (mittlere Querspalte) verdeutlicht sehen.

Die rational-emotive Psychotherapie vertritt also mit allem Nachdruck, daß Aktivierende Ereignisse wie das Verlassenwerden in unserem Beispiel nicht zu emotionalen und verhaltensmäßigen Konsequenzen wie Depressionen, Wut, Panik oder auch Trauer, Ärger und Besorgtsein bzw. zu Aktivitätsverlust und Untätigkeit führen. Sondern sie vertritt den Standpunkt, daß die Menschen sich diese Folgen *selbst schaffen,* indem sie den Ereignissen bestimmte *Bedeutungen* zumessen.

Die meisten Menschen, die die A-B-C-Theorie über das Zustandekommen von Gefühlen kennenlernen, stimmen mit dieser Sichtweise prinzipiell überein. Sie machen aber gewöhnlich recht bald einen gewichtigen Einwand: »Nun ja,« sagen sie, »das klingt ja alles ganz einleuchtend. Ich sehe ein, daß die Gedanken, die wir uns über die Ereignisse in unserer Welt machen, eine entscheidende Rolle dabei spielen, wie wir uns fühlen. Aber dennoch: Ich glaube nicht, daß das für alle Gefühle gilt. Es kommt einfach vor, daß ich bestimmte Gefühlsreaktionen habe, ohne daß ich irgendetwas gedacht oder zu mir gesagt habe. Wenn mir z. B. eine Spinne über die Hand läuft, dann verspüre ich unmittelbar und sofort Ekel und Angst. Ich habe nicht erst über die Spinne nachgedacht. Wie soll man das mit der A-B-C-Theorie erklären?«

Dieser Einwand ist ernst zu nehmen!

Tatsächlich ist es ja so, daß in einem solchen Fall nach der Wahrnehmung der Spinne (am Punkt A) die Ekel- und/oder Angstreaktion (C) 'auf dem Fuße' folgt, sozusagen unter Überspringen des Punktes B.

Ist das dann nicht ein Widerspruch zu der A-B-C-Theorie, wie wir sie bisher verdeutlichten?

Keineswegs! Wir haben es hier nur mit dem Endergebnis eines Lernvorganges zu tun. Ursprünglich nämlich – da Ekel – und Angst vor Spinnen keine angeborenen Reaktionen darstellen – unterlag die Wahrnehmung einer Spinne (A) durchaus einer Bewertung (B). Die folgende Tafel verdeutlicht dies:

A. Wahrnehmen einer Spinne
B. Bewertende Gedanken:
1. Spinnen sind gefährlich
2. Spinnen sind schrecklich
3. Spinnen sind häßlich
etc.
C. Angst/Ekel

Mit der Zeit nun verbindet sich der Wahrnehmungsprozeß und der Bewertungsvorgang nach lerntheoretischen Prinzipien derart, daß *alleine* der Anblick einer Spinne genügt, um die entsprechenden Angst – und/oder Ekelreaktionen folgen zu lassen. Wir können dann von einer *gewohnheitsmäßigen* Angstreaktion sprechen.

A. Wahrnehmen einer Spinne
B. Keine *bewußten* bewertenden Gedanken. Diese sind vollständig mit dem Anblick der Spinne assoziiert. Eine gewohnheitsmäßige Reaktion hat sich herausgebildet.
C. Angst

Gerade diese gewohnheitsmäßigen, erlernten Gefühlsreaktionen sind es, die den Eindruck hervorrufen, als ob ein Ereignis (A) zwangsläufig eine bestimmte emotionale Reaktion (C) hervorrufe.

Doch dies ist nicht richtig! Wie wir sahen, handelt es sich bei diesen gewohnheitsmäßigen Reaktionen nur um Reaktionen, bei denen die bewertenden Gedanken (B) völlig in den Wahrnehmungsprozeß integriert sind und so 'automatisch' verlaufen, daß sie erst durch starke Konzentration bewußt werden.

Aber auch in diesem Falle sind es in Wirklichkeit natürlich diese Bewertungen und nicht die Ereignisse als solche, die die Gefühlsreaktionen auslösen! Behalten Sie diesen wichtigen Punkt im Gedächtnis!

Prüfen Sie nun bitte Ihr Verständnis der A-B-C-Theorie, indem Sie die folgenden Kurz-Comics betrachten. Sie bestehen aus jeweils den Punkten A, B und C zugeordneten Bildern. Ihre Aufgabe besteht darin, aus der 'Gedankenblase' diejenigen zur Auswahl stehenden Gedanken auszusuchen, denen die C-Reaktionen Ihrer Meinung nach entsprechen.

Die richtigen Antworten finden Sie auf S. 50.

Comic Nr. 1

A = Aktivierendes Ereignis
bzw. Aktivierende Erfahrung

B = Gedanken über A

C = Konsequenz von B
(emotional/verhaltensmäßig)

Comic Nr. 2

A = Aktivierendes Ereignis bzw. Aktivierende Erfahrung

B = Gedanken über A

C = Konsequenz von B (emotional/verhaltensmäßig)

Comic Nr. 3

A = Aktivierendes Ereignis
bzw. Aktivierende Erfahrung

B = Gedanken über A

C = Konsequenz von B
(emotional/verhaltensmäßig)

Comic Nr. 4

Max fährt in seinem schönen Auto.

A = Aktivierendes Ereignis bzw. aktivierende Erfahrung

Max stellt sich vor, daß sein Reifen platzt. Welches Gefühl wird Max einzig und allein aufgrund seiner Gedanken haben?

B = Gedanken über A

Gedanken über A in B führen zu C! Welcher Zustand (emotional/verhaltensmäßig) tritt ein?

C = Konsequenz von B (emotional/verhaltensmäßig)

Antworten zu den COMICS 1 bis 4

Zu Comic Nr. 1

Der Gedanke Nr. 3 führt zu Angst bzw. Panik. Würde die Person *lediglich* die Gedanken Nr. 1 und Nr. 2 denken, so würde sie keine Angst haben müssen.

Zu Comic Nr. 2

Der Gedanke Nr. 2 führt zu depressiver Stimmung. Hätte der Angestellte den Gedanken Nr. 3 gedacht, so wäre er am Punkt C wütend oder ärgerlich geworden, aber nicht niedergedrückt! Der Gedanke Nr. 1 führt höchstens zu Bedauern oder zu Enttäuschung, aber *nicht* zu depressiven Gefühlen.

Zu Comic Nr. 3

Der Gedanke Nr. 1 führt zu Wut und Ärger. Der Gedanke Nr. 2 hat lediglich ein Unlustgefühl zur Folge, das die Hausfrau zur Veränderung ihrer Situation aktivieren kann (indem sie z. B. ihren Mann auffordert, ihr zu helfen!)

Zu Comic Nr. 4

Max wird aufgrund seiner *Schreckensvision* natürlich auch *Schrecken* und Angst empfinden.

Kontrolle

1. Viele Menschen nehmen an, daß zwischen einem Aktivierenden Ereignis oder einer Aktivierenden Erfahrung und bestimmten emotionalen und verhaltensmäßigen Konsequenzen eine ______ ______ ____________ Beziehung besteht. (41)
2. Dic Menschen neigen also dazu, in ______-______ Verbindungen zu denken. (41)
3. Dagegen vertritt die rational-emotive Therapie mit Nachdruck, daß die Menschen sich ihre emotionalen Konsequenzen ______ ______ schaffen, indem sie den Ereignissen bestimmte ________ ______ zumessen. (43)
4. Bei einer gewohnheitsmäßigen Angstreaktion sind die bewertenden Gedanken vollständig mit dem Anblick des 'Angstobjektes' z. B. einer Spinne ____________ (44)

5. In diesem Falle verlaufen die bewertenden Gedanken ganz ______________, so daß sie erst durch Aufmerksamkeitskonzentration bewußt werden. (44)

3. Irrationale Ideen führen zu emotionalen Störungen

In den vorangegangenen Kapiteln dieses Buches habe ich versucht, Ihnen einen neuen Zugang zum Verständnis Ihrer emotionalen Probleme zu eröffnen: Es sind nicht die Ereignisse an sich, die uns Menschen psychisches Leid bringen, uns in tiefe Verzweiflung, panische Angst oder exzessive Wut versetzen; sondern unsere persönliche Wahrnehmung und Bewertung dieser Ereignisse.

Wir – jeder für sich – können entweder unangemessene Reaktionen produzieren, aus einem Problem auch mehrere Probleme machen, uns selber auf den Weg der Selbstschädigung führen. Wir können aber auch bei entsprechender Wahrnehmung und Bewertung bestimmter Ereignisse solche Gefühle in uns wachrufen, die unserer jeweiligen Lebenssituation förderlich sind.

Alle emotionalen und verhaltensmäßigen Folgen einer bestimmten irrationalen Lebenshaltung bezeichnen wir *deshalb* als emotionale Störungen oder Verhaltensstörungen, weil sie grundsätzlich selbstschädigenden Charakter haben. Sie widersprechen den Zielen, von denen wir annehmen, daß sie grundlegende menschliche Ziele darstellen. Welche Ziele sind das?

Die Philosophie der rational-emotiven Psychotherapie beschreibt die menschlichen Ziele so:

1. Alle Menschen wollen ihre Existenz so lange bewahren, wie ihre biologische Ausstattung dies zuläßt. Sie wollen bis zu dem Zeitpunkt, wo sie als sterbliche Wesen ihre Existenz aufgeben müssen, *leben und überleben.*
2. Die Menschen wollen die kurze Zeitspanne ihrer irdischen Existenz – und es gibt bislang keinerlei wissenschaftlich begründete Annahmen, daß es neben dieser irdischen Existenz eine andere geben könne – *möglichst glücklich* leben.
3. Die Menschen scheinen ihrem Ziel, glücklich oder relativ glücklich und zufrieden leben zu können, am ehesten durch erfolgreiches *Zu-*

sammenleben mit anderen Menschen, im sozialen Kontakt mit anderen Menschen, nahezukommen.

4. Neben dem Leben in einer sozialen Gruppe scheinen die Menschen eine *bedeutsame Beziehung* zu einem anderen Menschen oder mehreren anderen Menschen als besonders glückverheißend anzusehen.

5. Schließlich scheint es ein grundlegendes Streben der Menschen zu sein, sich *produktiv und kreativ* mit ihrer Umwelt auseinanderzusetzen – Arbeit und Spiel stellen die grundlegenden Formen dar, in denen sich dieser Wunsch nach Produktivität und Kreativität äußert.

Wir alle wissen, daß der Zustand der Welt, wie er sich zum Zeitpunkt unserer Existenz darbietet, in vielerlei Hinsicht diesen menschlichen Grundzielen zuwiderläuft. Den problematischen Zustand unserer Welt können wir aber nicht durch die Flucht in psychische Selbstzerstörung verändern. Die Probleme der Welt sind von Menschen gemacht – genau wie die psychischen Probleme der Menschen von Menschen gemacht sind. Kein Gott – soweit wir wissen – und kein magisches Wunder können die Welt zum Besseren verändern, sondern nur Menschen, die – relativ psychisch ungestört und stabil – sich vornehmen, die Welt zum Besseren zu gestalten.

Welche Anschauungen und Lebensphilosophien sind es nun, die uns Menschen daran hindern, in angemessener Weise auf die Herausforderungen unserer Umwelt zu reagieren?

Die Antwort der rational-emotiven Therapie auf diese Frage lautet: Es sind irrationale Anschauungen und irrationale Lebensphilosophien, die unangemessene emotionale Gefühlszustände und Verhaltensweisen hervorrufen.

10 irrationale Ideen

Wenn Sie an Ihren psychischen Problemen etwas ändern wollen, so müssen Sie sich mit den grundlegenden irrationalen Ansichten befassen, die die Menschen – zumindest in unserem Kulturkreis – in psychische Verwirrung versetzen. Diese grundlegenden irrationalen Ideen möchte ich Ihnen vorstellen. Sie stellen in ihrer vorliegenden Form das Substrat der langjährigen Arbeit von Albert Ellis dar, dem Gründer der rational-emotiven Therapie. (Vgl. auch Teil IV, Kap. 4: das Testheft »Selbstschädigende Ideen«).

Irrationale Idee Nr. 1
Ich muß von jedermann – zumindest von jeder Person, die mir etwas bedeutet – nahezu immer geliebt, geschätzt oder anerkannt werden; wenn dies nicht der Fall ist, so wäre das schrecklich.

Klientenäußerungen, die die irrationale Idee Nr. 1 widerspiegeln (und gedankliche Hintergründe)

- »Die Leute mögen mich nicht.« (und das ist schrecklich)
- »Ich habe Angst ihn darum zu bitten.« (denn er könnte ablehnen und das hieße: mich ablehnen)
- »Ich kann mich nicht durchsetzen.« (weil ich Ablehnung nicht ertrage)
- »Ich kann mich doch nicht lächerlich machen.« (denn das wäre schrecklich)
- »Wenn das die Leute wüßten.« (würden sie mich ablehnen)
- »Ich tue alles für sie.« (damit sie mich ja liebt)
- »Ich komme bei Frauen nicht an.« (was schrecklich ist)
- »Ich hasse es, in Unfrieden zu leben.« (weil mich dann vielleicht nicht alle Menschen mögen)

Hinter all diesen Äußerungen verbirgt sich die absolutistische Forderung nach Anerkennung und Liebe. Jedoch: Wer fordert, von allen Leuten anerkannt zu werden, setzt sich ein unerreichbares Ziel: wieviel Sie auch tun mögen, wieviel Erfolg Sie auch haben mögen, wie attraktiv Sie auch sein mögen – es ist unmöglich, von allen Menschen geliebt zu werden. Sie werden immer auf Menschen treffen, die Sie aus irgendeinem Grund ablehnen: ganz zu schweigen davon, in welche Abhängigkeit sich ein Mensch begibt, wenn er es allen recht machen will. Ein solcher Mensch müßte geradezu ein Verwandlungskünstler sein, um bei seinen so verschiedenen Mitmenschen jedesmal die gerade nötige Einstellung und Anpassung zu erreichen. Und selbst wenn jemand in dieser 'Kunst' schon recht weit fortgeschritten sein sollte, so müßte er doch in ständiger Angst leben, auch in Zukunft die Wertschätzung aller seiner Mitmenschen erhalten zu können.

Es ist deshalb sinnvoller und rationaler, seine absolutistischen Forderungen nach Anerkennung und Liebe aufzugeben. Das heißt konkret: Konzentrieren Sie sich lieber auf sich selber, hören Sie auf, ständig nach Gunstbeweisen zu suchen, sie möglicherweise nicht zu finden und sich so buchstäblich verrückt zu machen. Verwenden Sie die so gewonnene Zeit besser dafür, die Dinge zu tun, die Ihnen im Leben Spaß machen.

Der irrationalen Idee Nr. 1 hängen übrigens bevorzugt weibliche Klienten an. Weil viele Frauen glauben, sie seien ohne Partner nur ein 'halber Mensch', neigen sie dazu, sich den Interessen ihres Mannes unterzuordnen, ihre eigenen dabei zu verleugnen, aus Angst, er würde sie andernfalls mit 'Liebesentzug' bestrafen oder gar verlassen.

Überlegen Sie nun bitte:

Wie würden Sie die irrationale Idee Nr. 1 bezüglich Liebe und Anerkennung in eine rationale Überzeugung umformulieren. Schreiben Sie Ihre Überlegungen auf, bevor Sie am Ende dieses Kapitels nachlesen.

Irrationale Idee Nr. 2
Ich bin ein Mensch ohne Wert, wenn ich mich nicht in allem – oder zumindest auf einem wichtigen Gebiet – überaus kompetent, tüchtig und erfolgreich erweise.

Beispiele für *Klientenäußerungen* zur irrationalen Idee Nr. 2:
- »Was bin ich doch für ein Trottel.«
- »Ich tauge zu nichts.«
- »Ich muß die Prüfung schaffen.«
- »Ich muß stolz auf mich sein können.«
- »Wenn ich doch nur nicht diesen Fehler gemacht hätte.«
- »Bei Gesellschaftsspielen verliere ich immer.«
- »Ich habe nichts zu sagen.«

Diese irrationale Überzeugung finden wir besonders häufig bei Angehörigen des männlichen Geschlechts: wahrscheinlich die Folge des in unserer Kultur herrschenden Leistungsprinzipes.

Menschen, die dem perfektionistischen Anspruch der irrationalen Idee Nr. 2 nachhängen, glauben, daß sie keinen Fehler machen dürfen, da sie sonst dumm und wertlos seien. Sie übersehen dabei, daß Menschen von Natur aus fehlerhafte Wesen sind und erheben sich zu gottgleichen Gestalten, denen alles und jedes gelingen muß. Dabei verfehlen sie ihr eigentliches Ziel, nämlich durch ein vernünftiges Maß an erstrebenswerter Leistung Belohnungen materieller wie immaterieller Art zu erlangen. Stattdessen leben sie in ständigem Streß und ständiger Angst vor Fehlern und bezahlen diese ihre Lebensphilosophie mit verschiedenen psychosomatischen Leiden wie Kopfschmerzen, Magengeschwüren und Herzbeschwerden.

Wer dieser perfektionistischen Idee nachhängt, täte besser daran, sich an die eigentlichen Ziele seines Lebens zu erinnern und sich auf die angenehmen Seiten seiner Aktivitäten zu konzentrieren, anstatt immer nur darum bemüht zu sein, alles unter dem Gesichtspunkt des Erfolges zu sehen. Denn: wer seine Tätigkeit ausschließlich unter dem Gesichtspunkt des Erfolges sieht, lebt nicht in der Gegenwart, sondern in der Zukunft. Er verzichtet somit auf die lebenswerten Seiten seiner Existenz zugunsten einer vagen Vorstellung, in der Zukunft für alle Mühen belohnt zu werden. Menschen mit dieser irrationalen Haltung sind nicht selten am Ende ihres Lebens angelangt, bevor sie in den Genuß ihrer immer wieder verschobenen Gratifikationen kommen.

Überlegen Sie nun bitte, wie Sie die irrationale Idee Nr. 2 bezüglich Leistung und Perfektionismus rational umgestalten würden!

> *Irrationale Idee Nr. 3:*
> Wenn andere Menschen unfair oder schlecht handeln, sollte man sie streng zurechtweisen und bestrafen, denn sie sind böse und verdorbene Menschen.

Klientenäußerungen:
- »So kann er doch nicht mit mir umspringen.«
- »Dieses Schwein!«
- »Sie ist eine unverschämte Person.«
- »Recht geschieht ihm!«
- »Das zahl ich dir heim!«
- »Das sollen sie mir büßen.«
- »Man muß es ihm zeigen, damit er merkt, was los ist.«
- »Mit so einem Kerl würde ich kein Wort mehr sprechen.«

Die Grundlage der irrationalen Idee Nr. 3 ist der Glaube, daß es zwei Kategorien von Menschen gibt – gute und böse, Engel und Sünder. Dieser Glaube ist natürlich Unsinn. Menschen können 'schlecht' *handeln,* das macht sie aber nicht in ihrer Gesamtheit zu wertlosen, schlechten Menschen. Es bedeutet eine unzulässige Generalisierung, von einzelnen Verhaltensweisen auf die gesamte Persönlichkeit zu schließen. Wenn jemand z. B. lügt, so ist es mit der Realität nicht zu vereinbaren, diesen Menschen einen Lügner zu nennen. Denn nach dieser Etikettierung scheint es so, als ob dieser Mensch *ausschließlich* lügen würde.

Außerdem werden die meisten sogenannten 'schlechten' Handlungen von Menschen begangen, weil sie unwissend sind und selbst irrational denken. Es ist töricht, diese Menschen wegen ihrer Unwissenheit oder ihrer psychischen Gestörtheit als gesamte Person zu verdammen. Darüberhinaus ist es unrealistisch, von anderen Menschen zu erwarten, daß sie *keine* fehlerhaften Handlungen begehen. Wer so denkt, geht davon aus, daß Menschen unfehlbar sind. Doch dafür gibt es bisher keine empirische Evidenz. Und es ist irrational, zu fordern: »Das hätte er nicht tun sollen!«

Denn wenn das betreffende Verhalten dieses Menschen auch tausendmal unerwünscht und unangenehm war, so ist das doch nicht der Beweis dafür, daß dieser Mensch sich hätte anders verhalten *sollen.* Sinnvoller ist: nach dem Warum dieser Fehlhaltung zu fragen, um den Menschen zu helfen, in Zukunft anders zu handeln.

Überlegen Sie bitte, wie Sie die irrationale Idee Nr. 3 in eine rationale Auffassung umgestalten können.

Irrationale Idee Nr. 4:
Es ist schrecklich und eine Katastrophe, wenn die Dinge nicht so sind, wie ich es gerne hätte.

Klientenäußerungen:

- »Ohne meinen Mann hätte mein Leben keinen Sinn.«
- »Nichts macht mir mehr Spaß.«
- »Das halte ich nicht aus.«

- »Die Welt ist zum Kotzen.«
- »Ich hau ab aus dieser ganzen Scheiße.«
- »Mein Gott wenn das so weiter geht.«
- »Das kann ich mir überhaupt nicht vorstellen!«

Wie wir eingangs dieses Kapitels bereits feststellten, ist die Realität unserer Welt in vielerlei Hinsicht sehr unerfreulich. Es ist deshalb sehr vernünftig, wenn Menschen angesichts unschöner Zustände Überlegungen anstellen, wie sie diese zum Besseren ändern können. Es ist auch natürlich, wenn diese Menschen mit unangenehmen Ereignissen und Zuständen unzufrieden sind. Diese Frustration stellt einen mächtigen motivationalen Antrieb dar, um aktiv zu werden. Ganz und gar unvernünftig ist es aber, sich angesichts der Realität in tiefe Depressionen oder lähmende Angst zu versetzen, indem man fordert, daß die Realität anders zu sein habe, als sie nun einmal ist. Es gibt keinen Grund, warum die Welt anders sein sollte als sie ist, wenn es auch viele Gründe gibt, die Realität unerfreulich und frustrierend zu finden.

Die Grundlagen der irrationalen Idee Nr. 4 bestehen also einmal darin, daß man von der Realität unsinnigerweise fordert, sie müsse anders sein, zum zweiten darin, daß man den Ist-Zustand nicht nur als unerfreulich und unerwünscht ansieht, sondern darüberhinausgehend eine Katastrophe daraus macht.

Formulieren Sie nun bitte die irrationale Idee Nr. 4 bezüglich unerwünschter und frustrierender Zustände so um, daß Sie eine rationale Auffassung erhalten!

> *Irrationale Idee Nr. 5:*
> Emotionale Probleme haben äußere Ursachen und ich habe wenig Möglichkeiten, meine Gefühle zu verändern oder zu kontrollieren.

Den Grundgehalt dieser irrationalen Vorstellung kennen Sie bereits ausführlich. Ihm entspricht z. B. die populäre Auffassung über das Zustandekommen von Gefühlen vgl. Teil I.

Wie würden Sie die irrationale Idee Nr. 5 in eine rationale Sichtweise umformulieren?

Irrationale Idee Nr. 6:
Ich muß mir große Sorgen machen oder mich sehr ängstigen angesichts von Ereignissen, die möglicherweise gefährlich sein können.

Klientenäußerungen:

- »Ich kann es doch nicht einfach so auf mich zukommen lassen.«
- »Oh mein Gott, wenn ich durch die Prüfung falle!«
- »Ich muß dauernd daran denken, daß ...«

Unsere Welt ist eine Welt der Wahrscheinlichkeit. Nur wenige Entwicklungen in der Zukunft lassen sich mit letzter Sicherheit vorausbestimmen. Leben bedeutet daher immer, etwas zu riskieren. Wer sich vor jeder potentiellen Gefahr mit allerletzter Sicherheit schützen will, verfolgt ein unerreichbares Ziel. So ist es zwar sinnvoll, die Wahrscheinlichkeit eines Unfalls zu verringern, indem ich vor Antritt einer Reise mein Auto zur Inspektion bringe, den Zustand der Reifen und Bremsen überprüfe etc. Würde ich dagegen fordern, daß ich *mit Sicherheit* keinen Autounfall erleiden darf, so müßte ich überhaupt davon absehen, mit dem Auto zu reisen. Dann aber bestehen weiterhin unendliche Möglichkeiten anderer Gefahren.

Viele Menschen sind von der Forderung nach absoluter Sicherheit geradezu besessen. Sie wollen eine Garantie, daß ihr Partner sie niemals verlassen wird, daß ihren Kindern beim Spielen nichts zustößt und dergleichen mehr. Was sie damit, neben einer zugegebenermaßen gewissen Verringerung der Wahrscheinlichkeit des Eintretens mancher Gefahren, erreichen, ist, daß sie auf viele Dinge verzichten, die das Leben erst angenehm machen. Wofür 95 Jahre alt werden, wenn dieses Leben nur aus ständiger Sorge und Angst und daraus resultierender Inaktivität besteht? Oder wie es der amerikanische Komiker Red Skelton ausdrückte: »Warum sollte ich das Leben so ernst nehmen – man überlebt es ja doch nicht!«

Formulieren Sie bitte eine rationale Auffassung über die Möglichkeit von Gefahren und unerfreulichen Entwicklungen!

Irrationale Idee Nr. 7:
Es ist leichter Schwierigkeiten aus dem Weg zu gehen, als sich ihnen zu stellen. Ich muß mich immer wohlfühlen und darf keinerlei Schmerz ertragen müssen.

Klientenäußerungen:

- »Das nützt mir auch nichts.«
- »Das ist mir zu unangenehm.«
- »Ach, ich bleibe lieber zuhause.«
- »Was ich nicht weiß, macht mich nicht heiß.«
- »Das schaff ich einfach nicht."«
- »Dann hab ich ja gar nichts mehr vom Leben.«
- »Immer dieses Geschirrspülen!«

Die irrationale Idee Nr. 7 stellt den Ausgangspunkt für etwas dar, was wir als *geringe Frustrationstoleranz* bezeichnen. Sie ist eine sehr verbreitete irrationale Überzeugung. Suchtverhalten in verschiedensten Formen ist oft eine Folge der Annahme, daß es leichter sei, auf Dauer schädigende Verhaltensweisen zugunsten momentaner Bedürfnisbefriedigung beizubehalten. Der starke Raucher sagt sich zum Beispiel, es sei zu schwer, ohne Zigaretten auszukommen und vergißt dabei, um wieviel schwerer es ist, seinen Lebensabend mit der fast unvermeidlichen chronischen Bronchitis zu verbringen. Er fordert von der Welt, daß sie ihm jede Unannehmlichkeit erspare und ihm dauerndes Wohlbehagen schulde.

Geringe Frustrationstoleranz führt leider auch häufig dazu, daß Menschen mit emotionalen Problemen wider besseres Wissen an ihren Problemen nicht arbeiten. Sie meinen unsinnigerweise, daß ihnen die Lösung ihrer Probleme die Welt oder zumindest der Therapeut schulde, ohne daß sie hierfür Unannehmlichkeiten auf sich nehmen müssen.

Wenn Sie zum Beispiel dieses Buch lesen, aber die Übungen, die ich ihnen dazu vorschlage, nicht durchführen, so mag dies daran liegen, daß Sie sich sagen: »Ach, das ist mir jetzt zu anstrengend. Ich lese erst mal weiter und mache die Übungen und die Arbeit später.« Sollten Sie solche oder ähnliche Gedanken bisher von der Durchführung der vorgeschlagenen Übungen abge-

halten haben – jetzt ist die Zeit, etwas zu ändern! Fragen Sie sich, was schwerer ist: die Übungen durchzuführen oder weiter mit Ihren Problemen zu leben.

Formulieren Sie also jetzt bitte eine rationale Alternative bezüglich Schwierigkeiten und geringer Frustrationstoleranz!

> *Irrationale Idee Nr. 8:*
> Man braucht jemanden, der stärker ist als man selbst, und auf den man sich stützen kann.

Klientenäußerungen:

- »Wenn eine Frau Kinder haben will, muß sie einen Mann haben.«
- »Alleine schaffe ich es nicht.«
- »Wie soll ich ohne sie zurechtkommen?«
- »Wenn ich nur jemanden hätte, mit dem ich mich aussprechen könnte!«
- »Alleine mag ich nicht in Urlaub fahren.«

Es ist erstaunlich, wieviele Menschen glauben, daß sie unbedingt einen beschützenden Mann, eine hegende Frau, einen aktiven Freund etc. benötigen, um durchs Leben zu kommen. Zweifelsohne ist es wünschenswert, wenn man andere Menschen um Rat fragen kann, wie man am besten bestimmte Probleme bewältigt. Es ist aber unsinnig, die Lösung von Problemen wie ein kleines Kind von anderen zu erwarten und sich in übergroße Abhängigkeiten zu verstricken.

Entwickeln Sie die rationale Alternative zur irrationalen Idee Nr. 8!

Irrationale Idee Nr. 9:
Meine Vergangenheit ist die Ursache für meine gegenwärtigen Probleme, weil etwas, das sich früher einmal stark auf mein Leben auswirkte, dies auch weiterhin tun muß.

Klientenäußerungen:

- »Ich komme eben aus einem autoritären Elternhaus.«
- »Ich hab nie Erfolg gehabt bei Mädchen.«
- »Das liegt an meiner verpfuschten Erziehung.«
- »Schon in der Schule war ich immer der Außenseiter.«
- »Aber lesen Sie doch mal Wilhelm Reich oder Sigmund Freud!«

Mit dieser irrationalen Idee blockieren sich manche Menschen hartnäckig, anstatt für eine Änderung in ihrem Leben zu arbeiten. Es ist klar – wer glaubt, daß er sich nicht ändern kann, der wird mit geringer Wahrscheinlichkeit eine Änderung erzielen. Es ist logischer Unsinn, die Ereignisse der Vergangenheit als Beweis dafür ins Feld zu führen, daß zukünftige Ereignisse den gleichen Verlauf nehmen müssen. Dieser Unsinn ist häufig der Ausgangspunkt für einen Teufelskreis: So führt etwa ein depressiver Klient als Beweis dafür, daß seine negativen Zukunftserwartungen berechtigt seien, an, daß er ja gesehen habe, wie es mit ihm in der letzten Zeit bergab gegangen sei. Er verkennt dabei, daß es gerade seine negative Einstellung zur Zukunft ist, die seine depressiven Gefühle auslöst. Die Erkenntnis, daß es immer oder nahezu immer *gegenwärtige* Gedanken und Einstellungen sind, die unsere emotionalen Probleme verursachen, stellt eine entscheidende Hilfe bei der Überwindung der irrationalen Idee Nr. 9 dar. Formulieren Sie deshalb die rationale Alternative!

Irrationale Idee Nr. 10:
Die Welt sollte fair und gerecht sein.

Klientenäußerungen:

- »Das hab ich nicht verdient!«
- »Das ist eine bodenlose Gemeinheit!«
- »Das hättest du nicht tun sollen.«
- »Wie kannst du nur so mit mir umspringen!«
- »Das ist ja unglaublich, nein!«

Diese irrationale Idee hat Ähnlichkeit mit den irrationalen Vorstellungen Nr. 3 und Nr. 4.

Hauptinhalt der vorliegenden Idee ist die absolutistische Forderung, daß die Welt – verdammt noch mal – so zu sein habe, wie es schön wäre. Wo aber steht geschrieben, daß die Welt gerecht zu sein hat? Unzweifelhaft wäre es wünschenswert und schön; und es lohnt, sich für Gerechtigkeit und Fairneß einzusetzen. Es ist aber völlig unsinnig, davon auszugehen, daß die Welt gerecht und fair sein *muß*. In Wirklichkeit *ist* die Welt *so* beschaffen, wie sie beschaffen sein *muß*; denn bestimmte Bedingungen in der Vergangenheit haben dazu geführt, daß sich die Welt so darstellt wie sie jetzt ist. Die irrationale Idee Nr. 10 ist Ausgangspunkt für unzählige Wutausbrüche und exzessiven Ärger, letztlich für Mord und Totschlag.

Was sagen Sie sich besser bezüglich Gerechtigkeit und Fairneß in dieser Welt?

Rationale Alternativen zu den zehn irrationalen Ideen:

1. Es ist wünschenswert, von anderen Menschen geschätzt zu werden. Ich bin jedoch nicht auf die Wertschätzung anderer Personen unbedingt angewiesen. Ich kann mich selbst achten und akzeptieren.
2. Ich bin ein Mensch mit Fehlern und kann mich als solcher akzeptieren, auch wenn ich mich so verhalte wie ich es nicht mag.
3. Weil Menschen fehlbare Wesen sind, können sie unfair und schlecht handeln. Sie tun dies häufig aus Unwissenheit oder auf Grund psychischer Störungen. Statt sie zu bestrafen, helfe ich ihnen besser, in Zukunft anders zu handeln.
4. Es ist wirklich bedauerlich, wenn die Dinge so sind, wie wir es nicht mögen und es ist ratsam, die verantwortlichen Bedingungen zu ändern. Wenn eine Änderung aber nicht möglich ist, so ist es besser, dies zu akzeptieren.

5. Emotionale Schwierigkeiten sind zu einem großen Teil durch die Sicht bedingt, die ich von den Dingen habe. Man hat enorme Kontrolle über seine destruktiven Gefühle, wenn man an der Veränderung der törichten und unwissenschaftlichen Hypothesen zu arbeiten beginnt, die diese Gefühle hervorrufen.
6. Das Leben besteht zu großen Teilen aus Risiko. Ich kann nicht alles kontrollieren. Besser den Gefahren ins Gesicht schauen und *sie* ruhig bekämpfen, als *sich* ständig zu beunruhigen. Unvermeidliches besser akzeptieren.
7. Der sogenannte leichte Weg ist oft der schwerere. Unannehmlichkeiten kann man ertragen, auch wenn man sie niemals mögen wird.
8. Es ist besser, das Risiko des unabhängigen Handelns und Denkens auf sich zu nehmen. Es ist schön, Ratgeber zu haben, aber ich bin nicht auf sie angewiesen. Die letzte Entscheidung treffe ich selbst.
9. Man kann aus der Vergangenheit lernen, aber die Vergangenheit determiniert mich nicht völlig. Emotionale Probleme haben gegenwärtige Gründe.
10. Die Welt ist so, wie sie sein muß. Ich kann sie zu verändern trachten, aber es gibt keinen Grund, warum sie anders sein sollte.

1. Rationales Denken

Mit Beginn der modernen Naturwissenschaften rechnet es sich der Mensch als hohe Leistung zu, über ein naturwissenschaftliches Weltbild zu verfügen. Dieses naturwissenschaftliche Weltbild verbannte mittelalterlichen Mystizismus, Festhalten an irrationalen Erklärungsversuchen über den Zustand und Aufbau der Welt aus dem Bereich legitimer Denkweisen. Vernünftiges naturwissenschaftliches Vorgehen stellt seither den Rahmen für die gewaltigen Fortschritte, die auf technologisch-zivilisatorischem Gebiet gemacht wurden.

Aber Kritiker des technologischen Zeitalters weisen mit Recht darauf hin, daß die zweifelsohne großartigen Errungenschaften der Menschheit auf technologisch-naturwissenschaftlicher Seite wenig Entsprechung finden, sobald man sich die gesellschaftliche Organisation ansieht. Die vielfältigen Probleme menschlichen Zusammenlebens scheinen in der Tat einer Lösung gemäß den Gesetzen der Vernunft noch nicht sehr nahe gekommen zu sein.

In noch viel stärkerem Ausmaße scheinen aber die alltäglichen und tagtäglichen Denkweisen und Handlungsstrategien der einzelnen Menschen von den Geboten der Vernunft entfernt zu sein. Albert Ellis ist sogar davon überzeugt, daß das von Irrationalität geprägte Denken, Fühlen und Verhalten des Menschen eine biologische Grundlage hat. Damit ist natürlich nicht gemeint, der Mensch müsse sich aufgrund seiner angeborenen Neigung zur Irrationalität gottergeben mit seinem Schicksal abfinden. Sondern damit ist ausgesagt, daß die Menschen ihre irrationalen Tendenzen nur durch harte Arbeit an sich selbst überwinden können. Und weiterhin wird es leichter verständlich, warum praktisch kein Mensch – auch Albert Ellis, der Autor und alle dem Autor bekannten rationalen Therapeuten – ständig und immer rational denkt. Dagegen kann man bei vielen Menschen, die irrationales Denken bei sich bekämpfen, eine neue Spielart der Irrationalität entdecken, die lautet: »Ich *muß* unbedingt rational sein. Wenn ich irrational denke, bin ich ein wertloser Mensch.«

Was bedeutet nun eigentlich rationales Denken?

Rationales Denken, so wie es die rational-emotive Therapie versteht, orientiert sich an den Gesetzen der Logik und des naturwissenschaftlichen, empirischen Vorgehens. Letzteres besagt, daß man Hypothesen über Naturerscheinungen erstellt und diese überprüft. Kommt man zum Ergebnis, die Hypothese sei falsch, so verwirft man sie oder verändert sie.

Sie werden sich jetzt vielleicht fragen, was wissenschaftliche Hypothesenbildung mit Ihren psychischen Problemen zu tun hat. Nun, ganz einfach: Das Denken des Menschen kreist mehr oder weniger um sein Wohlergehen (und um das Wohlergehen seiner Mitmenschen, insofern als die Menschen richtigerweise erkennen oder ahnen, daß ihr Wohlergehen zu einem großen Teil vom Wohlergehen der Mitmenschen abhängt). Damit hat aber das Denken der Menschen fast immer einen zukunftsbezogenen Aspekt. Beispiel: Selbst wenn es Ihnen gerade sehr schlecht geht und Sie über die Gründe Ihres Zustandes und Ihre augenblickliche Lage nachgrübeln, so tun Sie dies doch, um eine Veränderung Ihres Befindens *für die Zukunft* herbeizuführen. Und dabei stellen Sie ständig Hypothesen auf. Sie sagen sich zum Beispiel: »Wenn der Autor dieses Buches recht hat, so kann ich meine psychische Situation verbessern, wenn ich es aufmerksam lese und die Dinge tue, die der Autor als wichtig für die Verbesserung meines psychischen Zustandes ansieht.« Wenn Sie dieser Hypothese Glauben schenken, so werden Sie vermutlich fortfahren, das Buch zu lesen. Würden Sie die Hypothese dagegen ablehnen, indem Sie sich etwa sagten: »Ach, mir kann nichts mehr helfen. Was soll ich also meine Zeit mit dem Lesen dieses Buches vertun«, so werden Sie wahrscheinlich sehr bald Ihr Bücherregal um ein halb gelesenes Werk bereichern.

Oder nehmen Sie an, Sie waren mit Ihrer Freundin auf einer Party. Dort tanzte Ihre Freundin mit einem anderen, attraktiven Mann mehr als Ihnen lieb war. Sie reagieren äußerst sauer und überschütten Ihre Freundin mit heftigen Vorwürfen. Sie hatten sich gesagt: »Aha, jetzt zahlt sie mir zurück, daß ich gestern nicht mit ihr ins Kino gegangen bin. Vielleicht verliebt sie sich gar noch in den Typ! Dann sieht's schlecht aus für mich. Ohne sie bin ich nur ein halber Mensch.« Jeder Gedanke eine Hypothese!

Sie sehen also, Ihr Denken besteht in weitem Ausmaß aus Hypothesenbildung – und darüber hinaus: aus Bestätigen und Ablehnen Ihrer Hypothesen. Je nach dem, ob Sie eine für Ihr Wohlbefinden günstige oder ungünstige Hypothese beibehalten oder verwerfen, wird Ihr emotionales System reagieren und Sie zu entsprechenden Verhaltensweisen veranlassen.

Rationales Denken will Ihnen helfen, Ihre Hypothesenbildung und Hypothesenüberprüfung den Gesetzen der Vernunft und Wissenschaftlichkeit anzupassen. Wie Sie dies tun können, davon handeln die folgenden Seiten.

Wie können Sie feststellen, ob Ihre Hypothesen oder – allgemeiner ausgedrückt – Ihre Gedanken den Kriterien für Rationalität genügen oder irrational sind?

Zunächst: irrationale Gedanken finden wir auf zwei Ebenen, vgl. hierzu die Abb. 6.
Die Abbildung zeigt schematisch die beiden grundsätzlichen kognitiven (gedanklichen) Prozesse, mit denen wir unsere Umwelt oder die Realität erfassen. Zunächst ist *Realität* und *wahrgenommene Realität* nicht das gleiche. Sie wissen bereits, daß wir vieles nicht wahrnehmen, vieles nicht *so* wahrnehmen, wie es ist, und manches wahrnehmen, was nicht ist. Entscheidend für unsere Hypothesenbildung ist nun nicht die 'wahre' Realität, sondern die wahrgenommene Realität. In der Abbildung also der verkleinerte Kasten, der sich mit dem großen

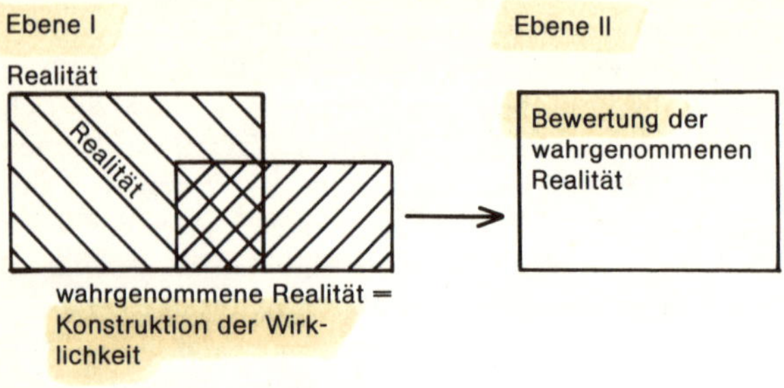

Abb. 6: Irrationales Denken

Kasten 'Realität' nur zum Teil deckt. Grundsätzlich wird sich die von uns wahrgenommene Realität nie völlig mit der 'wahren' Realität dek-ken, so gesehen ist unsere Wahrnehmung immer verzerrt. Der *Grad* der verzerrten Wahrnehmung spielt aber die entscheidende Rolle dafür, ob wir uns aufgrund verzerrter Wahrnehmung in mehr oder weniger belastende psychische Zustände versetzen. Es wird also unsere Aufgabe rationalen Denkens sein, unsere *Konstruktion der Wirklichkeit* möglichst genau und unverzerrt vorzunehmen. Auf dieser Ebene I ist zunächst irrationales Denken angesiedelt.
Haben wir uns aber ein bestimmtes Bild von der Wirklichkeit gemacht, so beginnen wir unweigerlich damit, diese Realität in Bezug auf unsere Interessen zu bewerten. Diese Bewertung oder Evaluation der Realität ist der Boden für irrationales Denken auf der zweiten Ebene.

Die rational-emotive Therapie mißt der zweiten, evaluativen Ebene irrationalen Denkens den größeren Stellenwert für das Zustandekommen emotionaler Probleme zu.
Die Begründung ist folgende: kein Mensch nimmt die Realität völlig unverzerrt wahr. Da es dennoch Menschen gibt, die wenig oder gar nicht unter emotionalen Störungen leiden, können wir schließen, daß die Bewertungen der Realität den entscheidenden Anteil für das Zustandekommen psychischer Probleme bilden. Den entscheidenden, aber nicht einzigen Anteil!

Deshalb ist es richtig, sein Denken auch auf der Ebene I rationaler zu gestalten.

Was gilt es zu vermeiden, um demgemäß rationaler denken zu können?

1. Vermeiden wir leicht erkennbare falsche Situationsbeschreibungen und unrealistische, nur schwerlich dem 'gewöhnlichen Lauf der Dinge' entsprechende Spekulationen und Prognosen zukünftiger Ereignisse.

Beispiel: Ein depressiver Klient sagt sich, er falle seiner Familie *nur noch* zur Last. Ein Prüfungsphobiker behauptet, er werde *mit Sicherheit* durch die Prüfung fallen. In Wirklichkeit kann durch Nachfrage festgestellt werden, daß die Familie des depressiven Klienten diesen nicht als *ständige Last* empfindet. In Wirklichkeit kann der Prüfungsphobiker allenfalls von einer gewissen *Wahrscheinlichkeit* sprechen, daß er durch die Prüfung fallen werde, aber es gibt hierfür keine Sicherheit – genauso wenig wie umgekehrt für die Prognose, daß man mit Sicherheit eine Prüfung bestehen werde.

2. Vermeiden wir das isolierte Herausgreifen bestimmter Aspekte der Wirklichkeit unter Vernachlässigung anderer Gesichtspunkte (unzulässige Verallgemeinerung).

Beispiel: Wie beweist die Tatsache, daß ich mich nicht getraue, vom 10-Meter-Turm des Schwimmbades herunterzuspringen, daß ich *insgesamt* ein ängstlicher Mensch sei?

3. Vermeiden wir unlogisches Denken wie das Ziehen falscher Schlüsse oder 'logisches' Denken aufgrund falscher Prämissen.

Beispiel: Wenn ich jemandem auf der Straße begegne und grüße, und dieser jemand übersieht mich, so ist der Schluß ungerechtfertigt, daß mich diese Person nicht mag. Sie kann – 'in Gedanken vertieft' – mich nicht gesehen haben. Oder: »Wer Gutes tut, ist ein guter Mensch. Ich habe Gutes getan, also bin ich ein guter Mensch.« Die Prämisse ist falsch, der Schluß ist okay.

Zusammengefaßt können wir daraus die *Regel Nr. 1 für rationales Denken* ableiten:

Rationale Gedanken beruhen auf möglichst *objektiven Tatsachen,* sie sind 'wahr' und realistisch.

Sie kennen bereits die Ansicht der rational-emotiven Therapie über die grundlegenden Ziele der Menschen. Legen wir diese zugrunde, so können wir daraus ein weiteres Kriterium für rationales Denken ableiten. Wenn ich es als mein Ziel akzeptiere, mein Leben (relativ) glücklich zu gestalten, so ist es offensichtlich unlogisch und unsinnig, Dinge zu tun, die diesem Ziel widersprechen.

Übertragen wir dies auf unser Denken, so gewinnen wir die *Regel Nr. 2 für rationales Denken:*

Ein rationaler Gedanke hilft mir, mein erwünschtes *Ziel* zu erreichen.

Damit ist – wohlgemerkt – nichts über den konkreten Inhalt unserer jeweiligen Ziele gesagt. Die rational-emotive Philosophie ist zutiefst davon überzeugt, daß es verschiedene Wege gibt, die Menschen (relativ) glücklich machen können. Sie weigert sich also mit Recht, diese Ziele im einzelnen und konkret den Menschen vorzuschreiben, sie hat nichts missionarisches an sich.

Dennoch unterscheiden wir – sobald es darum geht, einzelne Ziele oder Etappen festzulegen – kurzfristige von langfristigen Zielen. Was ist damit gemeint?

Nehmen Sie an, Sie sind starker Raucher. Welches Ziel verfolgen Sie damit, wenn Sie sich eine Zigarette anzünden? Dies mag von Raucher zu Raucher etwas unterschiedlich sein; dennoch dürften die meisten Raucher zustimmen, wenn ich sage: Das Anzünden und Rauchen der Zigarette verfolgt den Zweck, Entspannung und Genuß zu verschaffen. Dies ist also das (kurzfristige) Ziel des Rauchers. Nun weiß man allerdings, daß starke Zigarettenraucher eine Anzahl bestimmter Gesundheitsrisiken eingehen, wenn sie rauchen. So ist der Zusammenhang von Lungenkrebs und Zigarettenrauchen gesichert, die chronische Bronchitis eine typische Altersfolge bei starkem Rauchen etc. Verfolgt also der Raucher das Ziel, seine Gesundheit zu unterminieren? Wohl kaum! An dem Beispiel sieht man, daß es (kurzfristige) Ziele gibt, die (langfristigen) Zielen zuwiderlaufen. Es ist also sehr wichtig, wenn Sie die Regel Nr. 2 für rationales Denken anwenden, kurzfristige und langfristige Ziele zu unterscheiden.

Die *Regel Nr. 3 für rationales Denken* gibt Ihnen eine praktische Hilfe an die Hand, wie Sie irrationales Denken erkennen und damit abstellen können. Sie lautet:

Rationale Gedanken führen nicht zu schwerwiegenden emotionalen Konflikten.

Wenn Sie einen Gedanken also an der Regel Nr. 3 überprüfen wollen, so brauchen Sie sich nur zu fragen:

Wie würde sich wohl ein anderer Mensch, wenn er so etwas denkt, als Folge seines Denkens fühlen?«

Beispiel: Sie denken: »Ich elender Versager!« Sie fragen sich: »Wie würde sich wohl ein anderer Mensch fühlen, wenn er von sich als elender Versager spräche?« Antwort: »Er wird sich unwohl fühlen.« Folgernder Schluß: »Es könnte sein, daß mein Gedanke irrational ist. Ich will diesen Gedanken nunmehr *genau* unter die Lupe nehmen und nachprüfen, ob er rational oder irrational ist.« Sie sehen: Regel Nr. 3 für rationales Denken gibt Ihnen mehr ein diagnostisches Mittel an die Hand, d. h. ein Mittel, mit dem Sie schnell einen möglicherweise irrationalen Gedanken entlarven.

Die *Regel Nr. 4 für rationales Denken* schließlich lautet:

Rationale Gedanken helfen, schwerwiegende Konflikte mit anderen Personen zu vermeiden.

Diese Regel berücksichtigt, daß die Menschen – zumindest in ihrer Mehrheit – das Zusammenleben in einer sozialen Gruppe und mit bedeutsamen Bezugspersonen dem Alleineleben vorziehen und somit ihrem Ziel nach relativem Glücklichsein eher nahekommen, wenn sie die Interessen ihrer Mitmenschen berücksichtigen.

Fassen wir die *Regeln für Rationales Denken* zusammen:

1. Beruht mein Gedanke auf objektiven Tatsachen, ist er realistisch?
2. Hilft mir dieser Gedanke, mein erwünschtes Ziel zu erreichen?
3. Vermeide ich mit diesem Gedanken schwerwiegende emotionale Konflikte?
4. Hilft mir dieser Gedanke, schwerwiegende Konflikte mit anderen Personen zu vermeiden?

Wenden wir uns nun der 2. Ebene zu, auf der irrationale Denkweisen anzutreffen sind. Wie Sie bereits wissen, geht es hierbei um bewertende bzw. evaluative Gedanken. Dabei spielt es keine Rolle, ob diese Evaluationen an mehr oder weniger verzerrte Wahrnehmungen der Realität anschließen. Mit anderen Worten: auch einer verhältnismäßig korrekten Realitätsbeschreibung können irrationale Bewertungsvorgänge folgen und umgekehrt kann verzerrte Wahrnehmung ohne übermäßig irrationale evaluative Komponenten vorkommen. Es scheint jedoch so zu sein, daß irrationales Denken auf der Ebene 2 antiempirische und realitätsferne Gedanken auf der Ebene 1 begünstigen.

Wie kann man nun irrationale Ideen auf der Ebene 2 aufspüren?

Zunächst bieten die zehn irrationalen Ideen, die Sie im vorhergehenden Kapitel kennengelernt haben, einen guten Ansatzpunkt. Wenn Sie also bei sich einen Gedanken feststellen, der bereits starke Ähnlichkeit mit einer oder mehreren der zehn irrationalen Ideen aufweist, so können Sie diesen sofort zum Ausgangspunkt Ihrer rationalen Selbsthilfearbeit nehmen.

Häufig werden Ihre Gedanken aber (noch) nicht diese ausgeprägte Form aufweisen.

Es gibt jedoch einige *grundlegende Gemeinsamkeiten,* die den zehn irrationalen Ideen die Basis geben. An diesen gemeinsamen, zentralen Aspekten irrationalen Denkens können Sie ansetzen. Die erste grundlegende irrationale Überzeugung beinhaltet, daß Menschen häufig glauben, irgendeine Sache oder irgendeine Person *sollte* oder *müßte* anders sein, als sie augenblicklich ist. Nehmen Sie an, Sie kommen eines Tages von einer anstrengenden Geschäftsreise nach Hause. Ihr Partner beschuldigt Sie völlig grundlos, daß Sie ihm nicht die Treue gehalten hätten. Wenn Sie darüber in maßlose Wut geraten, dann suchen Sie nach den *Müssen* und *Sollen* bzw. *Nicht-Dürfen* in Ihren Gedanken. Welche absolutistischen Forderungen an die Fairneß Ihres Partners stellen Sie? Wahrscheinlich sagen Sie sich Dinge wie: »Mein Partner geht mit seiner Unterstellung an der Wahrheit vorbei. Er *sollte* so nicht handeln. Er *darf* mich *nicht* ungerecht beschuldigen, sondern *muß* fair sein zu mir ...«

Muß man denn nicht gerecht und fair sein seinem Partner gegenüber? *Sollte* die Welt nicht fair sein?

Nein, es gibt keinen Grund, warum Ihr Partner oder die Welt fair zu Ihnen sein *muß* oder *sollte.* Es gibt im Gegenteil viele Gründe dafür, warum Ihr Partner unfair sein mußte. Denn alles, was ist, muß so sein wie es ist. Das heißt nun aber nicht, daß es *wünschenswert* ist, wenn Ihr Partner Sie ungerechtfertigt beschuldigt. Zwischen Müssen und Wünschen besteht ein großer Unterschied! Es gibt immer eine Menge

Gründe dafür, daß Sie etwas wollen oder wünschen, aber kaum Gründe dafür, daß etwas, was Sie sich wünschen, deshalb auch so sein *muß*. Wenn Sie aus Ihren Wünschen und Bedürfnissen absolute Forderungen machen, so haben Sie eine muß-turbatorische Ideologie. Und im Gegensatz zum Masturbieren ist Muß-turbieren eine äußerst schädliche Angewohnheit, die eine Menge emotionaler Probleme nach sich zieht. Schließlich führt ständiges Muß-turbieren sogar dazu, daß Sie Ihre eigenen Wünsche und Bedürfnisse nicht mehr kennen.

Die Kenntnis der eigenen Bedürfnisse und Wünsche stellt aber die Basis, auf der ein Mensch sich selbst verwirklicht. Der muß-turbierende Mensch lebt weit weg von sich.

Wenn Sie aus Ihren Wünschen absolute Forderungen machen, verhält es sich so, als ob Sie Ihre Lieblingsspeise nicht mehr essen *wollen*, sondern zu der Überzeugung gelangen, Ihre Lieblingsspeise essen zu *müssen*. Wie lange wird bei dieser Einstellung Ihr Lieblingsgericht die Nr. 1 bleiben? Wenn Sie also Ihren irrationalen Überzeugungen auf die Schliche kommen wollen, so fragen Sie sich zunächst:

»Meine ich hier, daß irgendjemand oder irgendetwas anders sein *sollte* oder sein *müßte* (bzw. *nicht* sein *darf*) als es ist? *Muß-turbiere* ich hier?«

Eine weitere Spielart der Irrationalität besteht in einer Form magischen Denkens. Aus der Entwicklungspsychologie ist uns bekannt, daß das Denken kleiner Kinder häufig von magischen Auffassungen bestimmt wird. So glauben Kinder z. B. leicht, eine morsche Holzbrücke sei unter ihnen eingebrochen, nachdem sie einen Apfel gestohlen hatten, *damit* sie für ihr Stehlen bestraft würden. Oder sie sehen die Ursache für ein Mißgeschick darin, daß sie z. B. am Vortag das Nachtgebet unterlassen hatten etc. Wir wissen auch, daß Reste dieser magischen Geisteshaltung bei fast allen Erwachsenen gelegentlich anzutreffen sind.

Eine besondere Form magischen Denkens, die allerdings auch bei Erwachsenen häufig zu beobachten ist und sich recht schädlich auf den emotionalen Zustand der Menschen auswirkt, bezeichnen wir in der RET als sog. *Katastrophisieren*.

Damit ist die Tendenz gemeint, aus unangenehmen Dingen *schreckliche, furchtbare* Ereignisse, also *Katastrophen* zu machen.

Wenn Sie z. B. einen großen Fehler begangen haben und zutiefst davon überzeugt sind, daß Sie einen *entsetzlichen* Fehler gemacht haben, so gehen Sie ein magisches Stückchen über die Realität hinaus. Oder wenn ich mir z. B. sage, es wäre *fürchterlich,* wenn mich meine Freundin verläßt oder meine Krankheit sei eine *Katastrophe* etc., so schwingt auch hier jeweils etwas Magisches mit, das über die Wirklichkeit hinausgeht. Sie können sich dies an folgender Abbildung verdeutlichen:

Abb. 7: Die magische Skala des Katastrophisierens I

Unangenehme, nachteilige Ereignisse lassen sich auf einer Skala von 0 % – 100 % einordnen. Ich könnte z. B. ein Ereignis oder eine Sache als 'etwas lästig' (im Sinne von 10 %), 'ziemlich lästig' (im Sinne von 30 %), sehr unangenehm (im Sinne von 85 %) oder außerordentlich unangenehm (im Sinne von 99 %) ansehen.

Wenn ich aber Ereignisse als *entsetzlich, fürchterlich, schrecklich* etc. bewerte, so sage ich damit, daß das Ereignis

1. 100 % schlecht und
2. noch ein *magisches Stückchen* schlechter (im Sinne von 101 %) sei.

Damit bewege ich mich jedoch auf einem *neuen,* der Realität nicht entsprechenden Kontinuum, das erst bei *vollkommen schlecht* beginnt. Logischerweise kann aber nichts schwärzer als schwarz oder schlechter als (vollkommen) schlecht sein.

Sie können sich die Irrationalität des Katastrophisierens aber auch noch in abgewandelter Form verdeutlichen, vgl. hierzu die Abb. S. 73.

Aufgrund der Tatsache, daß es in der Realität kaum vorkommen dürfte, daß eine Sache wirklich *vollkommen schlecht* (im Sinne von

100 %), also nicht *schlechter denkbar* ist, kommt ein Kontinuum von 0 bis unendlich der Sache näher.

Die magische Skala des Katastrophisierens II

Auf diesem Kontinuum liegt aber die magische Bedeutung von 'entsetzlich, eine Katastrophale' etc. *im Unendlichen.*

Wenn ich nun meine Krankheit als entsetzlich ansehe, so besagt dies, daß es praktisch keine schlimmere Krankheit geben könne. Oder: Wenn jemand einen 'furchtbaren Tod' erleidet, indem er den 'tausendfachen Tod' am Marterpfahl stirbt, so dürfte es keinen schlimmeren Tod als diesen geben. Aber man kann immer *noch langsamer und wirkungsvoller* zu Tode gemartert werden: die Geschichte der Menschheit ist voll von traurigen Rekorden in dieser Hinsicht. An diesem letzten Beispiel sehen Sie, daß wir uns bei unserer Diskussion des magischen Katastrophisierens bereits bei Extremfällen befinden, die für die Realität alltäglichen psychischen Leides kaum noch relevant sind. *Umsomehr* gilt: es ist irrational, wenn ich zweifelsohne ertragbare Dinge wie Verlassenwerden, von anderen Menschen abgelehnt werden, kein Geld haben, nicht geliebt werden etc. als Katastrophen ansehe.

Sie kommen Ihrer magischen Denkweise auf die Spur, wenn Sie sich also fragen:

»Finde ich es *schrecklich* oder *fürchterlich* oder *eine Katastrophe,* daß etwas so ist wie es ist (bzw. nicht so ist, wie ich es gerne hätte)?«

Die nächste Form grundlegender irrationaler Denkhaltungen können wir als die *»Ich-kann-es-nicht-aushalten-Krankheit«* bezeichnen. Die Bedeutung dieser irrationalen Auffassung ist wohl von keiner anderen Therapieform so klar gesehen worden wie von der rational-emotiven Therapie. Viele selbstschädigende Verhaltensweisen wie Suchtverhalten, die Weigerung, an belastenden emotionalen Problemen zu arbeiten, oder das ständige Ausweichen vor schwierigen Situationen sind die Folge dieser Denkhaltung, die wir auch als geringe Frustrationstoleranz bezeichnen können.

Aufgrund ihrer irrationalen Einstellung, Unannehmlichkeiten als *fürchterlich* bzw. als *zu* unangenehm anzusehen bzw. *nicht ertragen* zu können, gelangen die Menschen nicht dazu, langfristige hedonistische (d. h. glückbringende) Ziele zu verfolgen. Zugunsten kurzfristigen Lustgewinnes rauchen oder trinken sie übermäßig, vermeiden angstbesetzte Situationen, obwohl sie dadurch ihre Ängste verewigen, und gehen grundsätzlich den sogenannten leichteren Weg, der nur zu häufig in Wirklichkeit der schwerere Weg ist.

In Wirklichkeit ist es Unsinn, zu behaupten, daß man etwas nicht aushalten oder nicht ertragen könne. Alle Unannehmlichkeiten können Sie ertragen, auch wenn Sie sie niemals mögen werden! Wenn Sie aber an Ihrem irrationalen Glauben festhalten, etwas nicht ertragen zu können, so handeln Sie sich allenfalls *zusätzliche* Schwierigkeiten ein: Sie verbleiben in einer passiven, sich selbst blockierenden Haltung, die Sie an der Lösung der zugrundeliegenden Probleme hindert, gleichzeitig geraten Sie in einen unangenehmen emotionalen Zustand, machen sich depressiv, weil Sie sich sagen, nichts könne mehr Ihr Problem beseitigen oder erzeugen sich ständigen Streß, indem Sie einerseits den Weg aus der Misere als zu schwer definieren, andererseits aber natürlich mit Ihrer augenblicklichen Situation unzufrieden sind etc.

Um diesen irrationalen Glaubenssatz zu entlarven, fragen Sie sich also:

»Meine ich, daß ich die Person oder die Sache – von der ich behaupte, daß sie nicht so sein sollte oder anders sein müßte, wie sie ist – *um keinen Preis ertragen kann?* Habe ich die 'Ich-kann-es-nicht-aushalten-Krankheit'?«

Anschließend fragen Sie sich: »Wo ist der *Beweis,* daß ich etwas (z. B. meine krankhaft eifersüchtige Freundin, meinen mißgünstigen Freund, meine Angst, öffentlich zu reden, meine Kopfschmerzen etc.) nicht aushalten kann? Wie sie hier im einzelnen Ihre irrationalen

Annahmen in Zweifel ziehen, werden Sie in Teil III dieses Buches, der Praxis der rationalen Selbsthilfe, erlernen und üben.

Die vierte grundlegende irrationale Überzeugung schließlich besteht darin, daß die Menschen meinen, sie müßten andere oder sich selbst für ihre Fehler in Bausch und Bogen verurteilen und verdammen. Im einzelnen finden wir bei dieser irrationalen Meinung das uns bereits bekannte Muß-turbieren, das magische Katastrophisieren und zusätzlich das enorm verbreitete Mißverständnis, man könne einen Menschen oder eine *Person als solche* bewerten anstatt bei der Bewertung ihrer *Handlungen* zu verbleiben. Ich stelle z. B. rational fest, daß eine Person oder ich selbst einen Fehler gemacht haben. Danach füge ich bei der Einstufung des Fehlers das magische Stückchen 'entsetzlich, furchtbar' hinzu und gehe getreu meiner muß-turbatorischen Einstellung davon aus, daß Fehler nicht nur nicht erwünscht, sondern absolut nicht sein sollten. Und schließlich verwechsele ich meine Handlungen mit meiner gesamten Person und beurteile irrationalerweise mich als Person anstatt meine Handlungen. Ja, aber *ist* der Mensch nicht *das, was er tut?* Ist es denn nicht so, daß die Menschen ihre Selbstachtung von ihren Handlungen abhängig machen? Ja und nein! *Ja,* wenn wir davon ausgehen, daß die Zahl der Menschen, die ihren Wert als Person von ihren Leistungen her bestimmen, offensichtlich riesengroß ist. *Ja,* wenn wir die Bemühungen anderer psychotherapeutischer Schulen betrachten, die den Menschen mit psychischen Problemen einen Weg zeigen wollen, wie sie ihre Person *positiv* bewerten können, wie sie mit anderen Worten ihre Selbstachtung steigern können. *Nein,* wenn wir uns der Überzeugung der rational-emotiven Therapie anschließen, daß es rationaler ist, überhaupt damit aufzuhören, uns als Personen insgesamt zu werten und stattdessen nur unsere Handlungen zu beurteilen. Für diese Auffassung gibt es einige gute Gründe: Der Mensch ist kein Zustand, sondern ständiger Veränderung unterworfen. Wie also kann ich etwas 'wiegen' und als gut oder schlecht befinden, was sich ständig verändert? Weiter: um einen Menschen insgesamt mit dem Etikett 'gut' oder 'schlecht' versehen zu können, müßte ich alle seine guten und schlechten Eigenschaften oder Handlungen kennen, was unmöglich erscheint. Außerdem müßte Einigkeit darüber bestehen, ob eine Handlung gut oder schlecht ist, wohingegen in Wirklichkeit von Mensch zu Mensch, von sozialer Gruppe zu sozialer Gruppe, von Kultur zu Kultur und je nach historischem Zeitpunkt höchst unterschiedliche Auffassungen über gute und schlechte Taten bestehen.

Schließlich erscheinen menschliche Eigenschaften voneinander sehr verschieden – so verschieden wie z. B. zwei Obstsorten – Äpfel und Birnen – sind. Da man aber Äpfel und Birnen nicht addieren und dividieren kann (zwei Äpfel und drei Birnen sind nicht fünf Birnen, sondern bleiben zwei Äpfel und drei Birnen), ist es unsinnig, auf diese Weise einen Obstkorb global einschätzen zu wollen. Genausowenig können verschiedene menschliche Eigenschaften addiert und dividiert werden, um einen einzigen globalen Schätzwert eines Menschen zu erhalten.

So ist es nicht sinnvoll, Menschen insgesamt für ihre Eigenschaften und Handlungen zu verurteilen und abzuwerten (dies gilt natürlich auch umgekehrt!). Dagegen lassen sich einzelne Eigenschaften und Verhaltensweisen durchaus bewerten.

Zusammengefaßt können Sie daher diese Spielart der Irrationalität aufdecken, indem Sie sich die Frage vorlegen:

> »Denke ich hier, daß ich oder andere Menschen *entsetzliche* Fehler gemacht haben und/oder noch immer machen? *Verurteile* ich mich oder andere Menschen wegen dieser Fehler und betrachte ich mich oder andere Menschen deshalb als *völlige Versager*, als *wertlose Subjekte?* Spiele ich hier 'ewige Verdammnis'?

Kontrolle

1. Eine Grundregel vernünftigen Denkens lautet: »Ich muß rational denken!« Richtig/Falsch (64)
2. Rationales Denken orientiert sich an den Gesetzen der _______ und _____________ Vorgehens (64).
3. Unser Denken besteht in weitem Ausmaß aus ________bildung (65).
4. Unser emotionales System reagiert entsprechend unserer _______ (65).
5. Irrationale Gedanken finden wir auf _______ Ebenen (66).
6. Realität und _______ Realität ist nicht das gleiche (66).
7. Unsere Wahrnehmung ist also immer _______ (66).

8. Auf der ersten Ebene sorgt rationales Denken dafür, unsere Kontruktion der ______ möglichst ______ und ______ vorzunehmen (66).
9. Auf der zweiten Ebene unterziehen wir unsere Wahrnehmungen einer ______ (66).
10. Am Zustandekommen psychischer Probleme hat die ______ der Realität den entscheidenden Anteil (66).
11. Ein Prüfungsphobiker, der sich sagt, er falle mit Sicherheit durch die Prüfung, verwechselt Gewißheit mit ______ (67).
12. Das Sprichwort: »Wer einmal lügt, dem glaubt man nicht, auch wenn er nur die Wahrheit spricht« stellt eine unzulässige ______ dar (67).
13. Wer der Tatsache, daß ihn ein Bekannter nicht grüßt, die Bedeutung beimißt, er werde 'geschnitten', zieht einen ______ ______ (67).
14. Nicht nur das Ziehen falscher Schlüsse, sondern auch die Aufstellung falscher ______ kennzeichnet irrationales Denken (67).
15. Die Regel Nr. 1 für rationales Denken lautet: ______________________________ (67).
16. Ein rationaler Gedanke hilft mir, mein ______ ______ zu erreichen (Regel Nr. 2 für rationales Denken) (68).
17. Wer Zigaretten raucht, verfolgt ein ______ Ziel, das mit seinem ______ Ziel unvereinbar ist (68).
18. Die Regel Nr. 3 für rationales Denken lautet: ______________________________ (68).
19. Wer sich nach der Regel Nr. 4 für rationales Denken richtet, vermeidet ______ ______ mit anderen Menschen (69).
20. Den zehn irrationalen Ideen liegen einige grundlegende ______ zugrunde (70).
21. Im Gegensatz zum Masturbieren ist das ______ eine schädliche Angewohnheit (71).
22. Die Welt muß fair sein. Richtig/Falsch (70).
23. Zwischen Müssen und ______ besteht ein großer Unterschied (70).
24. Was fragen Sie sich, um Ihren irrationalen Überzeugungen auf die Schliche zu kommen? (71)
25. Eine Form magischen Denkens bezeichnen wir in der rational-emotiven Therapie als ______ (71).

26. Wer ein Ereignis als Katastrophe ansieht, sagt damit, daß das Ereignis
1. 100 % schlecht ist und
2. ______________________________________ (72)
27. Vollkommen schlecht oder unangenehm kann nur sein, was nicht ______ oder ______ denkbar ist (73).
28. Mein magisches Denken entlarve ich, wenn ich mich frage: ______________________________________ (73)
29. Geringe Frustrationstoleranz ist gleichbedeutend mit der ____-____-____-____-______-______ (73).
30. Viele Raucher rauchen weiter, obwohl sie die Schädlichkeit des Rauchens kennen, weil sie davon überzeugt sind, es ohne Zigaretten nicht ______ zu können (74).
31. In Wirklichkeit kann man ______ ______, auch wenn man es niemals mögen wird (74).
32. Was fragen Sie sich also, um Ihrer geringen Frustrationstoleranz auf die Spur zu kommen? (74).
33. Vor emotionalen Problemen schütze ich mich, indem ich beginne mich positiv zu bewerten. Richtig/Falsch (76).
34. Es ist besser, seine ______ und ______ zu bewerten anstatt seine gesamte Person (76).
35. Wie decke ich diese letzte Spielart irrationalen Denkens auf? (76).

Teil III
Die Praxis der rationalen Selbsthilfe

1. Ihr erster Schritt: das Erlernen der rationalen Selbstanalyse (RSA)

Mit Hilfe der rationalen Selbstanalyse (RSA) gewinnen Sie
1. »intellektuelle« Einsicht
in Ihr spezifisches emotionales Problem. Diese »intellektuelle« Einsicht in die Anatomie Ihrer emotionalen Störung ist die Voraussetzung dafür, daß Sie im *zweiten Schritt* mit Ihrer systematischen emotionalen Umerziehung beginnen können.
Sie gewinnen dann
2. »emotionale« Einsicht
mit Hilfe der rationalen Vorstellungsübung. Die Abschnitte 1 und 2 beschäftigen sich mit dem ersten Schritt – der RSA; das Kapitel 3 zeigt Ihnen den zweiten Schritt – wie Sie mit Hilfe der rationalen Vorstellungsübung »emotionale« Einsicht erlangen. In Kapitel 4 habe ich für Sie einige praktische Übungen zusammengestellt. Sie beginnen dann mit Ihrer neuen rationalen Praxis.

Was haben Sie zu tun, wenn Sie eine rationale Selbstanalyse machen wollen?

Sie nehmen Papier und Bleistift!

Beachten Sie das bitte! Solange Sie noch nicht ausgesprochen geübt im rationalen Denken sind, ist es besser, wenn Sie Ihre RSA schriftlich machen. Wie Sie an den folgenden Beispielen rationaler Selbstanalysen in diesem Buch noch sehen werden, bestehen diese häufig aus einem recht komplexen Gefüge von Gedanken, so daß nur ein ausgesprochen begabter oder geübter Denker dies alles im Kopf vollführen und behalten kann.

Ich selbst, der ich in meiner Arbeit mit Klienten schon viele rationale Selbstanalysen durchgeführt habe, benutze immer noch Bleistift und Papier, wenn ich ein eigenes wichtiges emotionales Problem bearbeiten möchte.

Das Anfertigen einer RSA verlangt Arbeit und Mühe; rationale Selbsthilfe (RSH) verlangt Arbeit, Mühe *und Übung.*
Denken Sie daran:

Es geht bei der RSH darum, alteingesessene und häufig wenig bewußte Denkgewohnheiten
1. zu identifizieren
2. klar ins Bewußtsein zu heben

3. zu hinterfragen und anzuzweifeln
und schließlich
4. das neue (rationale) Denken zur neuen Gewohnheit werden zu lassen.

Das alles geht nicht ohne Anstrengung!

Seien Sie vorsichtig und skeptisch gegenüber magischen »Wunderkuren«, die Ihnen mühelose Bewältigung psychischer Probleme versprechen. Es gibt bisher auf dem Gebiet der Bewältigung psychischer Probleme keine Schnellkuren.

Wenn Sie sich aber der erforderlichen Mühe unterziehen, so bin ich überzeugt davon, daß Sie gewaltige Erfolge auf dem Weg zu einer neuen, rationalen Lebensführung machen können, die Ihnen zu mehr emotionalem Glück und weniger emotionalem Unglück verhilft.

Für die Anfertigung rationaler Selbstanalysen hat sich nachstehendes Schema bewährt:

Schema für Ihre RSA

A	DA
(Die Situation, das Ereignis – »objektive Tatsachen«)	(Ihr Disput von A – »Kamera-Check« von A)
B	D
(Ihr inneres Selbstgespräch – Ihre Gedanken über A)	(Ihr rationaler Disput von B: Infragestellen und Anzweifeln von B und Formulieren rationaler Alternativen)
B1	D1
B2	D2
B3	D3
B4	D4
usf.	usf.

C
(Die emotionalen und/oder verhaltensmäßigen Konsequenzen von B)

E
(Ihr emotionales und/oder verhaltensmäßiges Ziel für künftige A's: der *Effekt* von D)

Erläuterung der sechs Stationen Ihrer RSA

A. Die Situation, das Ereignis – »objektive Fakten«

Hier schreiben Sie die objektiven Fakten der Situation oder des Ereignisses auf und zwar möglichst unmittelbar nachdem Sie Ihr problematisches Gefühl verspürt haben.

Nur wenn Sie gar keine Möglichkeit haben, die Fakten sofort aufzuschreiben, formulieren Sie diese im Kopf und notieren Sie später, sobald Ihnen das möglich wird.

Beschränken Sie sich unter A wirklich auf die Fakten (meistens äußere Ereignisse) und lassen Sie alle *Gedanken über A,* alle subjektiven Bewertungen von A weg!

Beispiel:

»Meine Freundin erzählte mir, daß sie im Urlaub mit einem Mann ein sexuelles Erlebnis hatte.«

Hier werden nur objektive Tatsachen aufgeschrieben, nämlich das, was die Freundin sagte. Das ist korrekt!

»Meine Freundin macht mich mit ihren Abenteuern fertig.«

Das denken Sie vielleicht *anläßlich* der Tatsache, daß Ihnen Ihre Freundin von ihrem sexuellen Erlebnis erzählte. Was *Sie* über A denken, ist aber nicht A. Diese Aussage ist also fälschlicherweise unter A notiert. Sie gehört in die nächste Station!

B. Ihr inneres Selbstgespräch, Ihre Gedanken über A

Hier schreiben Sie möglichst vollständig all Ihre Gedanken über die Situation oder das Ereignis am Punkt A auf.

Numerieren Sie die einzelnen Gedanken: B1, B2, B3, B4 etc. Hierher (und nicht unter A) gehören alle Ihre Gedanken oder inneren Selbstgespräche, welche Annahmen, Glaubenssätze, Prognosen etc. über A enthalten.

Beispiel:

B1: »Sie wird mich bald verlassen«
B2: »Ich bin nicht attraktiv genug für sie«
B3: »Ich werde in Zukunft alleine dastehen«
B4: »Ich bin ein Versager«
B5: »Ich hätte alles anders machen müssen«
B6: »Ohne sie wird mein Leben sinnlos sein«
usw.

Manchen Menschen fällt es schwer, sich an die Gedanken zu erinnern, die ihnen zu dem Zeitpunkt durch den Kopf gingen, als sie das problematische Gefühl verspürten. Das liegt daran, daß diese Gedanken häufig den Charakter »automatischer« Gedanken haben. Sie laufen so gewohnheitsmäßig und routinemäßig ab, daß sie erst dann bemerkt werden, wenn man seinen gedanklichen Prozessen volle Aufmerksamkeit widmet. Wenn Sie nun eine RSA anfertigen wollen und merken, daß es Ihnen schwer fällt, sich zu erinnern, was tun Sie dann?
Es gibt zwei Möglichkeiten:

Sie können versuchen, indem Sie die Augen schließen, das Ereignis oder die Situation von Punkt A nochmals möglichst lebhaft und anschaulich in Ihrer *Vorstellung* ablaufen zu lassen. Achten Sie dann darauf, welche Gedanken Ihnen in dem Moment durch den Kopf gehen, wenn Sie wieder mit Ihrem problematischen Gefühl in Kontakt kommen.

Sollten Sie auch auf diese Weise nicht an Ihr »Gedankenmaterial« herankommen, so rate ich Ihnen:

Begeben Sie sich, soweit dies möglich ist, noch einmal in diese oder eine ähnliche Situation und achten Sie diesmal genau darauf, welches innere Selbstgespräch Sie führen.

Eine Klientin, die mich aufsuchte, weil sie in »Situationen mit Menschen« unter »unterträglicher Unsicherheit und Verkrampfung« litt, meinte auf meine Frage nach ihren Gedanken:

»Ich denke nichts, wirklich! Ich fühle mich nur so.«

Ich erklärte ihr darauf den häufig »automatischen« Charakter von Gedanken und wir vereinbarten, daß sie bis zur nächsten Sitzung eine der gefürchteten Situationen aufsuchen und nur auf ihre Gedanken achten solle.

Als die Klientin dann wieder zu mir kam, sagte sie:

»Das hätte ich nicht für möglich gehalten! Sie hatten recht, ich habe ja ein ganzes Buch in mir.«

Sie holte einen Zettel hervor und begann mir vorzulesen:

»Wenn ich mich nicht interessant und stark zeige, finden mich die anderen dumm und uninteressant, und die Situation wird zu einer Niederlage. Obwohl ich gerne anders erscheinen möchte, bin ich im Vergleich zu anderen schwach, klein und dumm. Bloß nicht blamieren! Die anderen beachten mich zu wenig. Sie beweisen mir damit, daß ich uninteressant und dumm bin. Sie sehen, was ich verbergen will. Das sind ja so viele Gedanken und so durcheinander – wie soll ich da nur anfangen?«

»Keine leichte Arbeit«, gab ich zu, »aber wir haben jetzt Material, mit dem Sie arbeiten können«.

C. Die emotionalen und/oder verhaltensmäßigen Konsequenzen als Folge Ihrer Gedanken bei B

Unter C notieren Sie in erster Linie das Gefühl, welches den Ausgangspunkt Ihres Problems bildet. Überdenken Sie noch einmal, was wir in Teil I, Kapitel 3 über den Unterschied des populären Konzeptes und des RET-Konzeptes über Emotionen sagten! Hüten Sie sich also davor, etwa zu schreiben:

»Meine Freundin hat mich geärgert.«

Dies wäre der fehlerhafte Schluß von A auf C. Denken Sie daran: Sie *selbst* stellen die Weichen für Ihre Emotionen. Nur Sie *selbst* können sich ärgerlich machen. Also korrigieren Sie eine solche Aussage zum Beispiel in:

»Ich habe mich ärgerlich gemacht«. Oder bleiben Sie einfach bei Ihrem Gefühl und vermerken Sie:

»Ich wurde ärgerlich«, »Ich fühlte Ärger«.

Achten Sie auch darauf, daß Sie in der C-Sektion keine Gedanken und Bewertungen notieren. Diese gehören in die B-Sektion Ihrer RSA. Schreiben Sie also nicht:

»Darauf fühlte ich, daß die Situation hoffnungslos war«.

Dies ist kein Gefühl! Korrekterweise müßten Sie schreiben:

»Ich *glaube*, die Situation ist hoffnungslos« und dieser Glaubenssatz gehört unter die B-Sektion. Unter C vermerken Sie in diesem Fall vielleicht:

»Depressiv« oder »Ich fühlte mich niedergeschlagen«.

Wie Sie der Überschrift zu Punkt C entnehmen können, notieren wir hier auch verhaltensmäßige Konsequenzen. Über das Verhältnis von emotionalen und verhaltensmäßigen Konsequenzen erfahren Sie mehr im Anschluß an die Erläuterungen zur E-Sektion (Emotionen und Verhalten).

Mehrere Gefühle am Punkt C

Manchmal kommt es vor, daß in einer A-B-C-Analyse am Punkt C mehrere Emotionen aufgeschrieben werden. So im folgenden Beispiel. Es handelt sich um die erste RSA eines Klienten, der mich wegen sexueller Störungen (»Impotenz«) aufsuchte.

A. Ich versage beim Geschlechtsverkehr
B. »Das darf nicht passieren«
  »Sie wird mich verlassen, wenn es so weiter geht«
  »Eine Trennung werde ich nicht verkraften«
  »Jetzt ist gleich wieder alles aus«
C. Angst; Depression

Der Klient hatte diese seine erste RSA zwar prinzipiell richtig gemacht, d. h. er beschrieb unter A nur objektive Tatsachen (in der DA-Sektion, die wir als nächstes besprechen werden, verbesserte er »versagen« in »meine Erektion läßt nach«), notierte unter B seine Gedanken über A und unter C seine Emotionen »Angst« und »Depression«.

Nachdem der Klient seine RSA mit mir besprochen hatte, wurde ihm aber klar, daß

1. seine Gefühle der Angst und Depression nicht wirklich zur *gleichen Zeit* auftraten und
2. vor allem nicht den *gleichen Gedanken* bei B entsprachen.

Vielmehr verhielt es sich so:

Während des Koitus hatte der Klient Gedanken wie:
»Das darf jetzt nicht passieren (daß ich wieder »versage«)«
»Jetzt ist gleich wieder alles aus (gleich werde ich mit dem Koitus aufhören müssen)«
und er *reagierte folgerichtig* mit Panik (und dem Nachlassen seiner Erektion als Folge seiner panikartigen Gefühle).

Nach dem Koitus, den der Klient regelmäßig aufgrund seiner Panik und den ersten Anzeichen schwindender Erektion abgebrochen hatte, dachte er:
»Wenn das so weiter geht, wird mich meine Frau verlassen.«
»Eine Trennung von ihr werde ich nicht verkraften.«

Als Folge *dieser Gedanken* stellten sich natürlich depressive Gefühle ein.

Wie der Klient nun erkannte, handelte es sich bei ihm in Wirklichkeit um zwei emotionale Reaktionen, denen auch verschiedene Gedanken bei B zugrundelagen. Der Klient machte deshalb nunmehr zwei RSA's, wobei einmal am Punkt C seine depressiven Gefühle, zum anderen seine panikartige Angst Gegenstand der Analyse waren.

Was können Sie aus diesem Beispiel lernen?

Nun – jedesmal, wenn Sie in einer A-B-C-Analyse am Punkt C mehr als eine Emotion aufgeschrieben haben, so prüfen Sie bitte nach, ob Sie nicht besser je eine RSA über je eine Emotion anfertigen. Der Grund für diese Vorgehensweise liegt darin:

Da Emotionen die logische Folge Ihrer Annahmen am Punkt B darstellen, werden häufig unterschiedliche Emotionen auch auf unterschiedliche Gedanken zurückzuführen sein.

Ihr emotionales Problem wird sich Ihnen klarer darstellen, wenn Sie dies berücksichtigen.

Nach Ausfüllen der Punkte A, B und C haben Sie eine komplette Analyse Ihres emotionalen Problems zu Papier gebracht – die Anatomie Ihrer Emotion!

Nunmehr gehen Sie zu den nächsten Punkten DA, D und E über und machen aus Ihrer A-B-C-Analyse die rationale Selbstanalyse. Bevor Sie dies tun, lesen Sie jedoch möglichst noch einmal die Kriterien für rationales Denken und stellen sicher, daß Ihnen die hauptsächlichen irrationalen Annahmen sowie die Technik Ihrer Aufdekkung noch geläufig sind.

DA. Ihr Disput von A – »Kamera-Check von A«

Was ist hiermit gemeint?
Nehmen Sie an, Sie haben unter Ihrer A-Sektion vermerkt:

»Mein Chef hat mich heruntergeputzt«.
Beschreiben Sie hier objektiv feststellbare Tatsachen?
Ganz sicher nicht! Objektiv feststellbar war vielleicht folgendes: »Mein Chef sagte zu mir, daß ich andauernd Fehler mache und zu nichts zu gebrauchen sei.«

Sie halten diese Unterscheidung für spitzfindig?
Nun – viele Menschen denken zunächst so. Sie sagen etwa: »Also, *so genau* muß man doch nicht sein. Wenn ich sage »herunterputzen«, so *meine* ich doch damit nur, daß mein Chef etwas gesagt hat, was mich verletzt hat.«
Und schon haben Sie den »Kurzschluß« von A nach C hergestellt! Mit Worten kann Ihr Chef Sie nämlich gar nicht verletzen, sondern nur Sie selbst.

Es gibt ein altes Sprichwort, das lautet:
»Stock und Stein bricht mein Bein, Worte bringen niemals Pein.«

Dahinter verbirgt sich die richtige Erkenntnis, daß eine Person eine andere zwar durch physische Aktion (z. B. durch einen Schlag mit einem Stock) *unmittelbar* zu entsprechenden physischen Empfindungen (z. B. Schmerz) bringen kann, daß es aber unmöglich ist, eine andere Person bloß mit Worten (z. B. durch Beschimpfungen) auf dem *unmittelbaren* Wege zu verletzen, d. h. *ohne daß* diese Person am Punkt B *selbst* die *Bedeutung* der Beschimpfung als negativ für sich interpretiert. Wäre es anders, so gäbe es praktisch niemanden, der auf Beschimpfungen gelassen reagieren könnte (emotional wie verhaltensmäßig) – während es unzweifelhaft Menschen gibt, die dies können!

Von Buddha wird erzählt, er sei einmal von einem Mann angespuckt worden. Daraufhin sei einer der Jünger Buddhas sehr ärgerlich geworden und wollte gegen den Mann vorgehen. Buddha aber habe seinen Jünger zurückgehalten und lächelnd zu dem Mann gesagt:

»Vielen Dank, mein Herr! Sie haben mir einen großen Dienst erwiesen, da ich mich seit einiger Zeit frage, ob ich noch ärgerlich werde. Nun sehe ich, daß das nicht mehr der Fall ist. Bitte kommen Sie gelegentlich wieder und stellen Sie mich noch einmal auf die Probe!«

Wenn Sie also wie in unserem Beispiel unter der A-Sektion schrieben: »Mein Chef hat mich heruntergeputzt«, so geraten Sie damit leicht in die Gefahr, Ihre A-B-C-Analyse von Anfang an zu verfälschen. Sie könnten zum Beispiel meinen, die Tatsache, daß Ihr Chef das zu Ihnen gesagt hat, was er gesagt hat, sei dafür verantwortlich, daß Sie sich deprimiert fühlen. In Wirklichkeit sind aber Ihre Gedanken am Punkt B dafür verantwortlich, wenn Sie sich (am Punkt C) unzufrieden oder deprimiert fühlen.

Der Punkt DA soll Ihnen helfen, unter A wirklich nur die objektiven Tatsachen der Situation bzw. des Ereignisses anzuführen. Bewertungen und Interpretationen gehören in die B-Sektion.

Warum nennen wir den Punkt DA auch »Kamera-Check«?

Dies soll Ihnen eine anschauliche Denkstütze sein, mit deren Hilfe Sie leicht kontrollieren können, ob Sie am Punkt A wirklich nur objektive Tatsachen notiert haben.

Sie stellen sich einfach vor, Sie würden die Situation oder das Ereignis, welches Sie unter A vermerkten, mit einer Tonfilmkamera festgehalten haben. Nun lassen Sie den Film ablaufen und achten darauf, was Sie *wirklich sehen und hören.* Vergleichen Sie das mit Ihren Aufzeichnungen unter A und korrigieren Sie Ihre Feststellungen entsprechend.

Nehmen Sie an, Sie hätten unter A notiert:

A. »War gestern auf Gerhards Geburtstagsparty. Bin wieder den ganzen Abend nur herumgesessen und konnte den Mund nicht aufbringen.«

Machen Sie jetzt den Kamera-Check!

Was würde Ihnen ein Film von dieser Situation zeigen?

Sie würden vielleicht sehen, wie Sie Gerhards Wohnung betreten und Ihrem Freund zum Geburtstag gratulieren; wie Sie ein Geschenk überreichen und andere Gäste begrüßen. Dann würde man vielleicht sehen, daß Sie sich am kalten Buffet bedienten, ein Glas Wein tranken etc. Danach könnte die Kamera zeigen, wie einige der Gäste tanzen, während Sie zusahen.

Aus allem wäre ersichtlich, daß Sie sich tatsächlich auf Gerhards Geburtstagsparty befanden. Ihr Satz 1 unter A enthält also wirklich eine objektive Tatsache. Sie haben die Situation der Realität entsprechend beschrieben.

Wie steht es aber mit Ihrem nächsten Satz?

Offensichtlich zeigt die Kamera, daß Sie in Wirklichkeit nicht nur den ganzen Abend »herumsaßen«. Wie ist es zu erklären, daß Sie dennoch unter A schrieben, Sie hätten den ganzen Abend »nur herumgesessen«? Weil Sie damit *etwas anderes gemeint* haben!

Ihr Satz bedeutete wahrscheinlich etwa folgendes:
»Ich habe zu viel gesessen, ich hätte mittanzen sollen, etc.«

Aber kann eine Kamera *das* aufzeichnen? Offensichtlich nicht! Denn hier handelt es sich um *Ihre Meinung über* Ihr Verhalten. Meinungen und Bewertungen aber gehören in die B-Sektion Ihrer A-B-C-Analyse.

Und genauso wenig kann eine Kamera aufzeichnen, daß Sie »den Mund nicht aufbringen *konnten*«. Auch hier meinen Sie in Wirklichkeit etwas anderes: nämlich, daß Sie *Ihrer Meinung nach* nicht in der Lage waren, sich am Gespräch und anderen Aktivitäten so ausgiebig zu beteiligen, wie Sie es gewünscht hätten oder wie es Ihrer Meinung nach hätte sein sollen.

Sie sehen:

Auch der zweite Teil Ihrer Aussage von Satz 2 unter A beschreibt nicht objektive Tatsachen, wie es zunächst scheint, sondern enthält Meinungen und Bewertungen, also subjektive Aussagen, die Sie besser unter B aufschreiben.
Wie also korrigieren Sie Ihre Aussagen unter A?

Sie könnten schreiben:

»Daß ich den ganzen Abend nur »herumsaß«, entspricht nicht den Tatsachen; in Wirklichkeit bin ich öfter aufgestanden, herumgelaufen etc. Es entspricht auch nicht den Tatsachen, daß ich »den Mund nicht aufbringen konnte«. In Wirklichkeit habe ich den Mund aufgebracht und konnte dies auch.

Richtig ist allerdings, daß ich den ganzen Abend nicht getanzt habe. Und möglicherweise stimmt es auch, daß ich *weniger* gesprochen habe als die anderen Gäste. Das sind die Tatsachen!

Alles, was ich *darüber denke,* will ich unter der B-Sektion aufschreiben.«

Sie machen ein Problem aus Ihrem Problem!

Es gibt eine Ausnahme von der Kamera-Check-Regel, auf die ich Sie hier schon aufmerksam machen will:

Betrachten Sie folgendes A-B-C, das dem Problembereich »Angst vor öffentlichem Reden« entstammt.

A. »Ich habe in der Versammlung aus Angst nichts gesagt.« B. (Ihre Gedanken über A) C. »Fühlte mich zuhause ganz niedergeschlagen.«

Sie hätten recht, wenn Sie den A-Satz dieses Klienten kritisieren würden, indem Sie etwa sagten:

»Halt! Daß Sie Angst hatten, kann aber eine Kamera nicht sehen! Sie haben sich nicht an die Regel gehalten, bei A nur aufzuschreiben, was eine Tonfilmkamera aufzeichnen würde. Das korrigieren Sie besser (DA)!«

Der Klient würde Ihnen darauf vielleicht zur Antwort geben:

»Aber ich *weiß* doch ganz genau, daß ich Angst hatte. Natürlich konnte niemand *sehen*, daß ich ängstlich war (Ich kann das gut verbergen!) – aber es war doch eine Tatsache!«

Und damit hätte der Klient ebenfalls recht.

Gefühle sind objektive Tatsachen! Nur reichen die Möglichkeiten einer Tonfilmkamera nicht aus, um Gefühle objektiv registrieren zu können. Aber es gibt andere Registriergeräte, die dies schon eher können. So gibt es z. B. Geräte, die den elektrischen Hautwiderstand eines Menschen messen können. Da dieser Hautwiderstand sich ändert, wenn ein Mensch Angst verspürt, wäre es also möglich gewesen, die Angst unseres Klienten zu registrieren, wenn wir ihn an ein solches Gerät angeschlossen hätten.

Dann hätten wir die Angst sozusagen sichtbar gemacht!

Denken Sie daran:

Die Kamera-Check-Regel soll Ihnen lediglich eine *Hilfe* sein, Ihre Situation am Punkt A so objektiv wie möglich zu schildern, ohne daß Sie bereits hier Ihre subjektiven Bewertungen und Annahmen über die Situation mit hinein vermischen.

Wie steht es also mit Gefühlen? Ist es möglich, Gefühle unter der A-Sektion zu verzeichnen?

Ja! Dies ist möglich und manchmal sogar nötig, wenn Sie ein besonders komplexes emotionales Problem haben. Wenn Sie z. B. aus einem Problem ein Problem machen, so haben Sie ein schwierig zu analysierendes Problem vor sich. Sie haben es dann in Wirklichkeit immer mit *zwei* A-B-C's zu tun, wobei das zweite A-B-C auf dem ersten A–B-C aufbaut.

Betrachten Sie folgendes Beispiel:

A. »Ich sitze in der Versammlung«	A. »Fühle mich ängstlich und sage nichts«
B. 1. »Ich muß etwas sagen« 2. »Ich darf nichts Falsches sagen« usf.	B. 1. »Ich elender Angsthase« 2. »Ich hoffnungsloser Fall« usf.
C. »Fühle mich ängstlich und sage nichts«	C. »Fühle mich depressiv«

In diesem Fall hat der Klient im Zusammenhang mit seiner Angst vor öffentlichem Sprechen nicht nur *ein* Problem (eben seine »Sprechangst«), die als emotionale Konsequenz (C) im ersten A-B-C auftaucht.

Er macht sich *zusätzlich* noch ein weiteres emotionales Problem, dessen Analyse im zweiten A-B-C erscheint: indem er seine Angst zum Ausgangspunkt nimmt, um sich depressiv zu machen!

Deshalb erscheint die Angst des Klienten in seiner zweiten A-B-C-Analyse unter der A-Sektion. *Über diese Angst* macht sich der Klient dann (am Punkt B) *neue Gedanken* und *diese Gedanken* lösen seine depressiven Gefühle (am Punkt C) aus.
Halten Sie also fest:

Der Kamera-Check stellt lediglich eine Hilfe dar, Ihre problematische Situation möglichst objektiv zu beschreiben. Grundsätzlich erscheinen Emotionen in der A-B-C-Analyse in der C-Sektion. Aber es gibt Ausnahmen: Dies gilt besonders dann, wenn jemand aus seinem emotionalen Problem ein weiteres emotionales Problem macht; dann erscheinen Gefühle auch unter der A-Sektion; denn sie sind objektive Tatsachen!

D. Ihr rationaler Disput von B – das Infragestellen und Anzweifeln von B und das Formulieren rationaler Alternativen

In der D-Sektion leisten Sie die wichtigste Arbeit für Ihr künftiges emotionales Wohlbefinden. Hier disputieren (oder diskutieren) Sie Ihre Annahmen und Interpretationen der B-Station. Sie beginnen einfach damit, daß Sie Ihre einzelnen B's nochmal lesen und in eine Frage umformulieren. Danach beantworten Sie die Frage, wobei Sie

1. die Regeln für rationales Denken und
2. den Abschnitt über das Aufspüren irrationaler Ideen

als Richtschnur für die Beantwortung Ihrer Fragen benutzen.

Sie fragen also:

a) Beruht dieser Gedanke auf objektiven Tatsachen, ist er realistisch?
b) Hilft mir dieser Gedanke, mein erwünschtes Ziel zu erreichen?
c) Vermeide ich mit diesen Gedanken schwerwiegende emotionale Konflikte?
d) Hilft mit der Gedanke, schwerwiegende Konflikte mit anderen Personen zu vermeiden?

In vielen Fällen genügt es bereits, wenn Sie Ihre B's anhand der Kriterien für rationales Denken überprüfen, um festzustellen, daß diese Annahmen irrationale sind und besser verändert werden. Den eleganteren Weg (und häufig den schnelleren und gründlicheren) beschreiten Sie aber, wenn Sie in Ihrem Disput von B die Überlegungen zum Aufspüren irrationaler Ideen verwenden.

Sie fragen sich dann:

a) Mein ich hier, daß irgendjemand oder irgendetwas anders sein *sollte* oder sein *müßte* als es ist?
   Muß-turbiere ich hier?
b) Finde ich es *schrecklich* oder *entsetzlich* oder *fürchterlich* oder eine *Katastrophe,* daß die Dinge so sind, wie sie sind?
   Katastrophisiere ich hier?

c) Meine ich, daß ich die Person oder die Sache (von der ich behaupte, daß sie nicht so sein sollte oder anders sein müßte, wie sie ist) so um keinen Preis *ertragen* kann?
   Habe ich die *»Ich-kann-es-nicht-aushalten-Krankheit«?*
   (Stellen Sie sich z. B. die Millionärs-Frage: »Würde ich es besser ertragen können, wenn ich dafür eine Million bekäme?)
d) Denke ich hier, daß ich oder andere entsetzliche Fehler gemacht haben und/oder noch immer machen? *Verurteile* ich mich oder andere wegen dieser Fehler und betrachte ich mich oder andere deshalb als völlige Versager, als wertlose Subjekte?
   Spiele ich »letztes Gericht« oder »ewige Verdammnis«?

Beispiele: (im Anschluß an Seite 84)
B1 »Sie wird mich bald verlassen« D1 »Wird sie mich bald verlassen?«

Antwort:
Dieser Gedanke ist eine reine Annahme von mir; es gibt keine objektiven Tatsachen, die mich dazu berechtigen, die Frage mit ja zu beantworten. Hätte meine Freundin mir gesagt, daß sie mich verlassen wolle, hätte ich wenigstens eine objektive Tatsache als Ausgangsbasis für meine Prognose; aber selbst dann könnte ich die Frage nicht mit Sicherheit bejahen, da Menschen häufig ihre Ankündigungen nicht wahr machen.

Hilft mir dieser Gedanke, mein Ziel zu erreichen?
Aller Voraussicht macht mich dieser Gedanke nur ängstlich oder ärgerlich bzw. eifersüchtig. Das kann dazu führen, daß ich in der nächsten Zukunft Reaktionen an den Tag lege, die für meine Freundin nicht sehr attraktiv sind. Dann würde ich aber das Gegenteil von dem erreichen, was ich will, nämlich, daß mich meine Freundin weiter attraktiv findet und deshalb bei mir bleiben will.

Vermeide ich mit diesem Gedanken, daß ich in schwerwiegende emotionale Konflikte gerate?
Nein. Ich werde ängstlich/ärgerlich/niedergeschlagen/eifersüchtig sein.

Vermeide ich mit diesem Gedanken schwerwiegende Konflikte mit meiner Freundin?
Wie bereits vermerkt, könnte mein emotionaler Zustand gerade zu Konflikten mit meiner Freundin führen.

Wie Sie sehen, genügt die Aussage B1 schwerlich den Kriterien für rationales Denken. Ich werde also nach rationalen Alternativen suchen. Diese könnten lauten:

»Ich kann nicht wissen, ob mich meine Freundin verlassen wird. Sie hat diese Absicht mit keinem Wort erwähnt – wenn ich mir Klarheit verschaffen will, könnte ich sie fragen. Bis dahin streiche ich diesen Gedanken.«

Wir wollen nun die Aussage B4 mit der Methode des Aufspürens irrationaler Ideen überprüfen.

B4 »Ich bin ein Versager« D4 »Bin ich wirklich ein Versager?«

Antwort:

»Wenn ich mich als einen Versager ansehe, so gehe ich offensichtlich davon aus, daß ich irgendwelche entsetzlichen Fehler gemacht habe. Diesen Punkt will ich näher durchdenken.

Und außerdem gehe ich davon aus, daß ich, wenn ich irgendwelche schweren Fehler gemacht haben sollte, mich deswegen unbedingt zu verurteilen habe bzw. mich als *Versager insgesamt* ansehen muß.

Auch diese Überzeugung will ich genauer betrachten.

Zunächst: Welche Fehler habe ich im Zusammenhang damit, daß meine Freundin während ihres Urlaubs ein sexuelles Erlebnis mit einem anderen Mann hatte, gemacht?

Diese Frage werde ich nur schwer beantworten können. Am besten frage ich meine Freundin, ob hier ein Zusammenhang überhaupt besteht.

Aber unterstellen wir einmal, ich hätte mich in letzter Zeit in sexueller Hinsicht zu wenig um meine Freundin gekümmert, da ich häufig überarbeitet war und keine Lust hatte, mit ihr zu schlafen. Wenn dies überhaupt ein Fehler ist, wäre er dann entsetzlich?« Nehmen wir an, ich hätte eine Skala von 0 – 100 zur Verfügung, um Fehler nach ihrem Gewicht einzuordnen. Ich könnte dann sagen, 0 bedeute keinen Fehler, 5 einen ganz, ganz kleinen Fehler, 50 einen mittelschweren Fehler, 80 oder 90 einen sehr schweren Fehler. Was bleibt für 100 übrig? Vielleicht ein extrem schwerer Fehler. In keinem Fall aber: ein *entsetzlicher* Fehler. Ein entsetzlicher Fehler ist nämlich ein extrem schwerer Fehler *plus* einem *magischen Stückchen* mehr, also z. B. 110.

Genau dieses magische Stückchen mehr finden wir auch bei Situationseinschätzungen der Art: »fürchterlich«, »schrecklich« – »eine

Katastrophe«. Was tue ich also, wenn ich einen Fehler als entsetzlich einstufe? Ich *katastrophisiere!«*

Korrigieren Sie also Ihre irrationale Ansicht, es habe sich hier um einen entsetzlichen Fehler gehandelt in die rationale Ansicht, es könne sich allenfalls um einen schweren Fehler gehandelt haben.

Und nun zum zweiten Teil Ihrer Annahme, daß nämlich die Tatsache, daß Sie einen Fehler machen (und wenn er noch so schwer ist), Sie *insgesamt* zu einem Versager mache oder zu einem völlig wertlosen Subjekt. In Wirklichkeit nämlich können Sie als Mensch gar nichts anderes sein als ein Mensch *mit Fehlern,* sonst wären Sie kein Mensch.

Also korrigieren Sie Ihre irrationale Ansicht, dieser oder sonst ein Fehler könne bedeuten, daß Sie ein totaler Versager seien und ersetzen Sie diesen Irrglauben durch die rationale Ansicht: »Es kann sein, daß ich einen Fehler gemacht habe; das bedeutet nur, daß ich als fehlerhaftes Wesen, das die Menschen nun einmal sind, am besten nach Möglichkeiten suche, um in Zukunft diesen Fehler nicht mehr zu machen. Aber ein Versager bin ich nicht!«

Übung:

Versuchen Sie bitte, die Aussagen B2, B3, B5 und B6 selbständig auf einem Blatt Papier anzuzweifeln und durch rationale Alternativen zu ersetzen, sofern es sich um irrationale Ansichten handelt.

E. Ihr emotionales und/oder verhaltensmäßiges Ziel für künftige A's – der Effekt von D

Tragen Sie unter E bitte ein, wie Sie sich *in Zukunft fühlen* wollen, wenn Sie wieder mit einem ähnlichen A konfrontiert sind. Tragen Sie auch ein, wie Sie anstelle Ihrer bisherigen Verhaltensweisen *in Zukunft gerne handeln* würden.

Die Station E entspricht der Station C insofern, als hier Ihre emotionalen und/oder verhaltensmäßigen Konsequenzen als *Folge* Ihrer neuen rationalen Alternativen, die Sie sich unter D erarbeitet haben, auftauchen.

Auch die Sektion E birgt eine Falle in sich:

Hüten Sie sich davor, emotionale und/oder verhaltensmäßige Konsequenzen anzustreben, die nur schwerlich eine logische Folge Ihrer neuen rationalen Gedanken sein können.

Nehmen Sie an:

Sie haben gerade eine Prüfungsarbeit abgegeben und in dem Moment fällt Ihnen ein, daß Sie einen schweren Fehler in der Arbeit haben. Sollte diese Situation (am Punkt A) Ihnen emotionale Probleme bereiten, werden Sie vielleicht zu einer RSA greifen, um Ihr Problem zu bewältigen.

Schreiben Sie nun nicht unter E:

»Ich möchte mich in Zukunft glücklich oder gleichgültig fühlen.« Ein solches Gefühl könnten Sie vielleicht anstreben, wenn es Ihnen gelänge, sich irrationalerweise davon zu überzeugen (am Punkt B), daß es eine »prima Sache sei, in Prüfungsarbeiten Fehler zu machen oder zumindest überhaupt völlig unwesentlich sei, solche Fehler zu machen.«

Aber würde eine solche Aussage den Kriterien rationalen Denkens genügen? Würde dieser Gedanke Ihnen zum Beispiel behilflich sein, in Zukunft weniger Fehler zu machen, ein gutes Abschlußexamen zu bestehen und eine entsprechende berufliche Position ausfüllen zu können? Wohl kaum!

Was also wäre eine emotionale Konsequenz, ein Effekt, der als Folge rationalen Denkens unter der E-Sektion erscheinen könnte? Überlegen Sie die Antwort kurz selbst.

Ich möchte Ihnen hierzu erzählen, wie ein Kollege von mir, der auf dem Gebiet der RET eine Menge praktischer und theoretischer Erfahrungen hat, manchmal zu Beginn einer Therapie diesen Sachverhalt auf verblüffende Weise anspricht.

Nachdem dieser Kollege einen Klienten gefragt hat, warum er ihn aufsuche, erhält er etwa zur Antwort:

»Nun, ich habe wegen einer bestimmten Sache emotionale Schwierigkeiten und möchte diese gerne loswerden.«

»Gut«, antwortet mein Kollege, »ich kann Ihnen eine Methode zeigen, wie Sie sich unglücklich fühlen können!«

Diese zugegebenermaßen verblüffende Ankündigung löst auch häufig Reaktionen aus wie:

»Was? Dafür soll ich Sie bezahlen? Das kann ich auch allein, dazu brauche ich Sie nicht!«

Darauf erklärt mein Kollege dem Klienten, daß er stark vermute, daß der Klient nicht wegen seiner Gefühle des *Unglücklichseins* hier sei, sondern weil er negativere Gefühle wie Depressionen etc. habe. Er erklärt dann weiter, daß Sich-unglücklich-fühlen zwar sicherlich ein negatives Gefühl sei, aber eines, das der Situation wahrscheinlich entspreche, in der sich der Klient möglicherweise befinde. Während dagegen eine starke Depression zu dem Unglück *noch ein weiteres Stück* emotionalen Mißempfindens hinzufüge, das in vielen Fällen die Menschen geradezu unfähig mache, mit ihrer schwierigen Situation in einer Weise umzugehen, daß sie sich verändert und somit auch das Unglücklichsein beendet.

Auf diese Weise zeigt mein Kollege seinen Klienten gleich zu Beginn einer Therapie, daß es negative Gefühle wie Trauer, Enttäuschung etc. gibt, die die *Folge rationaler Gedanken* sein können. Und daß es in der Therapie nicht darum gehen kann, diese Art von negativen Gefühlen abzubauen, sondern nur darum, dem Klienten einen Weg zu zeigen, wie er die seiner jeweiligen Situation *entsprechenden* emotionalen Konsequenzen herbeiführen kann.

In unserem Ausgangsbeispiel wäre es also richtig, wenn Sie als Effekt oder Ziel Ihrer Bemühungen anstrebten:

»Ich fühle mich enttäuscht und traurig, aber nicht niedergedrückt bzw. depressiv.«

Diese Art von Gefühlen stellt auch sicher, daß Sie in Zukunft vielleicht mehr arbeiten und sich besser auf die nächste Prüfung vorbereiten, also auf lange Sicht Ihre gesamte Situation verbessern werden.

Sie sehen: negative Gefühle als Konsequenz rationalen Denkens führen so zu *situationsverändernden* (in der Sprache der RET: zu A verändernden) Verhaltensweisen und dienen damit einem Grundziel menschlicher Existenz: nämlich, dafür zu sorgen, die Lebensumstände so einzurichten, daß sie ein (relativ) glückliches Leben ermöglichen!

Emotionen und Verhalten

Fast jedes psychische Problem besteht aus einer emotionalen Komponente und einer Verhaltenskomponente. Das heißt mit anderen Worten, daß wir selten *nur* unter bestimmten unerwünschten Gefühlen leiden, ohne daß wir auch bestimmte unerwünschte Verhaltensweisen an den Tag legen oder bestimmte erwünschte Verhaltensweisen nicht an den Tag legen.

Nehmen Sie an:

Sie haben sich um eine Stelle beworben und sind nicht angenommen worden (Situation am Punkt A).

Am Punkt B könnten Sie über dieses Ereignis denken:

»Wie schrecklich, daß man mich abgelehnt hat!«

»Ich werde niemals eine Stelle bekommen, an der mir etwas liegt!«

»Ich bin eben ein Versager!« etc.

Mögliche emotionale Konsequenzen Ihres Denkens könnten sein: Sie fühlen sich depressiv, ängstlich, »minderwertig«.

Diese Gefühle (am Punkt C) werden aber sehr leicht auch Ihr Verhalten beeinflussen:

So könnten Sie es aufgeben, sich weiter um eine Stelle zu bewerben oder Sie könnten so ängstlich sein, daß Sie beim nächsten Vorstellungsgespräch sehr unsicher auftreten etc.

Im ersten Fall haben Sie aufgrund Ihrer Gefühle eine bestimmte Verhaltensweise (sich weiter um eine Stelle bewerben) unterlassen. Im zweiten Fall verhielten Sie sich aufgrund Ihrer Gefühle so, wie Sie es nicht wollten (Sie vermittelten verbal wie nonverbal wenig Kompetenz).

Am Punkt C sind Sie also sowohl mit emotionalen Konsequenzen als auch mit Verhaltenskonsequenzen Ihres irrationalen Denkens am Punkt B konfrontiert.

Wenn Sie am Punkt E nun Ihre zukünftigen erwünschten Zielreaktionen festlegen, so teilen Sie diese auch in ein emotionales Ziel und in Verhaltensziele auf.

Ihr emotionales Ziel könnte lauten:

»Ich fühle mich besorgt, aber nicht ängstlich und depressiv.«

Ihr Verhaltensziel könnte lauten:

»Ich werde mindestens zehn weitere Vorstellungstermine wahrnehmen« und/oder »Ich werde nach Möglichkeiten Ausschau halten, meine Fertigkeiten im Umgang mit schwierigen Situationen und/oder Personen zu verbessern, indem ich zum Beispiel ein entsprechendes psychologisches Trainingsprogramm besuche«.

Mein Vorschlag für die Disputationsübung

B2: »Ich bin nicht attraktiv genug für sie.«

Kriterien für rationales Denken:
Welche objektiven Tatsachen gibt es für diese Annahme?

Attraktiv ist ein Begriff, der schwer objektiv feststellbar ist. Genau genommen handelt es sich um eine Frage des Geschmacks, die von Kultur zu Kultur, von Epoche zu Epoche anders beantwortet wird.

Dennoch könnte ich von einem Standpunkt, wie er heute allgemein eingenommen wird, diese Frage in etwa beantworten. Nehmen wir an, ich würde den üblichen Maßstäben für 'gutes Aussehen' nicht entsprechen. Wie steht es da mit anderen Vorzügen? Gibt es nicht andere Eigenschaften an mir, die normalerweise von Leuten geschätzt werden? Man sagt zum Beispiel, daß ich humorvoll sei und intelligent. Dies sind attraktive Eigenschaften. Also ist es wohl realitätsgerechter, wenn ich weniger global von meiner 'Attraktivität' spreche.
Hilft mir der Gedanke, mein erwünschtes Ziel zu erreichen?

Der Gedanke ist eher geeignet, mich minderwertig fühlen zu lassen. Er hilft mir in meiner augenblicklichen Situation nicht viel.
Vermeide ich mit dem Gedanken schwerwiegende emotionale Konflikte?

Kaum, da er wie gesagt, dazu geeignet ist, daß ich mich depressiv fühle.
Hilft er mir, Konflikte mit anderen zu vermeiden?

Nein, wenn er auch anscheinend keine Konflikte schafft.

Aufspüren irrationaler Annahmen:

Wahrscheinlich stecken hinter dem Gedanken B2 noch andere Gedanken wie: wenn ich wirklich keine attraktiven Eigenschaften hätte, dann wäre es schrecklich etc. Diese Gedanken könnte ich suchen und dann anzweifeln.

B3: »Ich werde in Zukunft alleine dastehen.«

Kriterien für rationales Denken:

Wo ist der Beweis dafür, daß dies der Fall sein wird? Es gibt keinen! Als ich meine Freundin noch nicht kannte, war ich da allein? Wieso kann ich nicht wieder eine neue Freundin haben?

Was heißt überhaupt allein? Meine ich damit, daß ich ohne eine feste Freundin sein werde? Oder ohne Bekannte?
Der Gedanke ist unsinnig und selbstschädigend.
Aufspüren irrationaler Annahmen:

Vielleicht mein ich mit B3, daß ich aus Erfahrung weiß, daß es mir schwer fällt, neue Bekanntschaften zu machen.

Nehmen wir einmal an, es würde mir in Zukunft wirklich schwer fallen, eine neue Freundin zu gewinnen. Was denke ich darüber? Wenn ich mir diese Frage beantwortet haben werde, entdecke ich vielleicht einige irrationale Ansichten der Art: »Ohne eine Freundin halte ich es nicht aus. Ich muß unbedingt eine Freundin haben, etc. Diese Gedanken werde ich dann anzweifeln.

B5: »Ich hätte alles anders machen müssen.«

Kriterien für das Aufspüren irrationaler Ansichten:
Wieso hätte ich es anders machen *müssen?*

Vielleicht hätte ich den einen oder anderen Fehler unterlassen können. Dann wäre manches vielleicht anders gekommen. Es wäre manches mehr nach meinen Wünschen gelaufen. Aber wer hat mir versprochen, daß alles nach meinen Wünschen verläuft? Wieso *muß* etwas so sein, wie ich es mir wünsche?

Es ist unsinnig, mir Gedanken zu machen, was ich hätte tun müssen. Ich will mir vielmehr vornehmen, in Zukunft einige Fehler zu vermeiden. Nicht alle, da ich ein fehlerhafter Mensch bin. Ich will erst einmal nachsehen, welche Fehler ich evtl. gemacht habe. Daraus kann ich lernen.

B6: »Ohne sie wird mein Leben sinnlos sein.«

Hilft mir der Gedanke, sinnvolle Tätigkeiten zu entdecken? Nein. Was verstehe ich überhaupt unter einem sinnvollen Leben?

Darüber will ich mir erst einmal Gedanken machen und dann schauen, wieso zu diesen Dingen meine Freundin absolut nötig sein soll. Das Wort sinnlos erinnert mich sehr an schrecklich etc. Ich scheine hier zu katastrophisieren. Was ist an einem Leben ohne meine Freundin schrecklich? Und nicht nur sehr unangenehm.

Kontrolle

Die ______ ______analyse verhilft Ihnen zu intellektueller Einsicht in Ihr emotionales Problem. (81)

Emotionale Einsicht gewinnen Sie mit Hilfe der __________. (81)

Es ist notwendig, RSA's schriftlich zu Papier zu bringen. ja/nein (81)

RSH verlangt von Ihnen ______, ______ und ______. (81)

Eine RSA besteht aus ______ Stationen. (82)

Unter A notieren Sie nur ______ ______, keine Bewertungen und Gedanken über die Situation. (83)

Ihre emotionalen Konsequenzen folgen Ihren ______ am Punkt ______. (85)

Dagegen sind nach dem populären Konzept über das Zustandekommen von Emotionen Ihre Gefühle eine unmittelbare Folge eines Ereignisses: Der Gedanke »Meine Freundin hat mich geärgert« folgt dem populären Konzept. richtig/falsch (85)

In Wirklichkeit kann ich mich nur ______ ärgerlich machen. (85)

Nachdem Sie die Punkte A, B und C bearbeitet haben, lesen Sie noch einmal die Kriterien für ______ ______. (87)

Der Punkt DA soll Ihnen dazu verhelfen, unter A nur die ______ ______ der Situation oder des Ereignisses zu beschreiben. (89)

Den Kamera-Check mache ich, indem ich mir vorstelle, ich würde die Situation oder das Ereignis nur über eine ____________ beobachten. (89)

Gefühle sind objektive Tatsachen. richtig/falsch (91)

Unter A darf ich niemals Gefühle notieren. richtig/falsch (92)

Die wichtigste Arbeit für mein emotionales Wohlbefinden leiste ich bei der RSA in der ______-Sektion. (93)

Der elegantere Weg zum Überprüfen meiner Gedanken am Punkt B besteht darin, daß ich die Überlegungen zum Aufspüren ______ ______ verwende. (93)

Wenn ich etwas als schrecklich oder fürchterlich ansehe, so füge ich einer unangenehmen Sache ein ______stückchen mehr hinzu. (95)

Die Tatsache, daß ich einen schweren Fehler mache, kann mich nicht zu einem ______ machen. Als Mensch bin ich immer ein ______ Mensch. (96)

Unter E notiere ich, wie ich mich in Zukunft ______ will und wie ich

in Zukunft gerne ______ würde. (96)
Am Punkt E strebe ich Konsequenzen an, die die logische Folge meiner neuen ______ Gedanken sind. (98)
Es gibt negative Gefühle, die eine Folge rationalen Denkens sind. richtig/falsch (98)
Häufig führen solche negativen Emotionen zu ____________ Verhalten. (98)
Psychische Probleme bestehen häufig aus einer ______ und einer ______komponente. (98)

2. Das Üben der rationalen Selbstanalyse

In Kapitel 1. erläutere ich Ihnen alle wesentlichen Schritte, die für eine RSA notwendig sind.

Bevor Sie hier weiterlesen, überprüfen Sie bitte, ob Ihnen die sechs Stationen der rationalen Selbstanalyse nunmehr geläufig sind; gehen Sie diese kurz in Gedanken durch und blättern Sie zurück, wenn Unklarheiten bestehen.

In dem folgenden Kapitel können Sie sich in der Erarbeitung rationaler Selbstanalysen üben.

Dazu schildere ich Ihnen zwei Original-RSA's von Klienten aus meiner psychotherapeutischen Praxis.

Ihre Aufgabe besteht in folgendem:

Sie lesen zunächst den A-B-C-E-Teil der Original-RSA's und vervollständigen dann die RSA, indem Sie die Stationen DA ('Kamera-Check') und D (Disputieren der irrationalen Annahmen) *selbständig* erarbeiten.

Im Anschluß daran vergleichen Sie bitte Ihre Ausführungen mit den Überlegungen der Klienten aus deren Original-RSA's bzw. meinen Anmerkungen hierzu.

Beachten Sie:

Es kommt nicht darauf an, daß Ihre Ausführungen *exakt* den DA- und D-Teilen der Klienten entsprechen. Bemühen Sie sich vielmehr, die wesentlichen *zugrundeliegenden* irrationalen Annahmen zu identifizieren und durch rationale Alternativen zu ersetzen.

Vielleicht werden Sie sich fragen, ob es sinnvoll ist, die rationale Selbstanalyse anhand *fremder* Probleme zu üben. Nun, die Erfahrung mit meinen Klienten hat mir gezeigt, daß es durchaus von Vorteil ist, wenn Klienten ihre RSA nicht über ein eigenes Problem erstellen, sondern sich zunächst mit der Vorgehensweise anhand eines fremden Problems vertraut machen.

So können Sie an einem bereits vorgegebenen A-B-C eines Problems arbeiten ohne Ihr Problem zuerst in eine A-B-C Form bringen zu müssen. Ich empfehle Ihnen, Ihre ersten RSA's jeweils so anzugehen, daß Sie in einem ersten Arbeitsschritt die A-B-C-Analyse herstellen und erst später – vielleicht am nächsten Tag – im zweiten Arbeitsschritt aus der A-B-C-Analyse die rationale Selbstanalyse erarbeiten. Sie vermeiden bei diesem Vorgehen, daß Sie in dem verständlichen Wunsch, möglichst schnell Ihre Probleme lösen zu wollen, unvollständige A-B-C-Analysen Ihrer RSA zugrundelegen. Und das könnte dazu führen, daß Sie wesentliche irrationale Annahmen unbearbeitet lassen und damit an Ihrem Problem vorbeiarbeiten.

Beachten Sie bitte auch, daß in einem gegebenen Kulturkreis emotionale Probleme häufig auf ein ähnliches Muster irrationaler Ansichten zurückgehen, da diese irrationalen Annahmen allen Angehörigen eines Kulturkreises über bestimmte ähnliche Erziehungsmuster (Eltern, Schule etc.), über die Massenmedien (Fernsehen, Zeitschriften, Bücher etc.) sowie über die Alltagskommunikation (mit Freunden, Kollegen, Geschäftspartnern etc.) vermittelt werden. Es ist somit zu erwarten, daß Sie in den irrationalen Ansichten Ihrer Mitmenschen viele eigene irrationale Strukturen wiedererkennen werden.

Christines erste rationale Selbstanalyse

Christine ist eine 23jährige Psychologiestudentin. Sie steht kurz vor dem Abschluß des ersten Teils ihres Studiums und möchte sich im zweiten Teil nach dem Vordiplom auf Klinische Psychologie spezialisieren. Aus Interesse hat sie sich schon eingehend mit Schriften von Sigmund Freud, Carl Rogers, Wilhelm Reich und anderen Psychotherapeuten beschäftigt, obwohl dies während Ihres bisherigen Studiums noch nicht gefordert war. Sie hat auch bereits mehrere Selbsterfahrungsgruppen mitgemacht; dennoch leidet sie nach wie vor unter starken Angstgefühlen, wenn sie sich in Seminaren an Diskussionen beteiligen möchte oder Referate vorzutragen hat. Sie vermeidet es auch, wenn irgendwie möglich, mit ihren Professoren oder Dozenten zu sprechen, da sie so gehemmt ist, »daß mein Mund anfängt zu zittern, wenn ich mit einem Dozenten spreche«.

Nachdem Christine einige Male an den wöchentlichen Sitzungen einer rationalen Therapiegruppe teilgenommen hatte, war sie mit den Grundprinzipien der rationalen Selbstanalyse soweit vertraut, daß sie zur nächsten Stunde die gleich folgende RSA erarbeitete und mitbringen konnte.

Stellen Sie sich nun bitte vor, Sie selbst hätten das Problem der Klientin formuliert, schlüpfen Sie sozusagen in Christines Haut, und lesen Sie zunächst den A-B-C-E-Teil von Christines RSA.

Danach vergegenwärtigen Sie sich die Regeln für rationales Denken und die Vorgehensweise beim Aufspüren irrationaler Überzeugungen. *Lesen Sie dann* aber bitte zunächst *nicht weiter,* sondern versuchen Sie selbständig, Christines irrationale Annahmen aufzudecken und anzuzweifeln.

Erst wenn Sie dies getan haben, lesen Sie Christines DA- und D-Stationen und meine Anmerkungen hierzu.

A. Die Situation, das Ereignis – 'objektive Tatsachen'	*DA. Ihr selbständig erarbeiteter Disput von A (Kamera-Check)*
A-1: Immer, wenn ich ein Referat machen soll, weiß ich schon, daß jetzt wieder die alte Geschichte losgeht und rege mich fürchterlich auf.	
A-2: Ich bin dann erst mal die erste Zeit fix und fertig und kann gar nicht daran arbeiten.	
A-3: Schließlich mache ich dann, kurz vor dem Abgabetermin – oft noch in der letzten Nacht – die Sache fertig.	

A-4: Die ganze Zeit muß ich daran denken, wie ich mich wieder anstellen werde.

A-5: Wenn ich dann so vor ca. 30 Leuten im Seminar das Referat vortragen muß, habe ich fürchterliche Angst.

A-6: Ich bin dann auch nicht konzentriert und verhaspele mich oft.

A-7: Die anderen merken meine Aufgeregtheit und schauen mich manchmal so peinlich berührt oder mitleidig an, was mir erst recht stinkt.

A-8: Auch bei Diskussionen sage ich praktisch nie etwas, weil ich so Angst habe.

A-9: Mit meinem Professor zu reden, vermeide ich, da ich Angst habe vor meinem 'Mundzittern'.

B. Mein inneres Selbstgespräch – meine Gedanken über A

B-1: Ich kann nichts machen gegen mein Angst.

B-2: Ich habe schon so viel versucht, aber nichts nützt – wahrscheinlich ist mein autoritäres Elternhaus an der Sache schuld.

D. Ihr selbständig erarbeiteter Disput von Christines B. Stellen Sie Christines Ansichten in Frage und formulieren Sie rationale Alternativen!

B-3: Das wird wieder fürchterlich werden, wenn ich mein Referat vortragen muß.

B-4: Was werden die anderen denken, wenn ich rumstottere oder Mist erzähle.

B-5: Meine Referate sind irgendwie immer so kindisch gegenüber den Sachen, die die anderen machen.

B-6: Was, wenn jemand meinen Diskussionsbeitrag für blöd hält und mich vor versammelter Mannschaft heruntermacht.

B-7: Ich bin einfach zu schüchtern und werde mit solchen Situationen nie fertig.

B-8: Ich habe nichts zu sagen.

B-9: Wie schrecklich, wenn mich die anderen wieder bemitleiden!

B-10: Ich hasse es, wenn sie so komisch schauen.

B-11: Ich muß mich an Diskussionen beteiligen, sonst wird nie was aus mir.

B-12: Wenn ein Professor mein 'Mundzittern' sieht, bin ich völlig unten durch.

C. *Die emotionalen und/oder verhaltensmäßigen Konsequenzen von B*

Angst!
Schiebe notwendige Arbeiten auf und drücke mich vor

E. *Mein emotionales und/oder verhaltensmäßiges Ziel für künftige A's: der Effekt von D.*

Will nur noch aufgeregt sein.
Beginne konzentriert mit der Arbeit. Beteilige mich an

Diskussionen und vor Gesprächen mit Dozenten.	Diskussionen. Spreche mit Dozenten.

Christines 'Kamera-Check' von A; die DA-Station.
(bezieht sich auf die Punkte A-1 bis A-9 auf S. 105, 106)

DA-1: »Hier habe ich objektive Tatsachen aufgeschrieben.«

Mein Kommentar:

»Ich stimme nur zum Teil zu! So bezweifle ich, daß das Wörtchen 'immer' die Realität richtig wiedergibt. Sollte ich recht haben, dann zeigt sich in der Verwendung von Worten wie 'nie' oder 'immer' bei Christine eine Tendenz zur Übergeneralisierung. Mit anderen Worten: die Realität wird verzerrt wahrgenommen. Es ist gerade auch der Sinn der DA-Station, *verzerrte Wahrnehmungen zu korrigieren.*

Weiter: Was soll die Verwendung von Worten wie 'die alte Geschichte'?

Erinnern Sie sich, was wir in Teil I über den Zusammenhang von Sprache und Denken sagten?

Wenn Sie so etwas wie 'alte Geschichte' sagen/schreiben, aber 'in Wirklichkeit' damit etwas anderes *meinen,* so *denken* Sie etwas, was Sie *nicht meinen* – aber Sie haben die (emotionalen) Folgen dessen zu tragen, was Sie denken. Also: beschreiben Sie Ihre Situation möglichst *genau* und vermeiden Sie solche (Ihre Gefühle!) irreführende 'Redensarten'.

Und auf einen dritten Punkt möchte ich Sie noch aufmerksam machen: Zwischen den Zeilen steht in der Aussage A-1 in Wirklichkeit eine handfeste (unausgesprochene) Prognose etwa der Art: 'wenn ich ein Referat zu machen habe, *weiß* ich bereits, daß ich alle bekannten Schwierigkeiten haben *werde'.*

Wenn ich Sie bei einer solchen Feststellung fragen würde, woher Sie das wissen, so würden Sie mir vielleicht wieder antworten: »So meine ich das nicht.«

»Und wie meinen Sie es wirklich?« könnte ich Sie fragen.

»Nun, ich meine damit, daß eine gewisse *Wahrscheinlichkeit* besteht, daß wieder die alten Schwierigkeiten kommen werden.«

»Das ist aber ein großer Unterschied«, würde ich Ihnen antworten, »ob Sie etwas wissen oder ob Sie nur eine gewisse Wahrscheinlichkeit annehmen – Ihre Gefühle werden sich *entsprechend* dieses Unterschieds auch unterschiedlich einstellen! Außerdem machen Sie hier eine sogenannte *sich selbst erfüllende Prophezeiung*, die in etwa besagt, daß bestimmte Entwicklungen in der Zukunft gerade deshalb eintreten, weil sie vorausgesagt werden.«

Sie können sich das anhand eines Beispiels klar machen:

Nehmen Sie an, Sie müßten über einen schlüpfrigen Baumstamm über eine tiefe Schlucht klettern, um einem Verfolger zu entgehen. Wenn Sie sich nun angesichts des Baumstammes sagen: 'Oh Gott, das *werde* ich bestimmt nicht schaffen, ich werde sicherlich abstürzen' – so wird die Folge einer solchen Prophezeiung sein, daß Sie starke Angst empfinden werden und vielleicht gerade wegen Ihrer Angst nicht mehr die erforderliche Konzentration und ruhige Besonnenheit aufbringen, die für die erfolgreiche Bewältigung des Hindernisses notwendig wäre: eine sich möglicherweise selbst erfüllende Prophezeiung!

DA-2: »Objektive Tatsachen.«

Mein Kommentar:

Auch hier gebraucht Christine Worte wie 'fix und fertig', die Übertreibungen beinhalten. Der Ausdruck 'fix und fertig' ist ein magischer Ausdruck (vgl. S. 72); denn er bedeutet: *mehr* als fertig oder 101 % fertig und spiegelt damit nicht mehr die Realität wider.

Außerdem bezweifle ich, daß Christine an ihrem Referat 'gar nicht arbeiten *kann*'. Diese Feststellung ist mehr eine subjektive Überzeugung, weniger eine objektive Tatsache.

Christine meint damit wahrscheinlich, daß sie *nicht arbeitet* oder daß es ihr *schwerfällt*, zu arbeiten.

DA-3: »Objektive Tatsachen.«

Mein Kommentar:

Das ist richtig.

DA-4: »Ich sollte vielleicht besser sagen: ich denke zu oft daran, wie ich mich wieder anstellen werde, anstatt zu sagen, daß ich daran denken *muß*.«

Mein Kommentar:

Das ist richtig. Selbstverständlich *muß* Christine nicht daran denken, sondern sie tut es einfach (und möchte weniger daran denken). Christine schreibt hier unter A etwas auf, was bereits eine *Konsequenz* (=C) bestimmter irrationaler Ansichten ist. Dies ist nicht falsch (vgl. Sie bitte hierzu S. 92). Es ist aber gut, sich dies vor Augen zu halten, da man so vielleicht bisher nicht festgestellte irrationale Annahmen identifiziert.

Ich rate Ihnen deshalb: vermerken Sie sich in einem solchen Fall: 'Dieses A ist anscheinend auch ein C! Welche B's gehören dazu?'

DA-5: »Eigentlich *muß* ich ja nicht.«

Mein Kommentar:

»Und *uneigentlich* doch? Christine glaubt nicht so recht, was sie sagt. Das Wort 'eigentlich' weist häufig darauf hin, daß jemand noch nicht wirklich überzeugt ist.

Muß Christine also oder muß sie nicht?

Zunächst: Als A-Aussage ist die Verwendung von 'müssen' hier sicherlich falsch; denn unter A sind objektive Tatsachen, Situationen aufzuführen. Dafür genügt es, wenn Christine sagt:

»Wenn ich dann so vor ca. 30 Leuten das Referat *vortrage,* habe ich fürchterliche Angst.«

Aber wie steht es mit dem 'Müssen'?

Tatsächlich *muß* Christine das Referat nicht vortragen, sondern sie *entscheidet* sich dafür, das Referat zu halten, weil sie nicht gewillt ist, die Konsequenzen zu tragen, die vielleicht entstehen würden, wenn sie einfach wegginge oder sonst irgendwie das Referat nicht vortrüge.

Wenn Christine von 'muß' spricht, so sieht sie sich als *Opfer* und das führt zu *Selbstmitleid.* In der Tat ist ja auch der Sinn von Christines A-5-Aussage: »Es ist schrecklich, so viel Angst zu haben, was bin ich doch für ein bedauernswerter Mensch, das kann ich nicht aushalten etc.«

DA-6: »Okay.«

Mein Kommentar:
»Okay.«

DA-7: »Nicht alle anderen, sondern wohl nur einige andere registrieren dies. Ob sie wirklich peinlich berührt sind oder Mitleid mit mir haben, kann ich nicht wissen. Ich weiß aber, daß 'es mir stinkt', wenn es so wäre. Letzteres ist eine Tatsache und ich will sehen, was ich darüber denke, wenn mich andere bemitleiden oder peinlich berührt sind (gehört unter B!).

Mein Kommentar:
»Sehr gut!«

DA-8: »Ich schreibe besser statt 'praktisch nie': sehr häufig!
So entspricht DA-8 objektiven Tatsachen!«

Mein Kommentar:
»Richtig!«

DA-9: »Objektive Tatsachen«

Mein Kommentar:
»Objektive Tatsachen«

Christines Disput von B

B-1: »Ich kann nichts machen gegen meine Angst.«
D-1: »Hier übertreibe ich wohl. Mit etwas Anstrengung kann ich etwas gegen meine Ängste tun.«

Mein Kommentar:
Wenn Christine einen Blick darauf wirft, welche Konsequenzen ihr Gedanke B-1 nach sich zieht, nämlich Angst und Inaktivität, so wird sie erkennen, daß sie etwas tut, was eine fernöstliche Spruchweisheit mit 'rote Rosen rot anstreichen' umschreibt. Genauso sinnlos ist der Gedanke B-1! Das Kriterium für rationales Denken Nr. 2 (Hilft mir dieser Gedanke, mein Ziel zu erreichen?) entlarvt die Sinnlosig-

keit und Irrationalität dieses Gedankens. Der tiefe Grund für Christines Glaube an die Unveränderlichkeit ihrer Angst ist aber Ihre irrationale Auffassung, daß sie sich zwangsläufig so fühlen müsse wie sie sich fühlt. Christine glaubt an die irrationale Idee Nr. 9!

Auch Ihren Gedanken B-2, B-3 und B-7 liegt die Einstellung zugrunde, der Lauf der Vergangenheit beweise, daß die Zukunft genauso sein wird. Eine Einstellung, die gerade häufig bei Menschen anzutreffen ist, die sich bereits viel mit Psychoanalyse und ähnlichen Therapiesystemen beschäftigt haben, die die Gründe für neurotisches Verhalten in die Vergangenheit legen. Diese Menschen haben die Auffassung übernommen, daß die Ursachen ihrer Neurosen in der Vergangenheit zu suchen sind, und sie meinen darüberhinaus, daß die Unveränderlichkeit der Vergangenheit eben auch die Unveränderlichkeit ihrer Neurosen bedeute. Das ist natürlich nicht richtig! In Wirklichkeit kann der Mensch gegen die Einflüsse der Vergangenheit ankämpfen. Er kann dies umsomehr, wenn er die *gegenwärtigen* Ursachen seiner emotionalen Probleme erkennt. Diese gegenwärtigen Ursachen seiner emotionalen Probleme aber sind bestimmte irrationale Auffassungen. Christine wird einige dieser irrationalen Ideen in den folgenden Punkten noch erkennen und damit einen Weg finden, um aus ihrer Resignation herauszufinden.

B-2: »Ich habe schon so viel versucht, aber nichts nützt – wahrscheinlich ist mein autoritäres Elternhaus an der Sache schuld.«

D-2: »Dieser Gedanke hilft mir nicht weiter. Es mag sein, daß mich mein autoritäres Elternhaus stark geprägt hat – aber andere Menschen sind auch in autoritären Elternhäusern aufgewachsen und haben dennoch ihre Hemmungen und ihre Schüchternheit ablegen können. Ich hänge der irrationalen Idee Nr. 9 nach!«

Mein Kommentar:

Hier hat Christine klar erkannt, daß sie dem Einfluß der Vergangenheit, in diesem Fall ihrer Sozialisation durch ihr Elternhaus, eine zu große Bedeutung beimißt. Der Gedanke B-2 ist, wie Christine richtig erkennt, ein Ausfluß der irrationalen Idee Nr. 9, und außerdem verstößt er gegen die Regel Nr. 2 für rationales Denken!

B-3: »Das wird wieder fürchterlich werden, wenn ich mein Referat vortragen muß.«

D-3: »Hier katastrophisiere ich. Es ist nicht fürchterlich, wenn ich mit Stottern und Zittern mein Referat vortrage, sondern allenfalls sehr unangenehm. Außerdem nützt mir der Gedanke nicht, daß es besser wird.«

Mein Kommentar:

Christine sieht richtig ihre Tendenz, zu katastrophisieren. *Weil* sie es als fürchterlich ansieht, wenn sie beim Vortragen des Referates Angst empfindet und evtl. stottert und zittert, leidet sie offensichtlich auch an der 'Ich-kann-es-nicht-aushalten-Krankheit'.

B-4: »Was werden die anderen denken, wenn ich rumstottere oder Mist erzähle.«

D-4: »Ich weiß nicht, was sie denken werden. Vielleicht werden sie denken, daß ich aufgeregt bin oder noch zu wenig Übung habe. Vielleicht bin ich sogar manchen Teilnehmern sympathisch, weil sie dann selbst nicht mehr so viel Angst zu haben brauchen, wenn es ihnen ähnlich ergeht. Und auf diejenigen Leute, die mich wegen meiner Schwäche nicht mehr mögen, bin ich nicht angewiesen. Eigentlich sind mir solche Leute sogar gar nicht sympathisch, weil sie so leistungsbezogen sind.«

Mein Kommentar:

Christines B-4 Gedanke ist eine rhetorische Frage. Ihr D-4-Antwort zeigt, was sie befürchtet: daß man sie nicht schätzen und anerkennen könnte, wenn sie keine perfekte Leistung erbringt. Aus diesem Grund ist Christine in Bezug auf sich selbst leistungsbezogen, obwohl sie diese Eigenschaft unsympathisch findet, wie sie schreibt. Christine wird gut daran tun, die bei ihr vorhandene irrationale Idee Nr. 1 aktiv anzuzweifeln, vgl. die praktischen Übungen in Kapitel 4.

D-5: »Meine Referate sind irgendwie immer so kindisch gegenüber den Sachen, die die anderen machen.«

D-5: »Woher weiß ich, daß meine Referate wirklich kindisch sind? Vielleicht bin ich nur zu selbstkritisch! Zumindest sind meine Referate nicht *immer* kindisch.«

Mein Kommentar:

Ich stimme dem zu. Aber offensichtlich ist der Gedanke B-5 ein *unvollendeter* Gedanke. Es fehlt nämlich eine *Bewertung* der Möglichkeit, daß Christines Referate »kindisch« sind. Die Frage, ob Christines Referate »kindisch«, d. h. unterdurchschnittlich kompetent, sind, läßt sich objektiv beantworten (indem man z. B. eine fachkundige Person darüber befragt). Das heißt: wenn Christine *fälschlicherweise* ihre Referate für »kindisch« hält, so sieht sie die Realität verzerrt. Wir gehen aber in der RET davon aus, daß neben Realitätsverzerrungen, also Wahrnehmungsfehlern, vor allem *irrationale Bewertungen* (Evaluationen) entscheidenden Anteil an emotionalen Störungen haben. Im Grunde genommen stellt die Aussage B-5 eine potentielle Situation dar, bezieht sich also auf eine neue A-Station:

A. Ich halte ein fehlerhaftes (»kindisches«) Referat
B. Es ist *schrecklich,* wenn ich Fehler mache.
Ich *muß* perfekte Leistungen erbringen, sonst schätzt man mich nicht.
Ich *muß* Anerkennung und Wertschätzung durch alle Leute haben.
C. Angst

Sie sehen:
in Wirklichkeit führt nicht das Vortragen eines fehlerhaften (»kindischen«) Referates (A), sondern was Christine wahrscheinlich darüber denkt (B), zu den unerwünschten emotionalen Konsequenzen (C).

Der Gedanke B-5 ist also insoweit unvollendet als diese bewertenden Teile fehlen.

Wie kann man sicherstellen, daß man diese bewertenden Gedankenteile, d. h. die eigentlichen B's, nicht vergißt?

Indem man seine aufgeschriebenen Gedanken nochmal betrachtet und in etwa fragt:

»Und was bedeutet das für mich? Und was wäre, wenn das passieren würde? Nehmen wir mal an, das wäre so – was dann?« etc.

Übung:

Sehen Sie die weiteren Gedanken Christine (B-6 bis B-12) jetzt daraufhin durch, ob sie *unvollendete* Gedanken darstellen, denen wesentliche evaluative Teile fehlen.
Lesen Sie nicht weiter, bevor Sie diese Übung gemacht haben!

B-6: »Was, wenn jemand meinen Diskussionsbeitrag für blöd hält und mich vor versammelter Mannschaft heruntermacht.«

D-6: »Nun, wenn das wirklich passiert, beweist das ja noch nicht, daß mein Beitrag wirklich blöd ist. Und vor allem beweist es nicht, daß *ich* deswegen blöd bin. Jeder kann mal Fehler machen!«

Mein Kommentar:
Christines Disput zeigt, daß sie richtigerweise ihre B-6-Aussage als *rhetorische Frage* entlarvt hat, somit als einen weiteren *unvollendeten* Gedanken erkennt. Vollendet lautet der Gedanke nämlich etwa:

»Wenn das passieren würde, so würde das beweisen, daß ich blöd bin, und alle (= die versammelte Mannschaft) würden mir ihre Anerkennung und Wertschätzung verweigern, auf die ich unbedingt angewiesen bin, weil ich mich ansonsten als wertloses Subjekt ansehen muß.«

Sie sehen:
rhetorische Fragen beantworten Sie sich am besten sofort! Sie gelangen damit zu den eigentlichen irrationalen Kerngedanken und können diese dann gezielt anzweifeln!

B-7: »Ich bin einfach zu schüchtern und werde mit solchen Situationen nie fertig.«

D-7: »Der Gedanke hilft mir nicht, mit schwierigen Situationen fertig zu werden und meine Schüchternheit zu überwinden. Besser ist es, alles in meiner Kraft stehende zu tun, um mich zu verändern.«

Mein Kommentar:

Das Kriterium Nr. 2 für rationales Denken wendet Christine bereits voll an.

Auch hier ist es ein eleganter und noch weiter führender Weg, sich zu fragen, was es bedeuten würde, wenn man die Schüchternheit *nie* überwinden würde (unvollendeter Gedanke!).

In einer späteren Therapiestunde fragte ich Christine danach. Sie gab mir zur Antwort:

»Ja, ich sehe den Punkt. Ich gehe immer davon aus, daß ich – besonders in einer Therapie – meine Schüchternheit und meine Ängste überwinden *muß*, weil ich nur dann Achtung haben kann vor mir, wenn ich in dieser Beziehung okay bin.«

»Und stimmt das?«

»Na ja, inzwischen weiß ich, wie *Sie* das sehen: daß man sich *nicht zu bewerten* braucht, daß man also auch als ängstlicher und schüchterner Mensch okay sein kann.«

»Richtig, Christine, so sehe ich das. Aber mir scheint, *Sie* sehen es noch nicht so. Nun, wir haben vorhin davon gesprochen, daß ein Mensch aus einer Vielzahl von Eigenschaften besteht, einer Vielzahl von Fähigkeiten und Verhaltensweisen – ja geradezu einer offenen, unendlichen Anzahl, da ein Mensch, so lange er lebt, immer neue Möglichkeiten hat. Das sieht vielleicht so aus:

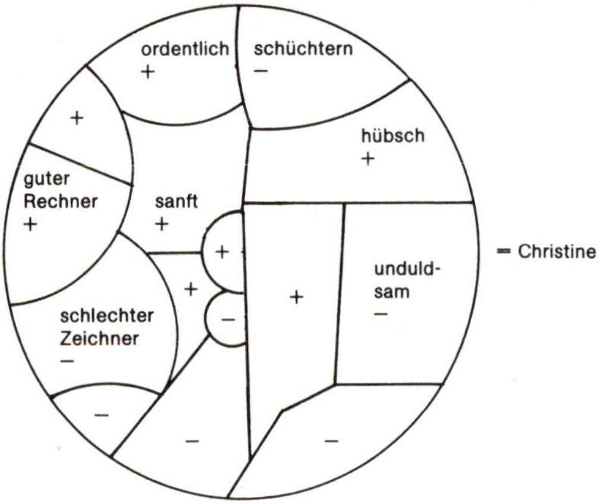

Abb. 8: Ein Mensch besteht aus einer Vielzahl von Eigenschaften, Fähigkeiten, Verhaltensweisen.

Wie also kann Achtung vor Ihnen selbst nur auf *einem* Teil Ihres 'Wesens' bestehen? Beweisen Sie das!«

»Ja, das leuchtet mir ein. Aber es fehlt mir da noch etwas!«

»Es fehlt der zweite Schritt! Sie haben jetzt *intellektuelle Einsicht,* aber noch nicht *emotionale Einsicht* gewonnen. Diese erreicht man, wenn man täglich seine neuen rationalen Erkenntnisse anwendet und übt ... (vgl. die Kapitel 3 und 4).

Was Sie aber anhand des Beispieles der Abbildung ersehen können, besagt, daß es sinnlos und irrational ist, sich als ganze Person zu bewerten; sinnvoll dagegen ist es, seine Handlungen zu bewerten!«

B-8: »Ich habe nichts zu sagen.«

D-8: »Das ist Unsinn. Natürlich habe ich etwas zu sagen, d. h. ich bin in der Lage etwas zu sagen. Das mag vielleicht wenig gescheit sein oder an der Sache vorbeigehen. Aber ich muß nicht immer perfekt und fehlerlos erscheinen.«

Mein Kommentar:

Selbst wenn Christine 'dummes Zeug' redet, beweist das nur, daß sie ein fehlerhafter Mensch ist – wie alle Menschen. Es beweist dagegen nicht, daß sie dann ein wertloser Mensch ist (= unvollendeter Gedanke).

B-9: »Wie schrecklich, wenn mich die anderen wieder bemitleiden!«

D-9: »Ich katastrophisiere! Was soll daran schrecklich sein, wenn mich andere bemitleiden? Ich mag es nicht, aber ich kann es aushalten. Im übrigen habe ich sowieso keinen Einfluß darauf, was andere tun.«

Mein Kommentar:

Richtig. Allerdings übertreibt Christine, wenn sie meint, gar keinen Einfluß auf andere Menschen haben zu können. Richtig ist nur, daß sie keine *Garantie* hat, daß andere Menschen sich so verhalten, wie sie es wünscht.

B-9 ist kein unvollendeter Gedanke: diesmal hat Christine ihre Bewertung (»schrecklich«) eines möglichen Ereignisses (A) mit aufgeschrieben.

B-10: »Ich hasse es, wenn sie so komisch schauen.«

D-10: »Vielleicht bilde ich mir nur ein, daß manche (*alle* sowieso nicht) 'komisch' schauen. Aber selbst wenn sie das tun, brauche ich das nicht zu hassen! Ich messe diesen Dingen viel zu viel Bedeutung bei.«

Mein Kommentar:

Welche Bedeutung? (= unvollendeter Gedanke!)

Etwa: 'es ist *unerträglich* und *fürchterlich,* wenn mich andere bemitleiden'?

In dem Wörtchen 'hassen' steckt der Teufel: 'hassen' bedeutet:

1. etwas (sich selbst, andere oder die Welt) nicht mögen und
2. es *unerträglich* und *schrecklich* zu finden, wenn dies nicht so läuft wie man es mag.

Viele irrationale Ansichten bauen auf rationalen Gedanken auf:

Rationaler Gedanke	*Irrationaler Gedanke*
»Ich mag das nicht ...«	»und es *muß* so sein, wie ich es will; wenn nicht, ist es eine *Katastrophe* und ich kann es unter keinen Umständen aushalten oder tolerieren etc.«

B-11: »Ich muß mich an Diskussionen beteiligen, sonst wird nie was aus mir.«

D-11: »Ich übertreibe! Was meine ich überhaupt damit, wenn ich sage 'es wird nie was aus mir'? Vielleicht bekomme ich eine schlechtere Note als jemand, der sich rege an Diskussionen beteiligt, aber selbst das ist nicht so sicher. Außerdem gibt es genug Berufsmöglichkeiten, wo ich mich gar nicht an Diskussionen beteiligen muß etc.«

Mein Kommentar:

'Etc.' sollte Christine besser ausführen!

Im übrigen muß-turbiert Christine hier! Sie meint, sie *müsse* sich an Diskussionen beteiligen, weil etwas aus ihr werden *müsse;* weil sie gute Noten haben *müsse,* weil sie nur so von fast allen Menschen geliebt, geschätzt und anerkannt werden könne, worauf sie *unbedingt angewiesen* sei. (unvollendeter Gedanke!)

B-12: »Wenn ein Professor mein 'Mundzittern' sieht, bin ich völlig unten durch.«

D-12: »Unsinn! Vielleicht hat er Verständnis für mich – gerade als Psychologe. Vielleicht schätzt er mich etwas weniger, aber ich bin nicht auf sein Verständnis *angewiesen.* Es wäre zwar schön, wenn es so wäre und ich will mich darum bemühen, aber es *muß* nicht so laufen.«

Mein Kommentar:

Christine hat den unvollendeten Gedanken richtig angezweifelt.

Übung:

Versuchen Sie, die hauptsächlichen irrationalen Ideen herauszufin-

den, die Christines B-Aussagen zugrundeliegen, indem Sie die einzelnen B-Gedanken durchsehen und diesen die entsprechenden irrationalen Ideen zuordnen!
(Auflösung der Übung am Ende dieses Kapitels)

Karls erste rationale Selbstanalyse

Karl ist 30 Jahre alt und seit 5 Jahren verheiratet. Er studierte Betriebswirtschaft und hat ein überdurchschnittlich gutes Examen aufzuweisen. Mit diesem Examen machte es wenig Mühe, die erste Anstellung zu finden.

Aber bereits nach einigen Monaten ging es Karl schlecht: er litt unter Einschlafschwierigkeiten, trank für seine Verhältnisse zu viel und klagte über Streß und depressive Gefühle. Er ließ sich mehrere Wochen lang krankschreiben. Schließlich einigten sich Karl und seine Firma dahingehend, daß die Stelle für Karl »nicht das Richtige« sei und lösten das Arbeitsverhältnis auf.

Karl fand nach einiger Zeit eine neue Stelle, die ihm einiges abverlangte, da er eine neue Abteilung aufzubauen hatte. Er schuftete oft bis in die Nacht hinein oder nahm sich Arbeit mit nach Hause. Nebenbei belegte er Fernkurse, um sich noch mehr zu qualifizieren. »Dennoch fühlte« er sich »bald überfordert« und auch seine zweite Stelle endete nach einem Jahr fast auf die gleiche Weise wie zuvor.

Inzwischen arbeitet Karl seit einigen Monaten in einem großen Unternehmen. Nachdem sich aber die bekannten »Symptome« wieder einstellten, riet ihm seine Frau, etwas dagegen zu unternehmen. Karl entschied sich für die Teilnahme an einer rational-emotiven Therapie.

Nachdem ich Karl mit der Vorgehensweise vertraut gemacht hatte, nahm er sich zur nächsten Stunde vor, eine RSA über sein Problem anzufertigen. Als wir uns in der darauffolgenden Woche wieder trafen, erzählte mir Karl auf meine Frage, was er geschafft habe:

K: »Ja, wissen Sie, ich habe diesmal noch nichts mitbringen können«
und überreichte mir seine Blätter, auf denen fein säuberlich die Buchstaben A-B-C-D-E aufgezeichnet waren – sonst nichts!

T: »Was hat Sie an der Arbeit gehindert?«

K: »Es ist mir irgendwie zuviel im Kopf herumgegangen. Ich wußte nicht, wo anfangen. Ich will es ja richtig machen – sonst nützt es ja nichts!«

T: »Haben Sie es versucht?«

K: »Ja, ich habe mir ein paar Mal gedacht, daß ich mich jetzt hinsetzen könnte und die RSA machen könnte.«

T: »Haben Sie sich hingesetzt?«

K: »Nein ...« (Pause)

T: »Wie fühlen Sie sich jetzt?«

K: »Noch schlechter als vorige Woche.«

T: »Das wundert mich nicht. Sehen Sie, ich glaube, daß Sie sich selbst abgehalten haben, die vereinbarte 'Hausaufgabe' zu machen. Und ich glaube, daß das etwas mit Ihrem Problem zu tun hat ...«

K: »... die Idee ist mir auch schon gekommen ...«

T: »... und deshalb mache ich Ihnen folgenden Vorschlag: machen Sie bis zur nächsten Sitzung eine RSA über das Problem, daß Sie *keine RSA* gemacht haben. Schreiben Sie auf, was Ihnen in dem Augenblick durch den Kopf geht, wo Sie sich zur Arbeit hinsetzen wollen. Erscheint Ihnen das möglich?«

K: »Ja, das kann ich tun, okay.«

Nächste Woche brachte Karl dann tatsächlich folgende RSA mit. Ich gebe Ihnen zunächst wieder den A-B-C-E-Teil vor und bitte Sie, die Stationen DA und D selbständig zu bearbeiten, *als ob* Sie Karl wären. Lesen Sie bitte erst weiter, nachdem Sie das getan haben!

A. *Die Situation, das Ereignis – objektive Tatsachen*	DA. *Ihr selbständig erarbeiteter Disput von A*
A-1: »Ich will eine RSA machen.«	
B. *Mein inneres Selbstgespräch – meine Gedanken über A*	D. *Ihr selbständig erarbeiteter Disput von Karls B. Stellen Sie Karls Ansichten in Frage und formulieren Sie rationale Alternativen!*

B-1:	»Das schaffe ich ja doch nicht!«	D-1:	
B-2:	»Mir geht zuviel durch den Kopf.«	D-2:	
B-3:	»Es hat keinen Zweck, eine halbe RSA zu machen.«	D-3:	
B-4:	»Es ist zu schwer, mein Problem ist zu kompliziert.«	D-4:	
B-5:	»Ich muß es richtig anpacken, das bin ich mir schuldig.«	D-5:	
B-6:	»Ich muß das Problem gründlich angehen und darf nichts vergessen.«	D-6:	
B-7:	»Ob mir das überhaupt hilft bei meinem Problem?«	D-7:	
B-8:	»Ich kann doch meinem Therapeuten nicht einfach so ein 'Geschreibsel' mitbringen.«	D-8:	
C.	Mache die RSA nicht. Fühle mich minderwertig, gestreßt und niedergeschlagen.	E.	Mache die RSA. Fühle mich besorgt, aber nicht depressiv.

Karls Disput von A

DA-1: »Objektive Tatsachen«

Mein Kommentar:

Da das (aktivierende) Ereignis (A) in diesem Fall nicht so komplex ist wie im Fall Christines, beschreibt Karls einziger A-Satz die Situation richtig.

Karls Disput von B

B-1: »Das schaffe ich ja doch nicht!«
D-1: »Dieser Gedanke hilft mir nicht im geringsten, eine RSA zu machen.«

Mein Kommentar:
Gedanken wie 'Das schaffe ich nicht' oder 'Das ist zu schwer für mich' sind häufig weniger Realitätsbeschreibungen, als vielmehr Situationseinschätzungen, die den Ausgangspunkt von *Selbstblockaden* darstellen.
Wo ist der Beweis, daß Karl »das nicht schafft«? Es gibt keinen!
Was meint Karl mit 'das'?
Die Antwort kann man den Gedanken B-3, B-5, B-6 und B-8 entnehmen:
Es darf keine 'halbe RSA' sein; die RSA muß richtig und gründlich ausfallen; Karl darf nichts vergessen und keinesfalls eine 'Geschreibsel'-RSA fertigstellen.
Karl meint also, eine in jeder Hinsicht *perfekte* Leistung erbringen zu müssen. Er hängt offensichtlich der irrationalen Idee Nr. 2 nach, daß er sich nämlich nur dann als wertvollen Menschen ansehen kann, wenn er perfekte Leistungen erbringt.

B-2: »Mir geht zuviel durch den Kopf.«
D-2: »Das gehört eigentlich zu A! Es stellt eine Situation dar, nämlich daß ich eine RSA machen will, obwohl mir zuviel durch den Kopf geht. Das ist eine Tatsache.«

Mein Kommentar:
Zum Teil gebe ich Karl recht. Er sieht den Unterschied zwischen A- und B-Station bereits recht gut. Tatsächlich könnte man die aktivierende Situation so beschreiben:

A. »Ich will eine RSA machen, während mir viel durch den Kopf geht.«
Es wäre aber dann nötig, daß sich Karl fragt, was er *über diese Situation denkt!*
Aber wir wollen noch einmal genauer hinsehen, was Karl geschrieben hat. Ist Ihnen aufgefallen, daß ich Karls Wörtchen 'zuviel' durch das Wörtchen 'viel' ersetzt habe?

In dem Wörtchen 'zuviel' liegt nämlich offensichtlich eine *Bewertung* der Situation, weshalb ich den B-2-Gedanken Karls durchaus als in der B-Station disputierfähig ansehe.

Welche Bewertung?
Wahrscheinlich lautet der *vollständige* Gedanke Karls etwa so:
»Mir geht zuviel durch den Kopf, sodaß ich *keine perfekte* Leistung erbringen kann, die ich aber erbringen *muß*, wenn ich weiterhin vor mir selbst Achtung empfinden will.«

Sie sehen:
Auch Karls Gedanken sind weitgehend unvollendete Gedanken bzw. nicht zu Papier gebrachte Gedanken.
Wie können Sie sicherstellen, daß Sie nicht mit unvollendeten Gedanken arbeiten?
Wie ich Ihnen bereits sagte, besteht der sicherste Weg darin, sich jeweils etwa zu fragen:

»Was hat das zur Folge?«
»Was bedeutet das für mich?«
»Was bedeutet es für mich, wenn es so wäre?« etc.

Nach einiger Übung in der rationalen Selbstanalyse werden Sie feststellen, daß Sie diese Methode, Ihre Gedanken bis zum evaluativen (bewertenden) Kern zu verfolgen, bereits beim Aufschreiben Ihrer B-Aussagen anwenden werden, sodaß Sie nicht mehr so viele unvollendete Gedanken zu Papier bringen wie zu Beginn Ihrer rationalen Praxis.

B-3: »Es hat keinen Zweck, eine halbe RSA zu machen.«
D-3: »Warum hat es keinen Zweck? Ich kann ja mit einer 'halben RSA' *anfangen.* Mein Therapeut wird mir schon weiterhelfen und ich werde mit der Zeit durch Übung besser werden!«

Mein Kommentar:
Hier beginnt Karl, sich mit der *Möglichkeit* von nicht perfekten Leistungen auseinanderzusetzen.

Er erkennt richtig, daß Leistungen *verbessert* werden können und deshalb keine Notwendigkeit besteht, sofort Bestleistungen zu erbringen. Aber Karl setzt sich noch nicht damit auseinander, ob *überhaupt* eine *Notwendigkeit* zu perfekten Leistungen besteht.

B-4: »Es ist zu schwer, mein Problem ist zu kompliziert.«

D-4: »Ich gehe besser davon aus, mein Problem als kompliziert, aber nicht als *zu* kompliziert anzusehen. Es gibt keine Notwendigkeit, mein Problem von heute auf morgen zu lösen. Ich kann mir Zeit lassen und Schritt für Schritt vorgehen.«

Mein Kommentar:
Ich stimme dem zu.

B-5: »Ich muß es richtig anpacken, das bin ich mir schuldig.«

D-5: »Hier muß-turbiere ich. Natürlich *muß* ich das Problem nicht richtig anpacken, wenngleich es höchst wünschenswert wäre. Solange ich davon ausgehe, daß ich mein Problem richtig anpacken *muß*, habe ich Angst, etwas falsch zu machen. Es ist besser, zu sagen, daß ich mich bemühen will, mein Problem zu lösen – und dann anzufangen!«

Mein Kommentar:
Hier erkennt Karl den Zusammenhang, der zwischen seinem 'mußturbatorischen Perfektionismus' und der logisch darauf folgenden emotionalen Konsequenz (Angst, etwas falsch zu machen) besteht.

B-6: »Ich muß das Problem gründlich angehen und darf nichts vergessen.«

D-6: »Dasselbe in grün!«

Mein Kommentar:
Richtig. Karl denkt seinen Perfektionismus in vielen Varianten.

B-7: »Ob mir das überhaupt hilft bei meinem Problem?«

D-7: »Ich habe wirklich Zweifel, ob mir diese rationale Methode weiter hilft. Den Gedanken kann ich nicht anzweifeln.«

Mein Kommentar:
Wenn Karl meint, diesen Gedanken nicht disputieren zu können, so scheint er ihn als rationalen Gedanken anzusehen.
Wie steht es damit?

Bleibt man streng am Wortlaut, so ist die Frage tatsächlich rational. Niemand kann wissen, ob Karl mit der rationalen Selbsthilfe oder der RET geholfen werden wird.

Aber offensichtlich handelt es sich bei Karls Gedanken wieder um eine rhetorische Frage. Wenn Karl nachfragt:

»Was bedeutet es für mich, wenn mir die rationale Methode nicht weiterhilft?«, kommt er zu weiteren, diesmal evaluativen Aussagen. Es liegt nahe, bei Karl folgende weitere Gedankengänge anzunehmen:

»Ich *muß* mit der Methode Erfolg haben, sonst ist alles aus. Ich *ertrage es nicht,* mit meinen Schwierigkeiten weiterzuleben«, etc.

Dies allerdings sind irrationale Ansichten, die häufig anzutreffen sind, wenn jemand über die Erfolgsaussichten seiner Therapie nachdenkt.

Sie führen leider häufig dazu, daß die betreffenden Menschen über das 'Versuchsstadium' nicht hinauskommen und resigniert aufhören, an sich zu arbeiten.

Die rationale Alternative zu diesen destruktiven Ansichten kann man mit der Frage gewinnen:

Was *verschlechtert* sich, wenn ich die Methode ausprobiere? Was verliere ich?«

Die Antwort lautet:

»Ich verliere nichts oder nur ein wenig Zeit; sollte ich so nicht weiterkommen, so kann ich immer noch andere Methoden der Problemlösung suchen und anwenden.«

B-8: »Ich kann doch meinem Therapeuten nicht einfach so ein 'Geschreibsel' mitbringen.

D-8: »Bei meinem Therapeuten darf ich Fehler machen. Er ist dazu da, mir zu helfen, dafür bezahle ich ihn!«

Mein Kommentar:

Es ist im Gegenteil höchst einfach, seinem Therapeuten 'Geschreibsel' mitzubringen. Karls Disput ist weiter nichts hinzuzufügen.

Nachdem ich mit Karl diese seine erste RSA besprochen hatte, fragte ich ihn, ob er einen Zusammenhang zwischen seinen Problemen, derentwegen er mich aufgesucht hatte, und seinem Problem bei der Anfertigung der 'Hausaufgabe' sehe.

Karl bejahte diesen Zusammenhang und meinte weiter, daß er jetzt wohl vor allem an den irrationalen Ideen Nr. 1 und 2 arbeiten müsse, wenn er seine Schwierigkeiten beheben wolle.

Dies gelang ihm in den folgenden Wochen der Therapie und den Monaten nach seiner Therapie recht gut. Er bekämpfte seine irrationalen Ansichten durch hartnäckiges Erforschen und Anzweifeln mittels rationaler Selbstanalysen, praktizierte täglich die rationalen Vorstellungsübungen (siehe nächstes Kapitel) und erarbeitete sein Programm von praktischen Übungen (siehe Kapitel 4), die er erfolgreich durchführte.

Antwort zur Übung 'Christines irrationale Ideen'

Folgende irrationale Ideen dürften vor allem in Christines B-Sätzen enthalten sein:
Irrationale Idee Nr. 1: B-4, B-5, B-6, B-11, B-12
Irrationale Idee Nr. 2: B-4, B-5, B-8, B-11
Irrationale Idee Nr. 4: B-4, B-6, B-9, B-10
Irrationale Idee Nr. 5: B-1, B-7, B-9
Irrationale Idee Nr. 7: B-7, B-9, B-10
Irrationale Idee Nr. 9: B-1, B-2, B-3, B-7

Kontrolle

In der DA-Station korrigieren Sie Ihre ____________ Wahrnehmungen. (108)
Die Verwendung von Worten wie: immer, nie, auf keinen Fall etc. kann eine Tendenz zur ______ anzeigen. (108)
Eine sich selbst erfüllende Prophezeiung schafft erst die Folgen, die vorausgesagt werden. richtig/falsch (109)
Die Verwendung des Wörtchens »eigentlich« bedeutet häufig, daß man noch nicht ______, was man sagt. (110)
Manche Menschen sagen »müssen«, wenn sie sich in Wirklichkeit für oder gegen etwas ______, weil sie nicht gewillt sind, die ______ der ______ zu tragen. (110)
Die Menschen können gegen die Einflüsse der Vergangenheit ankämpfen, wenn sie die ______ Ursachen ihrer emotionalen Probleme erkennen. (112)
Rhetorische Fragen sind ______ Gedanken. (115)
Unvollendeten Gedanken fehlen häufig die ______ Gedankenteile. (114)

Viele negative Verhaltensweisen machen aus mir einen negativen Menschen. richtig/falsch (116)
Es ist besser, seine Handlungen zu bewerten als ______. (116)
Hassen bedeutet: 1. etwas nicht mögen und
2. ____________ (117)
Viele irrationale Gedanken bauen auf ______ Gedanken auf. (118)
Gedanken wie »Das kann ich nicht«, »Das schaffe ich nicht« etc., sind häufig der Ausgangspunkt von ______. (122)

3. Ihr zweiter Schritt: Die rationale Vorstellungsübung

Bei der Bewältigung Ihres psychischen Problemes haben Sie nun den ersten Schritt rationaler Selbsthilfe getan. Sie haben gelernt, wie Sie Ihr Problem einer rationalen Selbstanalyse unterziehen und die dazu nötigen Schritte geübt.

Nunmehr rate ich Ihnen: suchen Sie sich, bevor Sie weiterlesen, ein eigenes emotionales Problem. Beginnen Sie aber nicht gleich mit dem Problem, das Sie im Moment am stärksten belastet. Nehmen Sie sich vielmehr zunächst ein einfacheres, abgrenzbares Problem vor. Unterziehen Sie Ihr Problem einer rationalen Selbstanalyse.

Wenn Sie dies bewerkstelligt haben, so haben Sie *intellektuelle Einsicht* in Ihr Problem gewonnen. Danach können Sie jeweils nach Erarbeitung der nächsten Schritte rationaler Selbsthilfe parallel hierzu an Ihrem eigenen Problem weiterarbeiten. Sie erlangen dann *emotionale Einsicht!*

Was bedeutet emotionale Einsicht?

Nun, sofern Sie Autofahrer sind, werden Sie sich unschwer an die Zeit zurückerinnern können, wo Sie gelernt haben, Auto zu fahren. Wie ging das damals vor sich? Zunächst dürften Sie einmal darüber aufgeklärt worden sein, wie man den Motor anstellt, wie durch langsames Gasgeben bei gleichzeitigem Loslassen der Kupplung das Fahrzeug in Bewegung gesetzt wird, wie man bremst, Lichtzeichen gibt etc. Sie lernten nach und nach, welche praktischen Regeln Sie im Verkehr einzuhalten hatten und dergleichen mehr. Spätestens mit Abschluß Ihrer Fahrprüfung hatten Sie 'intellektuelle Einsicht' in das Problem

'Autofahren' gewonnen. Das heißt: Sie wußten, wie man es macht und niemand konnte Ihnen mehr ein X für ein U vormachen. Dennoch: konnten Sie wirklich Autofahren? Mußten Sie sich nicht damals vor einem Schaltvorgang oftmals sagen: »Halt! Jetzt ist es Zeit zum Schalten in den nächsthöheren Gang.« Vergaßen Sie nicht oft, den Blinker zu betätigen, weil Sie gleichzeitig bremsen mußten? Sie fuhren holprig und eckig und handelten sich wiederholt mißbilligende Bemerkungen oder mitleidiges Lächeln Ihrer Beifahrer ein. Wenn Sie sich dagegen heute an das Steuer Ihres Wagens setzen, so fahren Sie 'automatisch'. Sie schalten und bremsen 'mit Gefühl' und können sich nebenbei noch mit Ihrem Beifahrer unterhalten oder dem Autoradio zuhören. Ihr 'Know how' hat sich gegenüber Ihrer anfänglichen Fahrpraxis aber nicht wesentlich (zumindest was die grundlegenden Schritte betrifft) gesteigert. Was Ihre heutige Fahrpraxis von der früheren unterscheidet, ist die durch *Übung* erreichte 'emotionale Einsicht' in das Problem Autofahren.

Genau dies ist der Weg, den Sie bei der Bewältigung Ihrer emotionalen Probleme zu gehen haben. Solange Sie nur intellektuelle Einsicht in die Anatomie Ihrer emotionalen Probleme gewonnen haben, wissen Sie zwar, welche irrationalen Gedanken Ihren gegenwärtigen emotionalen Zustand und Ihre gegenwärtigen Verhaltensweisen verursachen und Sie kennen die rationalen Alternativen, aber Sie fühlen sich immer noch so wie zuvor. Sie denken (und handeln) bereits rationaler, Ihre Gefühle aber haben sich noch nicht geändert. Sie haben noch keine emotionale Einsicht erlangt. Die nervenphysiologische Grundlage für den veränderten, 'automatischen' Charakter eingeübter Fahrpraxis wie eingeübten rationalen Denkens und Handelns besteht in 'Bahnungseffekten' in den Nervenbahnen des Gehirns. Nur durch Übung und Praxis erfolgt diese *Umprogrammierung* von irrationalen in rationale Denkhaltungen. Aus unserem Beispiel können Sie erkennen, daß Sie in den meisten Fällen mindestens ebensoviel Zeit und Übung für die Lösung Ihrer emotionalen Probleme ansetzen müssen wie für das Lernen des Autofahrens. Eher noch mehr: denn Ihre Aufgabe besteht ja nicht nur darin, das 'Autofahren' zu lernen, sondern sie müssen *umlernen.* Das heißt – um im Bild zu bleiben: bisher fuhren Sie (vielleicht schon Jahre lang) *falsch* Auto und zwar ganz automatisch. Jetzt wollen Sie Ihr automatisches 'Falschfahren' in automatisches 'Richtigfahren' verändern.

Was haben Sie nun zu tun, um Ihre 'irrationale Fahrpraxis' in eine rationale umzuprogrammieren?

Die Antwort lautet grundsätzlich: wenn Sie dies erreichen wollen, so müssen Sie damit beginnen, gemäß Ihren rationalen Einsichten zu *handeln.*

Nehmen Sie an: Ihr Problem besteht darin, daß Sie große Angst vor öffentlichem Sprechen haben. Ihre rationale Selbstanalyse ergab, daß Sie diese Angst durch irrationale Gedanken wie »Es wäre schrecklich, wenn mich die Leute belächeln«, »Ablehnung halte ich nicht aus«, »Ich muß immer perfekt sein oder zumindest so wirken« etc. erzeugen. Ihre intellektuelle Einsicht besteht inzwischen darin, daß Sie sich sagen:

»Es ist nicht schrecklich, sondern höchstens unerwünscht, wenn andere über mich lächeln. Ich bin nicht auf die Achtung anderer Leute angewiesen, ich kann mich selbst akzeptieren. Fehler sind unvermeidlich, aber sie beweisen nur, daß ich ein fehlerhafter Mensch bin wie alle Menschen.«

Emotionale Einsicht erhalten Sie nun, indem Sie beginnen, jede Gelegenheit zu nutzen, um vor einer Gruppe von Menschen zu reden. Wenn Sie also täglich ein oder zwei Mal auf diese Weise Ihre rationalen Einsichten in die Tat umsetzen, werden Sie auf dem schnellsten Wege auch emotionale Einsicht erlangen, also Ihre große Angst vor öffentlichem Reden verlieren.

Besteht demnach der einzige Weg, um emotionale Einsicht zu gewinnen, darin, rational zu handeln?

Nein, es gibt noch einen zweiten Weg!

Ausgehend von der Erkenntnis, daß Nervenbahnungen nicht nur durch tatsächliche Praxis, sondern auch durch *vorgestellte* Praxis geschaffen werden, wird in der rational-emotiven Psychotherapie als Ergänzung oder auch hauptsächlich die Methode der rationalen Vorstellungsübung angewendet.

In die Praxis der rationalen Vorstellungsübung möchte ich Sie nunmehr einweisen. Im nächsten Kapitel gebe ich Ihnen dann Anregungen für in vivo-Übungen.

Der Vorteil der rationalen Vorstellungsübung besteht darin, daß Sie sich in rationaler Praxis üben können, auch wenn Sie für wirklich durchgeführte Handlungen keine Gelegenheit oder nicht genügend Gelegenheit haben. Dies ist häufig der Fall. Wenn Sie zum Beispiel unter Prüfungsangst oder Angst vor dem Fliegen leiden, so können Sie schwerlich Ihre rationalen Einsichten durch reale Handlungen ergänzen; Sie können kaum täglich eine Prüfung absolvieren oder Ihr gesamtes Monatseinkommen für Flüge mit dem Jet ausgeben.

Auch die zeitliche Belastung fällt bei der rationalen Vorstellungsübung gering aus. Es genügt in den meisten Fällen, wenn Sie täglich ein bis zwei Mal ca. 10 bis 15 Minuten aufwenden. Die Praxis der rationalen Vorstellungsübung erfordert zwei vorbereitende Schritte. Der erste Schritt besteht in einer Erarbeitung Ihres Problems durch eine RSA. Im nächsten Schritt machen Sie sich mit einer Entspannungstechnik vertraut. Solche Entspannungstechniken sind zum Beispiel das Autogene Training oder das Muskelentspannungsverfahren nach Jacobsen. Das Autogene Training können Sie heute bereits in vielen Orten der Bundesrepublik erlernen. Informieren Sie sich, ob Ihre örtliche Volkshochschule einen Kurs in Autogenem Training anbietet. Auch das Muskelentspannungsverfahren nach Jacobsen wird in Kursen an Volkshochschulen angeboten; es gibt auch eine Reihe von Taschenbüchern, die Ihnen eine genaue Anleitung zum Erlernen dieser Entspannungsmethoden anbieten. Dennoch brauchen Sie keine dieser beiden Methoden nun erst erlernen, um die rationale Vorstellungsübung durchführen zu können. Wenn Sie aber bereits eine dieser beiden Entspannungsmethoden beherrschen, dann können Sie diese für unsere Zwecke benutzen. Verändern Sie aber bitte die Durchführung, indem Sie folgende *Kurzformen* einüben:

Kurzform des Autogenen Trainings für die Anwendung bei der rationalen Vorstellungsübung:

»Ich bin ganz ruhig ...«
»Die Hände sind ganz entspannt und locker ...«
»Die Arme sind ganz entspannt und locker ...«
»Die Schultern sind ganz entspannt und locker ...«
»Ich bin ganz ruhig. Die Atmung geht tief und gleichmäßig ...«
»Das Herz schlägt gleichmäßig und regelmäßig ...«
»Der Hals ist ganz entspannt und locker ...«
»Der Nacken ist ganz entspannt und locker ...«
»Die Augenbrauen sind ganz entspannt und locker ...«
»Der Mund ist ganz entspannt und locker ...«

»Ich bin ganz ruhig. Die Atmung geht tief und regelmäßig. Das Herz schlägt gleichmäßig und regelmäßig ...«
»Die Zehen sind ganz entspannt und locker ...«
»Die Unterschenkel sind ganz entspannt und locker ...«
»Die Oberschenkel sind ganz entspannt und locker ...«
»Der Po ist ganz entspannt und locker ...«
»Der Bauch ist ganz entspannt und locker ...«
»Ich bin ganz ruhig. Die Atmung geht tief und regelmäßig. Das Herz schlägt gleichmäßig und regelmäßig ...«

Wenn Sie das Muskelentspannungstraining nach Jacobsen beherrschen, so wenden Sie bitte auch hier die Kurzentspannung an, die Sie wie folgt aufbauen können:

Kurzentspannungsmethode nach Jacobsen:
- Mit hinter dem Kopf verschränkten Händen die Ellbogen nach hinten drücken.
- Zähne und Lippen aufeinanderpressen.
- Beine vorstrecken und Fußspitzen nach unten drücken.
- Einatmen, Luft anhalten und die Bauchmuskeln dabei anspannen.
- Ausatmen und fallen lassen. Alle Glieder lockern.

Wenn Sie bisher in keiner dieser Entspannungsmethoden Kenntnis erworben hatten, so wenden Sie bitte folgende wirksame Technik an:

Kurzentspannungstechnik für die rationale Vorstellungsübung
1. Legen oder setzen Sie sich hin. Sorgen Sie dafür, daß Sie nicht gestört werden, schalten Sie das Radio ab, nehmen Sie den Hörer vom Telefon ab.
2. Atmen Sie tief und langsam ein.
3. Jetzt atmen Sie schnell aus und denken dabei »Ruhig« oder »Entspannt«.

4. Nachdem Sie ausgeatmet haben, verbleiben Sie etwa zehn Sekunden in diesem Zustand (atmen Sie also nicht sofort wieder ein!) Zählen Sie: Tausendeins, tausendzwei, tausenddrei ...
5. Wiederholen Sie die Punkte 2 bis 4 ca. drei Minuten lang oder solange bis Sie sich entspannt und ruhig fühlen.

Haben Sie sich mit einer der drei erwähnten Entspannungsmethoden in einen Zustand der entspannten Ruhe gebracht, können Sie mit der eigentlichen Vorstellungsübung beginnen.

Stellen Sie sich dazu die Situation oder das Ereignis (Punkt A aus Ihrer rationalen Selbstanalyse), welches den Ausgangspunkt für Ihre irrationale Einschätzung bildet, möglichst *lebhaft und anschaulich* vor. Bauen Sie die Korrekturen aus der DA-Station ein. Am besten: Sie lassen die Situation gemäß dem Kamera-check wie über eine Tonfilmkamera vor Ihrem geistigen Auge ablaufen.

Alles an der Situation oder dem Ereignis bleibt dabei unverändert *bis auf Sie selbst.* Stellen Sie sich Ihre Person nur so vor, wie sie *nur noch die rationalen Alternativen* aus der D-Station benutzt. Bringen Sie sich dabei in den Gefühlszustand, den Sie in der E-Station als Ziel formuliert haben. Handeln Sie nun auch in der Vorstellung so, wie Sie es evtl. in der E-Station beschrieben haben. Aber bedenken Sie: Verändern Sie in Ihren Gedanken auf keinen Fall *die äußeren Umstände der Situation bzw. des Ereignisses.*

Spielen Sie diese Vorstellung mehrmals durch, mindestens zehn Minuten lang.

Beispiel:

Lassen Sie uns als Ausgangspunkt (zum Punkt A) eine Situation nehmen, in der Sie eine Ihnen übertragene Aufgabe fehlerhaft ausgeführt hatten und dafür von Ihrem Partner oder Chef heftig kritisiert worden waren. Am Punkt C hatten Sie sich 'minderwertig' und depressiv gefühlt. In Ihrer RSA hatten Sie herausgearbeitet:

B. »Immer mache ich alles falsch!«
»Ich halte es nicht aus, wenn ich so kritisiert werde.«

D. »Ich mache manchmal Fehler!«
»Kritisiert zu werden ist unangenehm, aber auszuhalten.«

»Daß mir das passiert ist, ist wirklich eine Katastrophe.«
»Ich tauge eben zu nichts.«

»Es ist unangenehm, daß ich diesen Fehler gemacht habe.«
»Ich habe gute und schlechte Eigenschaften. Wenn ich Fehler begehe, bin ich deswegen nicht wertlos.«

Als Ziel (am Punkt E) hatten Sie formuliert:
»Ich möchte anstatt depressiv, nur noch enttäuscht reagieren.«

Nunmehr begeben Sie sich in Ihrer Vorstellung wieder in die Situation oder denken sich die Situation in der Zukunft:

Lassen Sie erneut Ihren Partner oder Ihren Chef in gleicher Form mit den gleichen Worten heftige Kritik üben. *Aber* stellen Sie sich *nun* vor, wie Sie in dieser Situation *nur noch* die neuen rationalen Sätze zu sich sagen. Versuchen Sie dabei, das Gefühl der Enttäuschung herzustellen. Gehen Sie dann evtl. in der Vorstellung ein Stück weiter: wie Sie Ihrem Partner oder Chef gegenüber den Fehler zugeben und dabei betonen, daß es Ihnen zwar unangenehm sei, den Fehler gemacht zu haben, Sie aber wie jeder Mensch gegen Fehler nicht gefeit seien etc.

Das Durchspielen der 'schlimmsten' Situation

Von der Regel, die Situation oder das Ereignis am Punkt A in der Vorstellung möglichst unverändert gegenüber der Realsituation zu lassen, gibt es eine Ausnahme.

Sie können – wenn Sie das wollen – Ihre Situation in der Vorstellung auch so gestalten, daß sie besonders unangenehm wird. Wenn Sie zum Beispiel unter Prüfungsangst leiden, so bauen Sie in Ihre RSA den Fall ein, daß Sie durch die Prüfung gefallen sind.

Erarbeiten Sie die rationalen Alternativen zu Ihren möglichen katastrophisierenden Gedanken über diese Möglichkeit.

Nehmen Sie dann für Ihre Vorstellungsübung diesen 'schlimmsten' Fall und spielen Sie ihn rational durch. Aber achten Sie darauf:

Tun Sie dies auf keinen Fall spontan! Stellen Sie sicher, daß Sie zuvor Ihre irrationalen Annahmen über das 'schlimmste' Ereignis wirksam angezweifelt und durch rationale Alternativen ersetzt haben.

Wie lange sollten Sie Ihre rationale Vorstellungsübung praktizieren?

Wenn Sie täglich ein- bis zweimal üben, so empfiehlt es sich, die Übungen etwa einen Monat lang durchzuführen. Zumindest aber eine Woche länger als bis zu dem Zeitpunkt, wo Sie eine merkliche Verbesserung Ihrer emotionalen Reaktionen im Alltag verspüren. Schneller zum Ziel gelangen Sie natürlich, wenn Sie pro Tag mehr Vorstellungsübungen absolvieren. Wenn Sie also nicht durch einen achtstündigen Arbeitstag in Ihrer Zeit allzusehr beschränkt sind, so versuchen Sie unbedingt, die Übungen vier oder fünf mal täglich durchzuführen.

Es kommt vor, daß Klienten bei der Durchführung der rationalen Vorstellungsübung aufgeregter werden als zuvor. Worauf ist dies zurückzuführen und was ist zu tun?

Zunächst sollten Sie unbedingt die Übung abbrechen und erneut die Kurzentspannung einsetzen. Wenn Sie aber auch beim zweiten Versuch eher eine Steigerung Ihrer Spannung verspüren, so rate ich Ihnen, sich nochmals mit Ihrer RSA zu befassen. Sehen Sie diese, insbesondere die D-Station, daraufhin durch, ob Sie wirklich rationale Alternativen entwickelt haben. Sprechen Sie Ihre D-Station evtl. mit einem Bekannten durch. Fragen Sie sich, ob Sie die von Ihnen entwikkelten rationalen Alternativen intellektuell auch wirklich glauben. Nur wenn Sie mit rationalen Gedanken arbeiten, kann Ihre Vorstellungsübung Erfolg haben.

Bedenken Sie in diesem Zusammenhang auch noch einmal, daß nicht jedes unerwünschte Gefühl auf irrationale Ideen zurückgeht.

So hatte sich eine Klientin in meiner psychotherapeutischen Praxis einmal zum Ziel gesetzt, ihre Angst vor dem Schilaufen durch die rationale Vorstellungsübung zu überwinden. Als 'irrationale' Annahmen hatte sie in ihrer RSA identifiziert: »Es könnte mir genauso ergehen wie einem Bekannten letztes Jahr. Er wurde von einem Schifahrer angefahren und schwer verletzt. Schifahren ist sehr gefährlich. Sollte ich verletzt werden, so würde ich das bevorstehende Staatsexamen wahrscheinlich nicht absolvieren können. Das ganze Schifahren ist mir ein zu großes Risiko.«

Mit ihrem Ehemann, der ein begeisterter und routinierter Schiläufer war und verständlicherweise seine Frau unbedingt ebenfalls von den Vorzügen des Schilaufens überzeugen wollte, hatte sie über ihre 'irrationalen Annahmen' diskutiert. Sie war in ihrer D-Station zu folgendem Ergebnis gekommen:

»Es *muß* mir nicht so ergehen wie meinem Bekannten letztes Jahr, der sich beim Schilaufen schwer verletzt hatte. Schifahren ist nicht gefährlicher als Autofahren. Die Wahrscheinlichkeit, daß ich mich verletze und deswegen mein Examen nicht machen kann, ist nicht so groß. Das Leben besteht schließlich aus Risiko.« Mit diesen 'rationalen Gedanken' begann sie ihre Vorstellungsübung – aber ihre Angst überwand sie nicht.

Ich ließ mir die Aufzeichnungen der Klientin mitbringen und fragte sie zunächst:

»Wann haben Sie diese Angst vor dem Schilaufen? Wie oft leiden Sie darunter? Täglich, stündlich?«

»Gottseidank nein«, lachte die Klientin, »die Angst verspüre ich nur, wenn ich mit meinem Mann über den bevorstehenden Winterurlaub spreche. Letztes Jahr war es so, daß mir mein Mann – der ja wirklich gut schilaufen kann – das Fahren beibringen wollte. Wir fuhren gleich von den höchsten Bergen los, weil mein Mann meinte, es sei das beste, gleich richtig loszulegen und er wolle mir schon zeigen, wie ich am besten herunterkomme. Aber das war wirklich kein Spaß für mich – ich hatte soviel Angst.«

»Und nun wollen Sie diesmal ohne Angst Schifahren?«

»Tja, mit dieser Angst macht es mir eben keinen Spaß ...«

»Das kann ich verstehen. Warum *muß* es Ihnen Spaß machen?«

(Pause) »Na ja, Spaß machen *muß* es mir natürlich nicht. Ich *hätte gern* Spaß dabei. Aber mit Angst macht Schifahren keinen Spaß. *Sie* haben mir doch gesagt, daß solche Ängste auf irrationale Gedanken zurückgehen. Wenn ich also rational über das Schifahren denke, dann hätte ich vielleicht Spaß daran.«

»Vielleicht. Aber ich kann nicht sehen, inwiefern Sie irrational über das Schifahren denken. Nehmen Sie z. B. Ihre D-Station:

Sie stellen richtigerweise fest, daß es keinen Beweis dafür gibt, daß Sie sich eine Verletzung zuziehen werden, so wie es Ihrem Bekannten letztes Jahr erging. Aber wo in Ihrer B-Station haben Sie das Gegenteil behauptet? Sie weisen doch auch hier nur darauf hin, daß es Ihnen so ergehen *könnte*. Und unzweifelhaft besteht diese Möglichkeit. Mir scheint auch, daß Ihre Feststellung, Schifahren sei gefährlich, sehr rational ist. Die Krankenhäuser sind während des Winters in den

Alpen meines Wissens nach recht gut belegt mit Patienten, die sich Beine gebrochen haben etc. Sie haben recht, wenn Sie sagen, das Leben sei ein Risiko, aber bedeutet das, daß Sie *jedes Risiko* auf sich nehmen *müssen?* Wo ist der Beweis *dafür?* Mir scheint, Sie sind nicht bereit, die möglichen Konsequenzen eines Schiunfalles bezüglich Ihres Examens als geringerwertig anzusehen als den Spaß, den Ihnen Schilaufen vermitteln könnte. Wägen Sie hier nicht ganz nüchtern ab?«

»Nun ja, aber das würde ja bedeuten, daß ich zurecht keine Lust habe, Schi zu laufen. Meine Angst wäre ganz rational. Ist mein Mann denn hier irrational?«

»Nicht unbedingt. Sein Risiko scheint geringer zu sein, er kann gut laufen, das verringert das Verletzungsrisiko.

Er hat kein Examen vor sich. Vielleicht kommt er bei einer Abwägung der Vor- und Nachteile zu einem anderen Ergebnis als Sie.«

»Ja, das leuchtet mir ein. Wenn ich jetzt daran denke, daß ich *mit gutem Recht* überhaupt nicht Schilaufen werde, fühle ich mich direkt *erleichtert.* Ich würde eigentlich viel lieber z. B. meine Schlittschuhe mitnehmen und eislaufen oder spazierengehen. Aber wie soll ich das meinem Mann beibringen?«

»Gut, lassen Sie uns darüber reden ...«

Meine eingangs des Gespräches mit der Klientin gestellte Frage nach dem Ausmaß ihrer Angst diente mir dazu, meine Hypothese zu bestätigen, daß die Klientin wirklich kaum irrationale Annahmen über das Schifahren hegte, wie mir ihre RSA nahelegte. Hätte die Klientin geantwortet, daß sie täglich und bei vielen Gelegenheiten über das Schifahren grübele und Angstanfälle zu überwinden habe, so hätte ich tatsächlich auf die Beteiligung von irrationalen Gedanken getippt.

In dem Fall der Klientin lagen eher andere irrationale Gedanken vor, etwa der Art: »Ich *muß* Spaß haben am Schifahren. Ich *darf* das Risiko *nicht* scheuen, sonst ist mein Mann enttäuscht. Ich *muß* meinem Mann den Gefallen tun, weil er mich so gerne beim Schifahren dabei hätte. Ich *darf* den gemeinsamen Winterurlaub *nicht* durch meine dummen irrationalen Gedanken gefährden. Ich *halte* die Enttäuschung meines Mannes *nicht aus,* die eintritt, wenn ich ihm erkläre, daß ich nicht mit ihm Schifahren werde etc.«

Ein Teil der Angst meiner Klientin war geradezu auf diese irrationalen Ideen zurückzuführen, über die sich die Klientin zunächst nicht sehr im Klaren war. Aber dies war keine Angst vor dem Schilaufen, sondern Angst vor Ablehnung und Zurückweisung durch ihren Mann. Die Erleichterung, die die Klientin verspürte, als sie sich entschloß, ihren wirklichen Bedürfnissen zu folgen und ihre muß-turbatorischen Gedanken über das Schilaufen zu bekämpfen, bestätigten meine Annahme.

Kontrolle

1. Als Anfänger beim Autofahren fuhren Sie holprig und eckig, obwohl Sie wußten, wie man schaltet, bremst, Lichtzeichen gibt etc. Sie hatten zwar bereits _______ _______, aber noch nicht _______ Einsicht erworben. (128)
2. Wenn Sie zwar schon rational denken können, aber noch immer die alten Gefühle verspüren, so fehlt es Ihnen noch an _______ _______ (128)
3. Emotionale Einsicht erlangt man nur durch _______ und Praxis. (128)
4. Es gibt nur einen einzigen Weg, um emotionale Einsicht zu gewinnen. Richtig/Falsch (129)
5. Neben tatsächlicher Praxis kann man auch die Methode der _______ _______ übung benutzen. (129)
6. Die rationale Vorstellungsübung wird mindestens ...mal täglich ca. ... Tage lang geübt. (134)
7. Bei Ihrer lebhaften und anschaulichen Vorstellung der problematischen Situation lassen Sie alle Details der Situation unverändert bis auf _______ _______ (132)
8. Sich selbst stellen Sie sich nur mehr vor, wie Sie die _______ _______ aus der D-Station denken. (132)
9. Ausnahmsweise können Sie den Punkt A in Ihrer Vorstellung auch verändern, indem Sie den _______ Fall durchspielen. (133)
10. Wenn Sie vor einer Prüfung stehen und Ihre Prüfungsangst mit Hilfe der rationalen Vorstellungsübung abbauen wollen, so können Sie den Fall durchspielen, daß Sie die Prüfung nicht bestehen. Sorgen Sie aber unbedingt dafür, daß Sie zuvor die _______ Gedanken über diese Möglichkeit angezweifelt und bekämpft haben. (133)

11. Wenn Sie während einer rationalen Vorstellungsübung aufgeregter oder ängstlicher oder depressiver etc. werden, so liegt das daran, daß Sie nicht mit ______ Gedanken arbeiten. Sehen Sie daraufhin noch einmal Ihre ______ ______ durch! (134)

4. Ein rationales Übungsprogramm

Bisher habe ich Ihnen gezeigt, wie Sie mit Hilfe der rationalen Selbstanalyse die Grundstruktur Ihres emotionalen Problems erkennen können: Ihr erster Schritt zur Bewältigung des Problems bestand darin, Ihre irrationalen Annahmen und Überzeugungen zu disputieren, sie also mit aller Macht in Frage zu stellen, anzuzweifeln und schließlich durch rationale Alternativen zu ersetzen. Damit haben Sie intellektuelle Einsicht in die Anatomie Ihres emotionalen Problemes gewonnen. Mit Hilfe der rationalen Vorstellungsübung erweitern Sie Ihre intellektuelle Einsicht in emotionale Einsicht.

Im folgenden Kapitel stelle ich Ihnen eine Auswahl bewährter praktischer Übungen zur Verfügung. Wenn Sie dieses Übungsprogramm – oder Teile davon, die Sie für sich als wichtig erachten – absolvieren, erreichen Sie:

- eine Vertiefung Ihrer rationalen Einsichten, indem Sie den Beweis für die Irrationalität Ihrer bisherigen Einstellungen unmittelbar *erleben.* So werden Sie zum Beispiel feststellen, daß die von Ihnen erwarteten »Katastrophen« bei der Durchführung der Übungen *nicht eintreten.*
- Kontakt mit neuen, Ihnen bisher entgangenen Aspekten Ihrer irrationalen Einstellungen, die Sie nunmehr ebenfalls aktiv angehen können. Da Ihnen inzwischen die Bedeutung Ihres inneren Selbstgespräches klar geworden ist, führt die dadurch eingetretene *Aufmerksamkeitskonzentration* bei der Durchführung der Übungen zur Entdeckung evtl. bislang unbewußt gebliebener, 'automatischer' Gedankengänge.

Damit Sie eine für Sie sinnvolle Auswahl aus den einzelnen Übungen treffen können, habe ich die Übungen jeweils unter einen bestimmten Aspekt (z. B. irrationaler Philosophien) gestellt. Legen Sie sich, bevor Sie mit dem Programm beginnen, ein Notizbuch zu, in dem Sie die notwendigen Aufzeichnungen eintragen können. Tragen Sie dieses Notizbuch während Ihrer Übungszeit möglichst immer mit sich.

Übungen zur irrationalen Idee Nr. 1

»Ich muß von jedermann – zumindest von jeder Person, die mir etwas bedeutet – nahezu immer geliebt, geschätzt oder anerkannt werden; wenn nicht, ist das furchtbar.«

Übung 1

Hören Sie auf, es anderen immer recht machen zu wollen!

Übertragen Sie das Arbeitsblatt Nr. 1 in Ihr Notizbuch!
Führen Sie eine Woche lang Buch nach diesem Arbeitsblatt.

In die erste Spalte tragen Sie ein, was Sie getan oder gesagt bzw. nicht getan oder gesagt haben. In die zweite Spalte tragen Sie ein, was Sie *anstatt dessen gerne getan oder gesagt hätten.* In der dritten Spalte vermerken Sie, mit *welchen Gedanken* Sie sich davon abgehalten haben, das zu tun oder zu sagen, was Sie gerne getan oder gesagt hätten. Vergleichen Sie hierzu die Beispiele in Arbeitsblatt Nr. 1!

Nachdem Sie eine Woche lang das Arbeitsblatt 1 geführt haben, beginnen Sie damit, Ihre Gedanken aus der dritten Spalte einer RSA zu unterziehen.

Danach nehmen Sie einige Punkte aus Ihrer Zusammenstellung von Arbeitsblatt 1 und suchen in der kommenden Woche aktiv nach Gelegenheiten, sich diesmal so zu verhalten, wie Sie es gerne möchten.

Führen Sie auch diesmal Buch über Ihre Aktivitäten gemäß Arbeitsblatt 2!

Arbeitsblatt 1

Was habe ich getan oder gesagt (bzw. nicht getan oder gesagt)?	Was hätte ich stattdessen gerne getan oder gesagt?	Mit welchen Gedanken habe ich mich davon abgehalten, das zu tun oder zu sagen, was ich gerne getan oder gesagt hätte?
Bin mit meinem Freund in einen Film gegangen, obwohl ich keine Lust dazu hatte.	Wäre lieber in einen anderen Film gegangen.	»Dann hat er keine Lust mehr und ist sauer auf mich. Er hatte die Idee mit dem Kino – dann muß ich schon in den Film gehen, in den er gerne geht.«
Habe gesagt, als mir Karl mein Buch nicht zurückgab: »Macht nichts. Ist nicht schlimm.«	Hätte ihm gerne gesagt: »Du, das finde ich nicht schön von Dir, daß Du Dein Versprechen nicht einhältst. Könntest Du mir das Buch nicht heute noch holen? Ich möchte es wieder haben.«	»Dann hält er mich für kleinlich und einen Pedanten.«
Habe meine Meinung nicht gesagt.	Hätte gerne meine Meinung dazu gesagt.	»Die anderen könnten mich für dumm halten.«

Arbeitsblatt 2

Das habe ich getan oder gesagt bzw. nicht getan oder gesagt.	Mit diesen rationalen Gedanken habe ich erreicht, mich nach meinen Bedürfnissen zu verhalten.
Habe meinen Freund aufgefordert, diesmal das Geschirr zu spülen.	»Wenn er sauer reagiert, ist das sein Problem. Ich muß mich auf keinen Streit einlassen. Eine gespannte Atmosphäre ist zwar nicht schön, aber ich kann sie aushalten.«
Habe Karl gesagt, daß ich das Buch sofort zurückhaben will und ihm in Zukunft nur noch Bücher leihe, wenn er sie wie vereinbart zurückgibt.	»Ich halte mich nicht für kleinlich und einen Pedanten. Ich habe keinen Einfluß darauf, ob er schlecht von mir denkt. Wenn er es tut, dann ist das auch nicht schrecklich. Ich muß nicht von allen – auch von Karl nicht – immer geschätzt werden. Ich kann auch ohne seine Wertschätzung mich selbst akzeptieren.«

Der Problembereich »Selbstsicheres Verhalten«

Je mehr ein Mensch an die irrationale Idee Nr. 1 glaubt, umso stärker leidet er an Ängsten vor Ablehnung und Zurückweisung. Diese Angst vor Zurückweisung und Ablehnung stellt aber einen wesentlichen Faktor dar, aufgrund dessen sich Menschen gehemmt und unsicher verhalten.

Im folgenden habe ich ein kleines Übungsprogramm zum Erwerb selbstsicheren Verhaltens zusammengestellt. (Übungen 2 bis 10)

Lassen Sie uns aber zuvor zum Zwecke des besseren Verständnisses des Begriffs »selbstsicher« die Frage diskutieren: Was ist selbstsicheres Verhalten? Meint es das gleiche wie Selbstbehauptung?
Vergleichen Sie bitte die beiden folgenden Verhaltensweisen:

Verhalten A:

Frau Fleißig hat es eilig. Sie verläßt ihren Arbeitsplatz, weil sie mit ihrem Mann zu einem Theaterbesuch verabredet ist. Da wird sie von einer Arbeitskollegin angesprochen: »Ach, Gerda, gut daß ich dich noch treffe. Kannst du mich nicht schnell nach Hause fahren?« Frau Fleißig: »Tja, weißt du, eigentlich, na ja, ich habs eigentlich auch eilig ...« Die Arbeitskollegin: »Ach, komm, den kleinen Umweg, das ist doch nicht so schlimm! Kannst mir ruhig mal einen Gefallen tun!« Frau Fleißig: »Na ja, also gut.«

Würden Sie Frau Fleißigs Verhalten als selbstsicher bezeichnen? Das ist es wohl nicht! Frau Fleißig stellt ihre Bedürfnisse zurück, weil sie nicht nein sagen kann.

Würden Sie ihr eine gute Selbstbehauptung bescheinigen? Wohl auch nicht. Vergleichen Sie nun

Verhalten B:

In der gleichen Situation sagt Frau Fleißig zu ihrer Arbeitskollegin: »Bist du verrückt? Ich bin doch nicht dein Taxi! Adieu.«

Hat sich Frau Fleißig hier selbst behauptet? Insofern ja, als Frau Fleißig ihre Bedürfnisse behauptet hat. Handelte sie auch selbstsicher? Ich meine nein: Frau Fleißig reagiert aggressiv. Dies ist kein Zeichen von Selbstsicherheit.
Selbstsicheres Verhalten unterscheidet sich von selbstunsicherem Verhalten auf der einen Seite und von aggressivem Verhalten auf der anderen Seite.

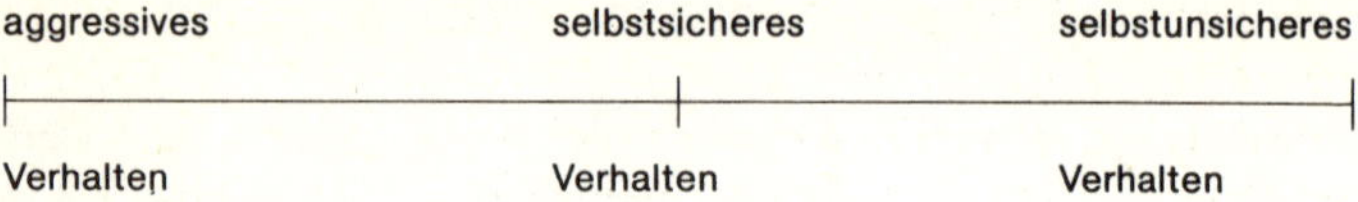

Abb. 9: Die Einordnung selbstsicheren Verhaltens

Der selbstunsichere Mensch verzichtet auf seine Bedürfnisse. Er teilt anderen *weniger* mit, als er eigentlich zeigen möchte. Er verschließt sich und hält wesentliche Aspekte seiner Persönlichkeit geheim.

Der selbstsichere Mensch teilt anderen seine Meinungen, seine Gedanken, seine Bedürfnisse, Wünsche und Gefühle auf direkte, ehrliche und angemessene Art und Weise mit.

Der aggressive Selbstbehaupter setzt seine Wünsche und Bedürfnisse *ebenfalls durch, aber* er tut dies auf eine Art und Weise, die sich über andere Menschen hinwegsetzt. Er ist von der irrationalen Idee überzeugt, daß die Menschen, die ganze Welt ihm die Erfüllung seiner Bedürfnisse *schulden.* »Zum Teufel mit denen, die sich mir in den Weg stellen! Sie sind schlechte und verdorbene Menschen!« Dieser Bestimmung von selbstsicherem Verhalten sind die folgenden Übungen verpflichtet.

Übung 2

»Ich bin anderer Meinung ...«

Achten Sie auf eine Gelegenheit, in der Sie anderer Meinung als einer Ihrer Gesprächspartner sind. Sagen Sie dann Ihrem Gesprächspartner, welcher Meinung Sie sind. Beginnen Sie, indem Sie mit den Worten einleiten: »Ich bin anderer Meinung ...«

Führen Sie die Übung mit mindestens fünf verschiedenen Gesprächspartnern durch.

Übung 3

»Guten Tag, können Sie mir sagen ...«

Machen Sie einen Spaziergang. Fragen Sie einen Passanten nach einer guten Buchhandlung, einem Fachgeschäft für Porzellan, den be-

sten Metzger der Gegend etc. Leiten Sie Ihre Frage mit den Worten ein: »Guten Tag, können Sie mir sagen ...«. Vermeiden Sie die Floskel 'Entschuldigung' oder ähnliches. Sie brauchen sich nicht dafür zu entschuldigen, daß Sie einen Wunsch oder ein Bedürfnis äußern. Achten Sie darauf, was Ihnen durch den Kopf geht, wenn Sie sich eine 'Ablehnung' einhandeln und disputieren Sie evtl. irrationale Annahmen, bevor Sie den nächsten Passanten um Auskunft bitten.
Fragen Sie mindestens fünf Passanten.

Übung 4

Machen Sie Komplimente!

Jemandem ein Kompliment machen bedeutet: eine positive Meinung oder ein positives Gefühl zum Ausdruck zu bringen.
Jemandem *selbstsicher* ein Kompliment machen, heißt

- Selbsterniedrigung zu unterlassen

Beispiel: »Du hast ja ein tolles Referat gemacht. So was könnte ich nie.«

- keine sarkastischen Komplimente geben

Beispiel: »He! Ganz schön stramm, deine neue Hose!«

- Unehrlichkeit vermeiden

Beispiel: »Doch, doch! Ich finde dich ganz hübsch, auch wenn dich die anderen nicht so sehen.«

Machen Sie in den nächsten Tagen mindestens fünf verschiedenen Personen ein Kompliment. Achten Sie darauf, wie Sie sich fühlen. Gehen Sie Gefühlen der Peinlichkeit oder Scham nach.

Übung 5

Setzen Sie sich öffentlicher Beachtung aus!

Suchen Sie ein Restaurant oder ein Cafe auf. Essen oder Trinken Sie etwas. Warten Sie den Moment ab, in dem der Kellner mindestens 6–10 Meter von Ihrem Tisch entfernt ist. Rufen Sie dann laut und vernehmlich: »Herr Ober, ich möchte bitte bezahlen.«

Oder: Fahren Sie mit einem öffentlichen Verkehrsmittel. Bevor Sie aussteigen, fragen Sie laut und vernehmlich: »Ist das die Haltestelle

Dominikanerplatz?« Richten Sie die Frage nicht an *einen* Fahrgast, sondern schauen Sie *mehrere* Personen an, während Sie fragen. Bedanken Sie sich, indem Sie kurzen Blickkontakt mit mehreren Fahrgästen aufnehmen.
Führen Sie auch diese Übungen mehrmals durch!

Übung 6

Blickkontakt

Nehmen Sie mit Passanten Blickkontakt auf! Zählen Sie dabei in Gedanken langsam 'Tausendeins, tausendzwei, tausenddrei'. Üben Sie dies mit Personen verschiedenen Alters und verschiedenen Geschlechts. Führen Sie die Übung mindestens eine Woche lang durch.

Übung 7

Lächeln

Wenn Sie Leute grüßen, so lächeln Sie diese Personen freundlich an. Üben Sie dies mindestens zehn mal.

Übung 8

Blickkontakt und Lächeln bei attraktiven Personen des anderen Geschlechts.

Sie begegnen einer attraktiven Frau oder einem gutaussehenden Mann. Nehmen Sie mit dieser Person Blickkontakt auf und lächeln Sie sie an!
Führen Sie die Übung eine Woche lang durch.

Übung 9

»Guten Tag, ich interessiere mich für ...«

Besuchen Sie ein Geschäft. Wenden Sie sich an einen Verkäufer und lassen Sie sich Schuhe, Kleider, Krawatten oder ähnliches zeigen. Beginnen Sie mit den Worten: »Guten Tag, ich interessiere mich ...«. Lassen Sie sich mehrere Stücke zeigen. Verabschieden Sie sich freundlich nach einigen Minuten, ohne etwas zu kaufen.
Führen Sie diese Übung ca. fünf mal durch!

Übung 10

Warenumtausch

Kaufen Sie in einem Supermarkt eine Margarine. Kehren Sie nach wenigen Minuten zurück und bitten Sie um Umtausch der Margarine in eine andere Marke. Begründen Sie Ihre Bitte etwa mit den Worten: »Ich habe versehentlich diese Marke gekauft, ich hätte aber gerne die Marke XY.«

Seien Sie freundlich. Die Übung ist nicht dazu gedacht, daß Sie Erfolg haben! Die Handlung selbst stellt die Übung dar.
Üben Sie den Warenumtausch mindestens drei mal.

Nach Beendigung dieses Programms können Sie als Ergänzung einige der sog. 'shame attacking exercises' durchführen, die Sie am Ende des Kapitels vorfinden.

Übungen zur irrationalen Idee Nr. 2

»Ich bin ein wertloser Mensch, wenn ich mich nicht in allem – oder zumindest auf einem wichtigen Gebiet – überaus kompetent, tüchtig und erfolgreich erweise.«

Übung 11

Übertragen Sie Arbeitsblatt 3 in Ihr Notizbuch. Überlegen und vermerken Sie, welche Leistungen oder Fähigkeiten von scheinbar *unverzichtbarer* Bedeutung für Sie sind. Trennen Sie nach den angegebenen drei Bereichen. Überdenken Sie anschließend, wie Sie sich sehen, wenn Sie diese Leistungen oder Fähigkeiten *nicht* beibehalten könnten.

Übung 12

Übertragen Sie Arbeitsblatt 4. Führen Sie eine Woche lang Buch über Fehler, die Sie nicht zugaben oder irgendwie verschleierten.

Übung 13

Erzählen Sie einigen guten Bekannten von den größten Fehlern, die Sie in den letzten Jahren gemacht haben.

Arbeitsblatt 3

Bereich I **Arbeit, Studium, Schule**	**Bereich II** **Sexualität und Partnerschaft**	**Bereich III** **Freizeit, Sport, Spiel, Hobby**
Ich muß in meiner Abschlußarbeit mindestens die Note 2 erreichen. Ich muß nach meinem Examen eine verantwortungsvolle und bedeutende Stelle bekommen.	Ich darf mich in meiner Beziehung nicht schwach zeigen.	An Spielen beteilige ich mich nur, wenn ich sie völlig beherrsche. An Gesprächen beteilige ich mich nur, wenn sie »gehaltvoll« sind.

Arbeitsblatt 4 / Arbeitsblatt 5

	Diese Fehler habe ich nicht zugegeben oder verschleiert	**Das habe ich nicht getan aus Angst, Fehler zu machen, zuzugeben etc.**
So	Habe meine Verspätung auf den starken Verkehr geschoben	Habe mich nicht gemeldet, als ich etwas nicht verstanden hatte.
Mo	usw.	usw.
Di		
Mi		
Do		
Fr		
Sa		

Übung 14

Suchen Sie sich fünf Bereiche, in denen Sie in den nächsten Tagen absichtlich Fehler machen werden.

Übung 15

Führen Sie Buch über Dinge, die Sie *nicht* taten, weil Sie Angst hatten, dabei Fehler zu machen, nicht genügend kompetent zu sein, etwas nicht zu können etc. (Vgl. Arbeitsblatt 5!)

Übung 16

Suchen Sie im Anschluß an die Übung 15 nach drei Aktivitäten, die Sie durchzuführen aufgegeben haben, weil Sie befürchteten, es nicht 'gut genug' zu können. Planen und führen Sie diese Aktivitäten durch.

Übung Nr. 17

Eine Übung zur ICH-KANN-ES-NICHT-AUSHALTEN-KRANKHEIT

Wenn Sie bei Ihren rationalen Selbstanalysen festgestellt haben, daß Ihr Problem 'geringe Frustrationstoleranz' ist, dann bietet diese Übung eine gute aktive Disputationsmöglichkeit.

Halten Sie mehrmals während Ihres Tagesablaufes inne und überlegen Sie dann, was Sie *nicht* gerne tun würden. Tun Sie genau das anschließend! Wenn Sie z. B. nicht gerne einkaufen gehen, Ihre Wäsche waschen, Ihre Schulaufgaben machen, einen 'Pflichtbesuch' machen würden etc., dann lautet Ihre Aufgabe: geben Sie sich einen Ruck und tun Sie das Unerfreuliche.

Shame-Attacking-Exercises

Die sog. shame-attacking exercises, zu deutsch etwa Risikoübungen oder Übungen zur Bekämpfung peinlicher, schambehafteter Gefühle, sind eine wichtige Technik der rational-emotiven Therapie.

Es handelt sich um Übungen, die bewußt zu dem Zwecke gemacht werden, sich 'unmöglich' zu benehmen, sich in den Augen anderer Leute der 'Lächerlichkeit' preiszugeben, Dinge zu tun, die 'man nicht tut', die Aufmerksamkeit vieler Leute auf sich zu ziehen etc. Die Übungen erscheinen auf den ersten Blick sinnlos, da sie nicht den Zweck haben, übliches Alltagsverhalten zu trainieren.

In Wirklichkeit aber zielen sie in das Zentrum irrationaler Ideen. Sie zeigen den krassen Gegensatz zwischen katastrophisierenden Erwartungen und den tatsächlichen realen Folgen, wenn jemand eine der Übungen durchführt. Oftmals bringen sie jemandem erst klar zu Bewußtsein, welche irrationalen Ideen er glaubt. Sie sind also ein wertvolles Mittel rationalen Umdenkens, das ich Ihnen jetzt, nachdem Sie gelernt haben, rationaler zu denken, besonders ans Herz lege.

Übung 18

Blättern Sie zurück auf Seite 15.

Übung 19

Fahren Sie z. B. mit der Straßenbahn oder dem Bus und rufen Sie an fünf Haltestellen nacheinander laut und vernehmlich: »Trafalgar Square, alles aussteigen!«

Übung 20

Oder nehmen Sie vor einem Kaufhaus Aufstellung und preisen Sie laut die Zeitung *von gestern* zum Kauf an: »Die gestrige Zeitung, meine Damen und Herren, zum halben Preis!«

Übung 21

Begeben Sie sich auf einer belebten Straße zu einem öffentlichen Papierkorb. Kramen Sie in dem Papierkorb auffällig herum und holen Sie schließlich eine (zuvor unbemerkt hineinplazierte) Zigarettenschachtel heraus. Zünden Sie sich triumphierend lächelnd eine Zigarette an.

Übung 22

Fragen Sie Passanten freundlich und höflich: »Entschuldigen Sie, ich komme gerade aus dem Nervenkrankenhaus. Welchen Wochentag haben wir heute?«

Übung 23

Gehen Sie in ein großes Appartmenthaus und klingeln Sie an Ihnen unbekannten Wohnungen. Fragen Sie, ob Sie sich vielleicht die Zähne putzen dürften, und halten Sie dabei Zahncreme und Bürste hoch.

Übung 24

Gehen Sie in eine Apotheke, wenn sie so recht voll Publikum ist. Bitten Sie die Verkäuferin (als Mann) bzw. den Verkäufer (als Frau) um Präservative. Fragen Sie, ob es sie im Dutzend billiger gibt.

Übung 25

Gehen Sie ins Theater (große Abendvorstellung!) und ziehen Sie Ihre löchrige Jeans vom letzten Urlaub an.

Übung 26

Wenn Sie ein Mann sind und die Bekanntschaft eines weiblichen Wesens wünschen, so machen Sie es wie Albert Ellis in seinen jungen Jahren. Albert hatte Angst, Mädchen anzusprechen, weil er an die irrationale Idee Nr. 1 glaubte. Eines Tages nahm er sich vor, damit Schluß zu machen. Er benutzte in den nächsten Wochen jede Mittagspause und ging in einen schönen Park. Dort setzte er sich neben jedes Mädchen und jede Frau, die er auf einer Parkbank antraf, und führte mit ihnen eine kurze (!) Unterhaltung. Achten Sie auf die Vorschrift: kurze Unterhaltung. Es darf Ihnen nicht passieren, daß Sie die erste Frau ansprechen und heiraten.

Wie Sie Ihre Selbsthilfepraxis möglichst effektiv machen

Lassen Sie uns zusammenfassen, welche Schritte ich Ihnen empfohlen habe, damit Sie Ihre psychischen Probleme in Zukunft besser bewältigen können: Nach der Analyse Ihres Problems bekämpfen Sie Ihre irrationalen Glaubenssätze mit Hilfe der rationalen Selbstanalyse. Danach praktizieren Sie die rationale Vorstellungsübung. Schließlich gehen Sie mit ausgewählten praktischen Übungen zu einer neuen rationalen Praxis über.

Um eine Besserung Ihrer psychischen Probleme zu erreichen, ist es aber natürlich nötig, daß Sie die vorgeschlagenen Schritte auch *wirklich* tun! Was können Sie machen, um dies weitgehend sicherzustellen?

1. Erstellen Sie einen Plan.
   Machen Sie es sich zur Gewohnheit, einmal in der Woche, zum Beispiel jeden Samstag oder Sonntag, aufzuschreiben, was Sie in der kommenden Woche zu tun beabsichtigen.
2. Sichern Sie alle Ihre Selbsthilfeschritte durch selbst auferlegte *Belohnungen* und *Bestrafungen* ab.
   Was ist darunter zu verstehen?
   Sie erstellen zunächst eine *Liste von Dingen, die Sie gerne tun oder gerne haben.*
   Eine solche Liste könnte folgendermaßen aussehen:
   Mein Lieblingsgericht essen
   Kaffee trinken
   Bier trinken
   Musik hören
   In ein Konzert gehen
   Ins Kino gehen
   Ein Buch lesen
   In die Diskothek gehen
   Tanzen gehen
   Fernsehen schauen
   Radio hören
   Radfahren
   Fußballspielen
   Spazieren gehen

Sonnenbaden
In ein Restaurant gehen
Ein Kleid kaufen
Einen Einkaufsbummel machen
Ein Pornoheft kaufen
Onanieren
usw.

Nunmehr erstellen Sie eine *Liste von Dingen, die Sie nicht gerne tun oder gerne haben,* zum Beispiel:
Geschirr spülen
Abfall beseitigen
Den Wagen waschen
das Bett machen
Aufräumen
Die Dinge *nicht* tun, die Sie in der ersten Liste verzeichnet haben.

Nunmehr schließen Sie mit sich selbst einen Vertrag, nach dem Sie sich eine der ausgewählten *Belohnungen* nur dann zukommen lassen, wenn Sie den entsprechenden Selbsthilfeschritt ausgeführt haben. Umgekehrt verpflichten Sie sich dazu, sich mit einem der Ihnen unangenehmen Dinge zu *bestrafen,* wenn Sie den Selbsthilfeschritt nicht unternommen haben.

Also zum Beispiel:
Sie wollen am Abend eine rationale Vorstellungsübung machen. Erst *nachdem* Sie das getan haben, trinken Sie Ihr Bier. Bei Nichtausführung der Übung müssen Sie den Abend ohne Bier beschließen.
Sie wollen die praktische Übung 3 durchführen.
Bis zur Durchführung der Übung gehen Sie nicht ins Kino.
Jeden Tag, an dem Sie die Übung noch nicht absolviert haben, räumen Sie abends vollständig Ihre Wohnung auf.

Teil IV
Besondere Problembereiche

1. Ein Wegweiser durch die 'großen Vier': Angst, Depression, Wut und Schuldgefühle

Das 'große Quartett' emotionaler Störungen besteht aus den Emotionen *Angst, Depression, Wut/Ärger und Schuldgefühle.* Diese vier Gefühle machen einen Großteil der emotionalen Probleme aus, derentwegen Menschen Hilfe bei einem Psychotherapeuten, Arzt oder sonstigen Berater suchen.

Ich möchte Ihnen daher – sozusagen als Wegweiser – das jeweilige gedankliche Grundgerüst dieser vier Emotionen aufzeigen.

Angst und Furcht

Was Angst ist im Unterschied zu Furcht, ob es verschiedene Arten von Angst gibt, z. B. die Phobie oder die 'frei flottierende Angst', ist unter Psychologen seit jeher umstritten.

Sigmund Freud z. B. unterschied zwischen Furcht oder Realangst einerseits und neurotischer Angst andererseits. Furcht, so meinte Freud, sei ein Signal für eine Gefahr, die (real) von außen drohe, während Angst von inneren Impulsen herrühre. Aus der Sicht der rational-emotiven Therapie würden wir Sigmund Freud zum Teil zustimmen, zum Teil aber auch eine andere Sichtweise einnehmen. Die Unterscheidung nach Außenreizen und Innenreizen erscheint uns zum Beispiel nicht sinnvoll; denn das Grundmodell der RET besagt ja, daß Außenreize niemals auf *direktem* Wege Gefühle auslösen, sondern notwendigerweise vermittelt über unsere Kognitionen. In der Tat gibt es ja Menschen, die angesichts einer realen Gefahr weniger Furcht empfinden als andere Menschen. Auch eine 'objektiv gegebene' Gefahr wird also durch den mit der Gefahr konfrontierten Menschen notwendigerweise *versubjektiviert.*

Andererseits ist die Freud'sche Unterscheidung auch sinnvoll, soweit sie darauf abstellt, daß Furcht als nützliche, vor Gefahren warnende Emotion ein Signal darstellt, das im Dienste der Lebenssicherung steht, während Angst als neurotische Emotion eher blockiert und damit selbstschädigend ist.

So ist eben Furcht angesichts eines mich mit einer Pistole bedrohenden Räubers 'nützlich', wenn und soweit sie mir das Signal gibt:

Beine in die Hand und nichts wie weg! Weniger sinnvoll dagegen erscheint eine massive Prüfungsangst, die einen durchaus 'intelligenten' Prüfling in der Prüfung versagen läßt.
Aber was unterscheidet die beiden Angstformen wirklich?

Wir wissen es nicht, solange wir nicht wissen, *womit* sich der betreffende Mensch wirklich Angst gemacht hat, mit anderen Worten: *wovor* er Angst hat. Dieser Frage wollen wir uns jetzt zuwenden.

Drei Hauptängste

Angst ist das Ergebnis eines zukunftsorientierten Gedankens. So kann der Gedanke: *'Gleich werde* ich steckenbleiben' oder 'Jetzt *werden* sie schlecht über mich denken' zu Angst vor öffentlichem Sprechen führen.
Die verbreitetsten Ängste sind

a) die Angst, von anderen Menschen abgelehnt zu werden.
H. S. Sullivan nannte die Angst deshalb auch einen Spannungszustand, der durch die Erfahrung von Mißbilligung in zwischenmenschlichen Beziehungen entsteht.

b) die Fehlschlagangst.
Die Angst, Fehler zu machen, kann sich beziehen auf:
Fehler machen bei einer Prüfung (Prüfungsangst),
Fehler machen im Beruf,
sich falsch verhalten beim anderen Geschlecht,
sich falsch verhalten bei Autoritätspersonen,
dumm auszusehen,
sich lächerlich zu machen,
im Leben zu versagen etc.

Es gibt praktisch nichts, wovor ein Mensch nicht Angst haben kann. Er kann sogar *Angst vor der Angst* haben. Dies ist die dritte Angst unter den verbreiteten Ängsten, die

c) Superangst oder Panik.
Der folgende Therapieausschnitt verdeutlicht, wie ein Klient im 'sokratischen Dialog' mit seinem Therapeuten seine Superangst entlarvt;

Der Klient ist ein Rechtsanwalt, der unter starken Ängsten im beruflichen Bereich litt.

Kl: Wenn ich am Montag oder Dienstag einen Prozeß habe, dann ist mir schon das ganze Wochenende verdorben. Ich brauche nur im Fernsehen etwas mit 'Gericht' sehen oder hören und schon zieht sich mein Magen zusammen.

Th: Was denken Sie dann?

Kl: Dann denke ich an den Prozeß, daß ich wieder so viel Schwierigkeiten habe.

Th: Daß Sie wieder so viel Angst haben?

Kl: Ja.

Th: Wovor haben Sie Angst?

Kl: Ja, daß ich vielleicht 'steckenbleibe' mitten im Plädoyer, oder daß ich nichts mehr herausbekomme und aus dem Gerichtssaal laufen muß ...

Th: Nehmen Sie an, das würde passieren ...

Kl: Das wär' 'ne Katastrophe!

Th: Was wäre daran so schrecklich?

Kl: Na ja. (Pause) Was würde dann mein Mandant sagen? Der hat mich doch bezahlt dafür, daß ich ihn verteidige.

Th: Sie meinen, weil Sie Ihr Mandant bezahlt hat für die Verteidigung, dürften Sie keinen Schwächeanfall bekommen und aus dem Saal gehen?

Kl: Na ja (lacht), schlimmstenfalls könnt' ich ihm das Geld wieder zurückgeben. Aber im Ernst, wie soll ich denn meinen Beruf so ausüben können?

Th: Sie meinen, wenn Sie einen Mandanten verlieren?

Kl: Wenn mir das dauernd passiert! Das spricht sich ja auch bei Gericht rum.

Th: Verstehe ich Sie richtig, Sie sagen, wenn es einmal vorkäme, würde es immer passieren? Woher wissen Sie das?

Kl: Nun, ich hab' es unterstellt. Bisher ist es mir ja noch nie passiert. Ich hab halt Angst davor, daß es passieren könnte.

Th: Sie sagen richtig, daß Sie da etwas unterstellen. Sollte es Ihnen mal passieren, ist das kein Beweis dafür, daß es Ihnen immer so gehen wird. Aber denken Sie es mal durch: nehmen Sie mal an, Sie könnten keine Prozesse mehr machen. Was wäre dann?

Kl: Ich mein', das betrifft ja nur die Strafprozesse. In Zivilsachen ist es nicht so schlimm. Aber nur Zivilprozesse machen ... (Pause) das wär' nicht so leicht ...

Th: Sie müßten Ihren Beruf aufgeben ...

Kl: Vielleicht in der Form, wie ich es jetzt mache. Aber ich könnte mich anstellen lassen – bei einem anderen Anwalt – sozusagen nur für Zivilsachen.

Th: Ich höre, daß Sie noch Anwalt bleiben könnten?

Kl: Es wäre wahrscheinlich nicht leicht!

Th: Aber nicht unmöglich?

Kl: Nein.

Th: Sie haben also diese höllische Angst davor, daß Sie nur noch in dieser Form arbeiten könnten oder es schwer wäre, so eine Stelle zu bekommen?

Kl: Na ja, eigentlich nicht.

Th: Was meinen Sie mit 'eigentlich'?

Kl: In die Richtung hab' ich es noch nicht gedacht. Das wäre ja natürlich nicht so schlimm. Irgendwie ist es einfach die Angst selbst, die mich so fertig macht.

Im folgenden erarbeitete der Klient, daß sein Hauptproblem darin bestand, daß er Angst vor seiner Angst hatte – was der typischen kognitiven Dynamik von Panik entspricht.

Die gedankliche Grundstruktur der Angst

Was aber ist das Gemeinsame dieser drei Ängste?
Die Antwort hierauf weist uns auf das gedankliche Herzstück jeder Angst:

Drei Stufen führen zur Angst!

1. Auf der ersten Stufe denken Sie, *es könnte etwas Schlimmes passieren!*
   Auf dieser Stufe hat Ihre Angst noch einen realen Hintergrund, aber sie muß nicht realistisch sein. Denn ob etwas Schlimmes passiert, ist einer empirischen Nachprüfung noch zugänglich. Sie können Fakten sammeln und daraus die Wahrscheinlichkeit ableiten, ob das befürchtete Ereignis eintreten wird oder nicht. Sie können

eine zutreffende Voraussage machen. Andererseits kann Ihre Wahrnehmung so sehr verzerrt sein, daß Sie eine völlig unwahrscheinliche Voraussage treffen. Dann ist Ihre Angst nicht realistisch!

2. Auf der zweiten Stufe denken Sie; *wenn das befürchtete Ereignis eintritt, dann ist es eine Katastrophe!*
Selbst wenn Sie 'realistisch' gedacht haben auf Stufe 1, so können Sie nun doch einen entscheidenden irrationalen Schritt tun, wenn Sie sich auf das Gebiet des magischen Katastrophisierens begeben.
3. Und schließlich können Sie auf Stufe drei denken: weil eine Katastrophe drohen könnte, *muß* ich mir ständig Sorgen machen und mir meinen Kopf zerbrechen, was ich dagegen tun kann!
Wenn Sie auf diese Weise muß-turbieren, geraten Sie mit der Zeit in einen sehr unerfreulichen Zustand: Indem Sie ständig über einen Ausweg grübeln, kommen Sie immer häufiger mit Ihrer Angst in Berührung, ohne Ihr zugrundeliegendes Katastrophisieren aufzugeben. So können Sie dann zu einem gefährlichen Trugschluß gelangen: Wenn ich *schon jetzt* so viel Angst habe, dann muß die Gefahr ja wirklich noch größer sein als ich dachte! Sie haben den zirkelschlüssigen 'Beweis' für die Richtigkeit Ihrer Katastrophenannahme gefunden.

Die Logik, die uns zu ängstlichen Menschen macht

Carola hat vor vielen Dingen Angst: wenn sie in einer Illustrierten einen Krankenbericht liest oder im Fernsehen von einer Krankheit hört, sei es Krebs oder eine bösartige Form der Hepatitis etc., so beginnt sie sofort, über die Möglichkeit nachzugrübeln, daß sie selbst auch eine solche Krankheit bekommen könnte.

Eine Zusammenstellung der möglichen Gefahren, die den Gegenstand ihres ständigen Sorgenmachens bilden, würde zeigen, daß es sich überwiegend um Gefahren handelt, mit denen sie in ihrem bisherigen Leben kaum konfrontiert war oder die zumindest mit verhältnismäßig geringer Wahrscheinlichkeit eintreten würden. Letzteres gilt zum Beispiel auch für die Möglichkeit, in einem Flugzeugabsturz zu Tode zu kommen. Denn statistisch gesehen ist die Wahrscheinlichkeit, bei einem Autounfall das Leben zu verlieren bedeutend höher als es für einen Flugzeugabsturz gilt. Dennoch dürfte die Angst vor dem Fliegen oder zumindest während des Fliegens viel verbreiteter sein als Angst vor oder während des Autofahrens.

Was steckt also dahinter, wenn wir uns über solche Möglichkeiten ständig den Kopf zerbrechen wie es Carola tut?

Wir tun dies, weil wir einer Logik folgen, die der Kommunikationspsychologe Paul Watzlawick und seine Mitautoren mit den Worten *'mehr desselben!'* beschreiben.

Was ist damit gemeint?

Nehmen Sie an, es ist Winter und Ihr Zimmer ist nicht so warm, wie Sie es gerne hätten. Dies ist darauf zurückzuführen, daß die Temperatur draußen gesunken ist. Was tun Sie, um diese für Ihr Wohlergehen unangenehme Abweichung vom 'Normalzustand' zu beheben? Sie führen das Gegenteil dessen ein, was die Abweichung hervorrief: Also Sie bekämpfen die Kälte mit Ihrem Gegenteil: Wärme, indem Sie z. B. mehr einheizen. Und je kälter es wird, umsomehr drehen Sie Ihre Heizung auf, nach dem logischen Motto: Mehr derselben Maßnahme! Nun erweist sich diese Logik aber leider nicht als universell anwendbar und damit beginnen die Probleme.

Wie jedermann weiß, führt unüberlegtes und gedankenloses Agieren leicht dazu, daß ich Gefahren übersehe und Schaden erleide. Deshalb verwenden Eltern und offizielle Instanzen wie Kindergarten, Schule etc. viel Mühe darauf, ihre Kinder über die möglichen Gefahren des Lebens, zum Beispiel des Straßenverkehrs, aufzuklären und schärfen Ihnen ein, nicht gedankenlos und unüberlegt zum Beispiel über die Straße zu gehen.

Das Motto lautet: Je mehr und besser du aufpaßt, desto weniger kann dir passieren!

Damit er einer potentiellen Gefahr nicht unüberlegt in die Arme läuft, denkt ein Mensch über die Gefahr nach. Wenn er zum Beispiel an die Möglichkeit denkt, sich mit einem Tetanuserreger zu infizieren, so könnte er aufgrund seines Nachdenkens vielleicht zu dem Entschluß gelangen, sich impfen zu lassen. Oder er könnte sich sagen, etwa im Falle des Krebses: Es scheint nicht allzuviele vorbeugende Maßnahmen gegen die Gefahr einer Krebserkrankung zu geben, also *brauche* ich nicht weiter über die Gefahr nachzudenken. Etwa so wird ein Mensch dem Problem begegnen, der weitgehend rational über die

Möglichkeit einer drohenden Gefahr denkt. Wer dagegen an irrationalen Ansichten festhält wie: »Ich *darf* nicht an Krebs erkranken, das wäre schrecklich«. etc. erzeugt mit diesen Erwägungen unmittelbar Angst bei sich. *Und nun* hat er ein *neues* Problem geschaffen, das sich nach dem Motto: Mehr desselben! nicht mehr lösen läßt. Jetzt wird die 'Lösung' selbst zum Problem. Indem er nämlich seine irrationalen Annahmen unbezweifelt läßt, verspürt er jedesmal, wenn er sich mit einer potentiellen Gefahr befaßt, Angst. Um die Gefahr, die er fälschlicherweise als Grund für seine Angst ansieht, zu bekämpfen, verfährt er nach dem Motto: »Ich *muß mehr* darüber nachdenken, damit ich einen Ausweg finde.«

Aber der Versuch, das Problem mit dem Mittel des *»mehr desselben!«* zu lösen, scheitert und wird schließlich sogar zum zweiten, größeren Problem. Der Grund für die Unmöglichkeit der Lösung des Problems auf diese Art besteht darin, daß die Lösung mit einem Mittel »erster Ordnung« angestrebt wird, wo nur ein Mittel »zweiter Ordnung« hilft. Mit anderen Worten: Ohne die Veränderung des zugrundeliegenden irrationalen Gedankensystems läßt sich eine Veränderung nicht erreichen. Im Gegenteil verstärkt »logisches Vorgehen« innerhalb eines irrationalen Systems das Problem bzw. schafft ein neues Problem. Ganz allgemein gesprochen bedeutet dies: je *mehr* Sie sich über ein Problem *Sorgen* machen, desto schlimmer wird es. Es hat also keinen Sinn, seine Sorgen und Ängste dadurch zu bekämpfen, daß Sie sich *mehr* Sorgen machen. Der einzige Weg besteht darin, Ihre irrationalen Annahmen zu bekämpfen, die den Grund für Ihre Ängste und Sorgen bilden!

Angst überwinden

Wenn Sie sich die beschriebene gedankliche Grundstruktur der Angst vor Augen halten, so haben Sie damit einen Wegweiser zu Ihren irrationalen Annahmen. Benutzen Sie ihn, wenn Sie Ihre A-B-C-Analyse machen. Anschließend verfahren Sie so, wie Sie es in Teil III dieses Buches erlernt haben: Erstellen Sie eine oder mehrere rationale Selbstanalysen, beginnen Sie mit rationalen Vorstellungsübungen und gehen Sie in praktischen Übungen zur rationalen Praxis über. So haben Sie eine gute Chance, wenn Sie wirklich an sich arbeiten, Ihre Ängste zu überwinden.

Niederdrückende Gedanken machen niedergedrückte Gefühle: die Depression

Frau F. ist eine 43jährige Frau, seit über zwanzig Jahren verheiratet, ein Sohn, der gerade vor seinem Abitur steht. Vor zwei Jahren verlor sie ihren Arbeitsplatz an eine 'jüngere Kraft'. Seither versah sie ihre Rolle als Hausfrau und Mutter. Vor einem Jahr lernte ihr Mann eine andere Frau kennen, verließ seine Familie und reichte die Scheidung ein.

Frau F. wurde zusehends depressiv. Schließlich begab sie sich zur Behandlung in eine Klinik. Nach drei Monaten Klinikaufenthalt zog sie wieder nach Hause, um bei dem laufenden Scheidungsverfahren 'teilnehmen zu können'. Ein Arzt hatte sie zur 'Nachbehandlung' an meine Praxis überwiesen. Nachstehend einige Therapieausschnitte:

Frau F.: »Es ist schrecklich! Ich weiß nicht mehr, was ich machen soll. Wenn das so weiter geht, kann ich für nichts mehr garantieren.«

T: Sie meinen, wenn Sie nun doch geschieden werden?

F: Ja

T: Frau F., wir haben ja bereits begonnen, mal darüber nachzudenken, was Ihnen dabei so schrecklich vorkommt. Wollen wir es noch einmal durchgehen?

F: Nun ja, wenn Sie meinen, daß es etwas nützt ...

T: Davon bin ich überzeugt. Sagen Sie mir, was wäre das Schlimme an der Scheidung?

K: Ach, da gibt es so viel. Eigentlich alles.

T: Fangen wir mit dem Schlimmsten an.

K: Das Schlimmste. Alles ist schlimm.

T: Frau F., wir haben auch bereits darüber gesprochen, wohin es führt, wenn man übertreibt. Sie übertreiben, wenn Sie sagen: alles. Erinnern Sie sich noch?

K: Ja, ja, schon. Also gut. Aber es ist wirklich schwer zu sagen, was das Schlimmste ist. Womit soll ich anfangen?

Kommentar: Die Klientin ist eine schwierige Klientin. Ihre Wahrnehmung ist stark verzerrt. Immer wieder gebraucht sie maßlos übertreibende Formulierungen wie: alles, nie, auf keinen Fall, total etc. Es ist wichtig für die Klientin, ihre *Sprache* wieder einigermaßen der Realität gerecht werden zu lassen. Ein gutes Mittel, um dies zu erreichen, besteht in der peinlich genauen Anwendung der 'Kamera-Check'-Regeln, bzw. der Regeln für rationales Denken.

T: Fangen Sie mit etwas an, was Ihnen *unter anderem* als sehr schlimm erscheint.

K: Ja – zum Beispiel, daß ich nicht weiß, wovon ich dann leben soll.

T: Wie meinen Sie das? Daß Sie verhungern?

K: Nein, das nicht. Aber ich habe dann weniger Geld und weiß nicht, wovon ich die laufenden Kosten bezahlen soll.

T: Nehmen Sie an, sie könnten einige Rechnungen nicht bezahlen, was würde passieren?

K: Ich weiß nicht. Man würde uns wahrscheinlich *alles* wegpfänden.

T: Alles?

K: Nein, aber das Wichtigste, meinen Schmuck zum Beispiel.

T: Und was wäre dann?

K: Das wäre *fürchterlich.* Ich hänge so daran, es ist von meinem Mann (beginnt wieder zu weinen)

T: Ich verstehe, daß Sie an diesen Erinnerungsstücken hängen. Was bedeutet es für Sie, wenn Sie diese Erinnerungsstücke nicht mehr hätten? Bliebe Ihnen nicht noch die Erinnerung selbst?

K: (Pause) Ja, *die* bliebe mir noch. Ist ja *nicht* sehr viel!

T: Nein, das ist *weniger* als wenn Sie weiter mit Ihrem Mann zusammenleben könnten. Aber wenn Sie *die Trennung* von Ihrem Mann überstehen, könnten Sie dann nicht auch die Trennung von den Erinnerungsstücken schaffen?

K: Ja, aber wie soll ich *die* überstehen? (die Klientin meint die Trennung von ihrem Mann!)

Kommentar: Depressive Klienten denken sehr häufig zirkelschlüssig. So auch hier: Wir waren ausgezogen, die 'Schrecklichkeit' der Trennung vom Ehemann zu hinterfragen. Die Trennung ist nach Meinung der Klientin schrecklich, weil sie glaubt

1. materiell zurückstecken zu müssen
2. aus Geldnot an ihren Schmuck herangehen zu müssen – was *schrecklich* sei, *weil* ihr dann die Erinnerung genommen würde.

– Sie stimmt zu, daß die Trennung von den Erinnerungsstücken nicht genauso schlimm sein kann wie die Trennung selbst, aber da sie die Trennung nicht überstehen werde, sei es eben doch schrecklich, wenn ihr die Erinnerung genommen würde.

T: Warum sollten Sie die Trennung nicht überstehen?
K: Ja, das habe ich Ihnen doch gerade gesagt: was dann *alles* auf mich zukommt.

Kommentar: Die Klientin beginnt erneut mit einem »alles«. Aber diesmal halte ich ihr vor, was sie gerade gesagt hat.

T: Sie haben mir gesagt, daß Sie dann in Geldschwierigkeiten kommen könnten und Ihren Schmuck verkaufen müßten, was Sie der Erinnerung an Ihren Mann berauben würde. Aber wie kann die Tatsache, daß Sie ein Erinnerungsstück verlieren, *beweisen,* daß die *Trennung schrecklich* ist?
K: (Pause)
T: Es ist ein Trugschluß, nicht wahr?
K: Ja, so gesehen schon. Aber wieso *ist* es denn schrecklich?

Kommentar: Die Klientin meint: Wieso fühle ich mich so schrecklich? Ihre Gefühle sind echt und eine logische Folge ihrer zugrundeliegenden Gedanken. Letztere gilt es also anzuzweifeln.

T: Wer sagt, daß es schrecklich ist?
K: Ich – ja, ja, aber *ist* es nicht so?
T: *Was* ist daran so schrecklich?
K: Ich habe mir *mein Leben anders* vorgestellt (beginnt wieder zu weinen)

Kommentar: Nun kommt die Klientin zum wahren Gegenstand ihres Katastrophierens: daß die Dinge nicht so laufen, wie sie es sich wünscht.

T: Zweifelsohne! Aber wieso ist es schrecklich, nur weil Sie sich Ihr Leben anders vorgestellt haben. Es ist sicher schlimm für Sie – aber wieso schrecklich?
K: (beginnt wieder heftig zu schluchzen) Es ist *alles meine Schuld!*
T: Was werfen Sie sich vor?
K: Ich hätte es irgendwie verhindern *müssen,* daß es so kommt.
T: Daß Ihr Mann Sie verläßt?

K: Er hat mich ja schon verlassen.

T: Ja, aber warum hätten Sie es verhindern *müssen?*

K: Ich weiß nicht ... ich hatte ja eigentlich immer Angst, daß so etwas mal passiert.

T: Wovor hatten Sie da Angst?

K: Daß es mal so enden könnte ...

T: Weil das *was* für Sie bedeutet?

K: Wie meinen Sie das?

T: Was bedeutet es für Sie, wenn Sie von jemandem verlassen werden?

K: Was es für mich bedeutet? Ja ... *daß ich versagt habe.* So irgendwie.

Kommentar: Das Gespräch mit meiner Klientin brachte das gedankliche Herzstück der depressiven Verstimmung zu Tage. Zunächst hat die Klientin eine ausgeprägte Tendenz zu katastrophisieren. Im Kern bezieht sich diese Katastrophensicht darauf, daß sie nicht bekommt, was sie absolut zu brauchen glaubt. Und schließlich ist sie völlig davon überzeugt, nichts wert zu sein, ein Versager zu sein.
Der Wegweiser durch die gedankliche Grundlage Depression sieht also so aus:

1. Der Glaube, ein totaler Versager zu sein.
2. Der Glaube, daß es schrecklich sei, nicht zu bekommen, was man vermeintlich haben muß.
3. Der Glaube, es sei eine Katastrophe, wenn die Dinge so sind wie sie sind.

Mensch ärgere Dich nicht?

Ist Ärger ein Problem? Diese Frage läßt sich nicht einfach mit Ja oder Nein beantworten. Wir berücksichtigen besser zunächst einmal, daß der Begriff 'Ärger' eine recht unterschiedliche Palette von Emotionen umfaßt. Da ist zum Beispiel der anläßlich des bekannten Würfelspieles gelegentlich auftretende Ärger. Da ist aber auch der Wutanfall, der einen Ehemann, der sonst keiner Fliege etwas zu leide tut, plötzlich ein Brotmesser ergreifen und seiner Frau hinterherwerfen läßt.

Wenn wir hier von Ärger sprechen, so wollen wir darunter jene Emotion verstehen, die zu einem Verhalten führt, das den eigenen Zielen zuwiderläuft. Wer sich zum Beispiel gegen eine ungerechte Behandlung eines Vorgesetzten derart ärgerlich zur Wehr setzt, daß er schlicht gefeuert wird, hat nicht erreicht, was er wollte.
Was steckt hinter dieser Emotion?

Der Klient – ein junger Mann, der gerade das Abitur bestanden hat – gerät in Erregung:

»Das ist doch *heller Wahnsinn!* Nur weil ich beim gemeinsamen Anschauen der Tagesschau meine Ansicht äußere, daß die Atomkraftwerke vielleicht doch nicht so sicher sind, fällt 'der Alte' gleich über mich her. Ich würde ja mit meinen Ansichten bald bei den Terroristen landen. Ich würde alles nur aus meiner Antihaltung gegen die Gesellschaft heraus sehen usw. Ich kann Ihnen sagen, der ist keinem vernünftigen Argument zugänglich.«
»Sie wirken jetzt auf mich sehr ärgerlich«, antworte ich.

»Das bin ich auch, das ist doch wirklich *das Letzte!* So geht das am laufenden Band. Lauter unlogisches Zeug wird mir da an den Kopf geworfen, nicht nur mein Vater macht das so – bei meiner Mutter ist es das gleiche.«
»Wie enden denn diese Auseinandersetzungen?«, frage ich.
»Na, meistens mit einem Riesenkrach, ich schrei meinen Vater an, er schreit mich an.«
»Sie ärgern sich *jedesmal* so?«
»Ja, würden Sie sich da nicht ärgern, wenn Ihnen dauernd etwas unterstellt wird, was überhaupt *nicht stimmt* und auch völlig unlogisch ist?«

Dies ist ein Ausschnitt aus einer meiner Therapiestunden mit einem jungen Mann, der wegen Drogendelikten mit dem Gesetz in Konflikt geraten war und auf Drängen seiner Eltern meine Praxis aufsuchte. Die ersten Sitzungen waren angefüllt mit ähnlichen Berichten, durch die sich wie ein roter Faden zog:
Wenn jemand (vornehmlich seine Eltern, aber auch Freunde und Bekannte) etwas Unwahres oder Falsches über ihn verbreitete, ihn z. B. fälschlich beschuldigte oder sich mit logischen Argumenten nicht überzeugen ließ, so geriet der Klient jedesmal außer sich vor Wut und Ärger.

»Was denken Sie in so einem Moment?« fragte ich den Klienten weiter.
»Daß mein Vater ein 'blöder Hund' ist!«
»Was meinen Sie damit, daß er ein 'blöder Hund' ist?«
»Na, einfach daß er sowas nicht sagen *sollte,* daß er dazu *kein Recht* hat. Er sollte vernünftig mit mir diskutieren!«
»Warum *sollte* er sowas nicht sagen?«, fuhr ich fort.
»Warum?« Pause. »Na, Sie sind gut! Warum! Finden Sie das etwa *richtig?«*
»Nein, aber warum sollte sich Ihr Vater richtig verhalten?« Pause.
»Na ja, sollen ist vielleicht zu viel, aber es wäre halt schön.«
»Da haben Sie recht! Aber gibt es einen Grund, warum sich jemand – Ihr Vater zum Beispiel – richtig verhalten *sollte,* nur weil Sie das schöner finden?«
'Tja, so hab ich das noch nicht gesehen. Natürlich gibt es keinen Grund.«

In der Tat: so hatte der Klient das noch nicht gesehen. Ab diesem Zeitpunkt war es nicht mehr schwer, dem Klienten zu zeigen, daß er einem Mythos aufgesessen war. Dem Mythos, daß die Dinge anders sein *sollen* oder *müssen* als sie sind, weil wir wünschen, daß sie anders sind.

In einer der nächsten Therapiestunden berichtete mir der Klient: »Gestern ist mir was Komisches passiert. Mein Vater hat mal wieder was Tolles vom Stapel gelassen und ich wollte gerade loslegen, als ich an Sie dachte.«
»An mich?«
»Ja, das heißt, daran, was wir hier besprochen haben und ich hab gedacht: du armer Irrer, red du nur so ein Zeug!«
»Sie haben sich also nicht mehr so geärgert?«
»Nein, nicht mehr so stark.«
»Wie haben Sie das gemacht?«
»Ja, Sie hatten recht: ich habe irgendwie nicht mehr *verlangt,* daß er anders ist oder sein soll.«

Lassen Sie uns nun an diesem Beispiel die Stufen zur Ärgerreaktion herausarbeiten:

Auf der ersten Stufe definiert jemand ein Ereignis, einen Sachverhalt, meistens ein Verhalten im sozialen Bezug als richtig oder falsch. Mein Klient etwa war der Ansicht, daß sich sein Vater bzw. seine Mutter oder auch andere Personen falsch verhielten, indem sie zum Beispiel etwas Unwahres über ihn behaupteten oder vernünftigen Argumenten 'nicht zugänglich' waren.

Solange Sie ausschließlich auf dieser ersten Stufe verbleiben, werden Sie nur Frustration, Enttäuschung, Unwillen etc. als Konsequenz Ihrer Richtig/Falsch-Definition verspüren.

Auf der zweiten Stufe kann jemand nun auf der Basis seiner Richtig/Falsch-Definition die absolutistische Forderung erheben, daß der Adressat der Forderung sich auf eine bestimmte Weise verhalten *müsse* oder auch *nicht dürfe.* »Mein Vater sollte mich anders behandeln!«

Auf der dritten Stufe folgen katastrophisierende Gedanken wie: »Fürchterlich, daß er so ist!«, »Das kann man nicht aushalten!« »Was zuviel ist, ist zuviel!« »Da muß man einfach in die Luft gehen!« etc.

Und auf der vierten Stufe schließlich beginnt man, den anderen für sein Verhalten zu verdammen, zu bestrafen, als 'gemeines, nichtsnutziges Subjekt' anzusehen: »Dieser blöde Hund!«

Beachten Sie: während auf Stufe eins rationale Annahmen möglich sind, bestehen die grundlegenden Überlegungen auf den folgenden Stufen aus irrationalen Ideen. Wenn Sie also an Ihren Wut- oder Ärgerreaktionen etwas verändern wollen, so halten Sie sich nicht lange mit Überlegungen auf, ob sich jemand nun so oder so richtig oder falsch verhalte (denn darüber gibt es häufig sowieso verschiedene Ansichten), sondern beginnen Sie sofort damit, Ihre irrationalen Ansichten gemäß den Stufen zwei bis vier zu durchleuchten.

Schuldgefühle

Außer der Erzeugung von Denkhaltungen, die uns zu ängstlichen Menschen machen, dürfte kaum eine andere Emotion so sehr geeignet sein, sie zur Manipulation anderer Menschen, ja geradezu zur Aufrechterhaltung von Herrschaftsinteressen einzusetzen als das 'Erzeugen' von Schuldgefühlen.

Was kann man nicht alles erreichen von einem Menschen, wenn man weiß, daß er bei seinen Schuldgefühlen zu 'packen' ist.

»Hab du nur deinen Spaß und geh ins Kino, ich werde halt alleine zuhause bleiben und an meiner Arbeit weitermachen!« und schon bleibt der Angesprochene zuhause.

»Wie kannst du mir das antun, wo ich dich so liebe!« und der oder die Angesprochene macht keinen Schlußstrich unter die verkorkste Beziehung.

Ist es da verwunderlich, wenn die 'Erzeugung' von Schuldgefühlen geradezu ein klassisches Mittel der Erziehung darstellt?

»Du solltest dich was schämen ...«, »Du machst uns nur Schande ...«, »Pfui, du Schmutzfink, das tut man nicht ...« So oder ähnlich lauten die unzähligen Variationen des Themas, mit dessen Hilfe Eltern, Schule, Institutionen ihre Kinder 'sozialisieren'. Schon Freud hat mit seiner Konstruktion des Über-Ichs, also der Schuldgefühle erzeugenden Instanz, wie er annahm, darauf hingewiesen, daß Verbote und Gebote erst dann ihren 'erzieherischen' Zweck erfüllen, wenn sie vom Individuum verinnerlicht werden.

Wir wollen an dieser Stelle aber nicht diskutieren, ob unsere Zivilisation ohne das Mittel der Erzeugung von Schuldgefühlen auseinanderbrechen würde oder nicht.

Uns geht es um die Frage, wie *wir* uns Schuldgefühle erzeugen bzw. wie wir auch noch als Erwachsene den Mechanismus aufrechterhalten, der zu Schuldgefühlen führt, obwohl wir längst nicht mehr so wehrlos den Meinungen unserer Beeinflusser ausgesetzt sind wie dies für unsere Kinderzeit galt.

Die gedankliche Basis für Schuldgefühle hat Ähnlichkeit mit derjenigen, die zu Wut und Ärger führt.

Auch hier ist *der erste Schritt* die Feststellung, daß ich mich richtig oder falsch verhalten habe. »Es war falsch von mir, daß ich dir nicht geholfen habe.« Die Rationalität einer solchen Aussage läßt sich unter Bezug auf ein Wertsystem (sei es ein ganz persönliches oder ein 'offizielles') nachprüfen. Wer allein bei dieser Feststellung bleibt, wird aber nicht unter Schuldgefühlen leiden. Dazu ist ein zweiter Schritt notwendig.

Der zweite Schritt besteht darin, *sich* zu verdammen, zu bestrafen oder als 'gemeines, nichtsnutziges Subjekt' anzusehen, weil man falsch gehandelt hat. Diese irrationale Idee ist völlig überflüssig. Insbesondere ist sie nicht nötig, um sein Verhalten in Zukunft anders zu gestalten. Denn dazu genügt es, sich vorzunehmen, das eigene Verhalten in Zukunft den eigenen Wertmaßstäben bzw. allgemein gültigen Wertmaßstäben anzupassen. Die Beschäftigung, die darin besteht, sich als wertloses Subjekt anzusehen, ist im Gegenteil geeignet, uns von Überlegungen über Wertmaßstäbe *abzuhalten.* Mit anderen Worten: es ist sinnvoller, sich über ein 'gutes Wertsystem', über die Frage, *welche* Moral ich für mich als gültig ansehen will, Gedanken zu machen und zu überlegen, welche Handlungen einem solchen Wertsystem entsprechen, als sich bloß *Vorwürfe* zu machen. Ganz abgesehen davon, daß Sie damit weniger manipulierbar für Ihre Umgebung werden.

2. Sexual- und Liebesprobleme

Die Medien haben längst erkannt, welches Bedürfnis nach Rat und Information im Bereich von Sex- und Liebesproblemen besteht – und diesen 'Markt' weidlich ausgenutzt. Es gibt eine Unzahl von Büchern, die diesem Thema seit Jahren Platz und Raum widmen. Als ich meine ersten Klienten mit speziellen Problemen auf dem Gebiet der Sexualität therapeutisch beriet, wollte ich ihnen eine Reihe von geeigneten Buchtiteln zum Zwecke der Bibliotherapie benennen. Dabei stellte ich überraschend fest, daß die Anzahl seriöser psychologisch fundierter Publikationen im Gegensatz zum englischsprachigen Raum in Deutschland recht gering war. Ich brachte kaum mehr als fünf Buchtitel zusammen. Dies gilt im großen und ganzen auch noch heute, wenngleich sich die Situation – und zwar durch Übersetzungen englischsprachiger Literatur – verbessert.

In diesem folgenden Kapitel möchte ich Sie daher in Stand setzen, auch Ihre Probleme bei Sex, Liebe und Partnerschaft im Wege der Selbsthilfe anzugehen. Natürlich müssen wir uns aus Platzgründen hierbei auf wesentliche Aspekte beschränken. Wir werden daher vornehmlich zwei Problembereiche besprechen:
Abschnitt 1: Sexuelle Schwierigkeiten
Abschnitt 2: Trennung und Scheidung

Sexuelle Störungen

Was sind sexuelle Störungen? Die meisten akademischen Lehrbücher taugen zur Beantwortung dieser Frage wenig. So sehen wir in der RET z. B. im Gegensatz zu einem psychiatrischen Standardwerk die

Masturbation nicht als sexuelle Störung an. Sexuelle Störungen unter Hinweis auf 'normale' sexuelle Betätigungsformen oder unter Häufigkeitsgesichtspunkten zu betrachten, scheint ebenfalls nicht hilfreich. Wenn wir sexuelle Störungen ausklammern, die auf organische Ursachen zurückgehen – und das ist ein prozentual kaum ins Gewicht fallender Teil – so ist es gerechtfertigt, sexuelle Störungen als psychische oder emotionale Störungen auf dem Gebiet der Sexualität aufzufassen. Der Vorteil dieser Auffassung besteht darin, daß wir daraus unmittelbar Nutzen für die Lösung sexueller Probleme ziehen können. Zum anderen wird deutlich, daß die Gründe für sexuelle Störungen prinzipiell dem gleichen Muster folgen wie es auch für psychische Störungen allgemein gilt.

Die am häufigsten anzutreffenden Störungen sind mangelnde Erektionsfähigkeit beim Mann und Orgasmusschwierigkeiten bei Frauen, gefolgt vom sogenannten vorzeitigen Samenerguß (ejaculatio praecox) beim Mann und dem Vaginismus bei Frauen.
Das diese Störungen auslösende irrationale Denkmuster ist im wesentlichen gleichgelagert, sodaß wir das Hauptgewicht auf die Darstellung derjenigen selbstschädigenden irrationalen Ansichten legen können, die zu sexuellen Funktionsstörungen führen.

Ein Fall von Erektionsstörungen

Wann die Tatsache, daß ein Mann 'keinen hoch kriegt', als psychische *Störung* zu werten ist, über die es sich lohnt, nachzudenken, ist schwer zu beantworten und subjektiv verschieden. Die meisten Männer dürften im Laufe ihres Lebens zu verschiedenen Zeitpunkten die Erfahrung der 'Impotenz' bereits am eigenen Leib erfahren haben. Die eigentlichen Schwierigkeiten beginnen meist dann, wenn ein Mann beginnt, über seine 'Impotenz' *»nachzudenken«*. Der junge Arzt, der mich eines Tages in meiner Praxis aufsuchte, hatte bereits ca. zwei Jahre zuvor damit begonnen, über seine Schwierigkeiten »nachzudenken«: er machte sich herunter, weil er keinen hoch bekam. Wie es guter Tradition in der Sexualtherapie entspricht, lud ich zunächst auch die Frau des Arztes zu einigen Vorgesprächen ein. Hinter dieser Vorgehensweise steht die bei den meisten Sexualtherapeuten anzutreffende Überzeugung, daß sexuelle Funktionsstörungen *eines* Partners Ausdruck einer Beziehungsstörung seien. Dies trifft sicherlich in vielen Fällen zu, sodaß eine gemeinsame Paartherapie ein erstrebenswertes Ziel bei der Behandlung von Sexualstörungen ist. Manchmal ist jedoch gerade der emotional gestörtere Partner nicht derjenige, der unter sexuellen Problemen (bewußt) leidet. In diesen Fällen wird es schwer sein, diesen Partner zur Mitarbeit zu gewinnen. Darüberhinaus war ich zu diesem Zeitpunkt bereits davon überzeugt, daß auch sexuelle Störungen im wesentlichen durch bestimmte irrationale Überzeugungen hervorgerufen werden. Somit wagte ich es, meinen Klienten ohne direkte Einbeziehung seiner Frau zu behandeln. Mir war nämlich aus den Vorgesprächen klar geworden, daß ich die Frau des Klienten höchstens dazu bewegen könnte, mit ihrem Mann zuhause einige der praktischen Übungen durchzuführen, die ich dem Klienten empfehlen wollte. Mein Klient war seit ungefähr fünf Jahren mit seiner jetzigen Frau befreundet und hatte sie vor ca. zwei Jahren geheiratet. Die ersten Anzeichen von Erektionsschwierigkeiten waren etwa zu diesem Zeitpunkt aufgetreten. Seit ungefähr einem Jahr hatten die beiden nur noch ganz selten miteinander Sex gehabt – etwa in Abständen von zwei bis drei Monaten.

In den ersten Gesprächen mit dem jungen Arzt war mir aufgefallen, daß dieser die Ansicht seiner Frau weitgehend teilte, daß nämlich er derjenige sei, der die Schuld an den sexuellen Schwierigkeiten habe. Auf meine Frage, welche sexuellen Praktiken das Paar neben dem Koitus noch ausführe, antwortete mir der Klient, daß seine Frau orale oder manuelle Techniken allenfalls als Vorspiel akzeptiere, lieber jedoch auch das nicht, da sie davon 'nichts habe'. Dann fügte er hinzu, daß dies auch seine Ansicht sei, wenn er auch 'früher solche Dinge ganz gern gemacht' habe. Zu meiner großen Verwunderung teilte der Klient dann auch noch die Ansicht seiner Frau, daß *er* wohl prüde erzogen worden sei, während seine Frau eine 'freie Erziehung' genossen habe. Mein Klient beteuerte außerdem, daß er seine Frau sehr liebe und es für ihn schrecklich sei, wenn er sehen müsse, wie seine Frau in Tränen ausbreche, wenn er mal wieder 'versagt' habe.

In der letzten Zeit hatte seine Frau davon gesprochen, daß man sich wohl trennen müsse, wenn es so weitergehe, da ja Sex nun mal unabdingbarer Bestandteil einer Ehe sei. Auch hierbei äußerte mein Klient volles Verständnis für seine Frau. Sie war es schließlich gewesen, die ihren Mann veranlaßt hatte, einen Arzt aufzusuchen, der dann meine Adresse weitergab.

So war der Klient nun bei mir und geplagt von der Sorge, daß seine Frau ihn verlassen werde, wenn er diese 'letzte Chance' nicht nützen könne.

Mir war inzwischen – wie wohl jedem 'neutralen Beobachter' dieser Konstellation – klar geworden, daß ich dem Klienten zunächst dazu verhelfen mußte, das Damoklesschwert des drohenden Verlassenwerdens zu bearbeiten. Das A-B-C zu diesem Komplex war demnach auch nicht schwer zu erstellen. Am Punkt A hatte der Klient 'versagt', d. h. er hatte nach kurzem Koitus seine Erektion zunehmend verloren und den Koitus abgebrochen. Am Punkt C geriet er in einen jämmerlichen depressiven Zustand, zumal dann wenn er seine Frau weinen sah. Hier ein Ausschnitt aus einer Therapiesitzung:

Th: »Was denken Sie in diesem Moment?«, fragte ich.

Kl: »Nun, daß es ganz *schrecklich* ist, daß ich schon wieder versagt habe. Ich liebe doch meine Frau so. Wenn das aber so weitergeht, wird sie mich verlassen.«

Th: »Nehmen wir an, Ihre Frau verläßt sie. Was denken Sie darüber?«

»Nun das wäre *schrecklich.* Wir sind doch so lange zusammen gewesen, soll das alles nun umsonst sein?«

Mehrere Therapiestunden verbrachten wir nun damit, die 'schrecklichen' Konsequenzen durchzusprechen, die eine Trennung des Klienten von seiner Frau mit sich bringen sollten. Mein Klient war sehr erfinderisch. Obwohl er überdurchschnittlich attraktiv aussah, schien er zu glauben, daß sich für ihn *kaum noch jemals eine andere Frau* interessieren könne. Obwohl er offensichtlich nicht allzu gehemmt und kontaktgestört war, versuchte er mich davon zu überzeugen, daß er *mindestens drei oder mehr Jahre* brauchen werde, um mit einer anderen Frau in Kontakt zu kommen. Schließlich bezog er Verteidigungsstellung hinter dem Gedanken, daß sich *keine Frau* auf der Welt mit seiner Frau messen könne, woraus der *unendliche* Verlust doch wohl klar ersichtlich sei. Und wenn doch, dann aber gehe er der vielen gemeinsamen Erinnerungen und Gemeinsamkeiten mit seiner Frau verlustig, was seinem Leben *doch allen Sinn* nehmen würde.

Parallel zum konsequenten Anzweifeln seiner katastrophisierenden Überlegungen bezüglich des Verlassenwerdens hatte ich dem Klienten immer wieder die Frage gestellt, ob er glaube, daß *diese Art von Gedanken seinem Problem nützlich* sein könne. Dies hatte er schnell verneint und so begann mein Klient allmählich umzudenken.

Inzwischen vertraut mit den Grundsätzen der rationalen Selbstanalyse, arbeitete der junge Arzt zwischen den Therapiesitzungen an einer rationalen Umformulierung der Bedeutung möglichen Verlassenwerdens und begann bald mit täglichen rationalen Vorstellungsübungen. Während dieser Zeit der ersten Therapiesitzungen hatte ich dem Klienten striktes Koitusverbot auferlegt, um ihn vor neuerlichen Mißerfolgen und damit einhergehenden Katastrophisierungen zu schützen. Dafür hatte er seine Frau zu verschiedenen Streichel- und Pettingübungen nach einem von mir erstellten Fahrplan gewinnen können, obwohl zunächst Bedenken der Frau gegen solche 'technischen Sexhausaufgaben' (unter anderem durch ein erneutes Gespräch meinerseits mit der Frau des Klienten) zu zerstreuen waren.

Das A-B-C des emotionalen Problems des Klienten bezüglich der drohenden Trennung war sicherlich der Motor gewesen, mit dem sich der Klient unter ständigen Druck setzte. Es fehlte jedoch noch ein zweites A-B-C, das sich auf die Situation *unmittelbar vor oder während des Koitus* bezog. Dieses gingen wir nunmehr an.

Th: »Was geht Ihnen unmittelbar vor oder während des Koitus mit Ihrer Frau durch den Kopf?«

Kl: »So Dinge wie: Das *muß* aber heute klappen! Ich *darf nicht* wieder versagen.«

Th: »Und was noch? Denken Sie nach. Versetzen Sie sich in die Situation!«

Kl: »Tja, eigentlich warte ich dann nur die ganze Zeit darauf, *daß es wieder los geht.«*

Th: »Daß *was* wieder losgeht?«

Kl: »Na, daß ich irgendwie etwas weniger Gefühl, Lustgefühl oder so da unten verspüre *und mir dann gleich all die Gedanken kommen.«*

Th: »Was genau denken Sie da?«

Kl: *»Jetzt ist es wieder soweit, jetzt versage ich wieder.«*

Th: »Ganz schön stimulierende Gedanken!«

Kl: »Kann man wohl sagen«, lachte mein Klient.

Wir waren am entscheidenden Punkt angelangt: Sobald der Klient mit dem Koitus begann, lauerte er die ganze Zeit auf irgendein Zeichen geringerer Erregung, das er dann prompt benutzte, um seinen »Panikknopf« zu drücken: Er wartete ängstlich auf seine Angst!

Nunmehr konnte mein Klient damit beginnen, all seine irrationalen Gedanken im Zusammenhang mit seinen sexuellen Aktivitäten zu bekämpfen. Als Ergebnis dieses Disputierens sagte er sich in Zukunft etwa folgendes:

»Wenn ich mit meiner Frau ins Bett gehe, dann brauche ich nur tun, was mir gerade gefällt. Zum Koitus bin ich nicht verpflichtet. Sex kann auch befriedigend sein, wenn man sich streichelt oder sonstige nichtkoitale Techniken verwendet. Wenn ich dann Lust habe, den Koitus zu praktizieren, dann kann ich auch jederzeit wieder damit aufhören und wieder zu anderen Formen der sexuellen Betätigung zurückkehren oder ganz aufhören. Wenn ich also während des Koitus ein Nachlassen der sexuellen Erregung – aus welchem Grund auch immer – verspüre, *dann bedeutet das nicht, daß ich 'jetzt wieder versage'.* Vielleicht stellt sich die Erregung nach wenigen Sekunden wieder ein oder zumindest nach einiger Zeit, die ich mit Streicheln etc. verbringen kann – ganz wie es mir beliebt.

Es kann mir natürlich auch passieren, daß ich auch in Zukunft mit meiner Frau kein befriedigendes Sexualleben habe und möglicherweise verläßt mich meine Frau sogar. Das wäre sicher sehr enttäuschend und traurig. Aber ich könnte sehr wohl wieder eine neue Partnerin finden. Schlimmstenfalls könnte ich mir sogar vorstellen, daß ich eine lange Zeit oder überhaupt ohne eine feste Partnerbeziehung noch eine Menge Spaß im Leben haben könnte. Ich habe einen Beruf, der mich weitgehend ausfüllt und eine Menge interessanter Hobbys, die Spaß bringen. Alles in allem wäre also auch eine solche Entwicklung keine Katastrophe, wenngleich ich natürlich tausendmal lieber mit meiner Frau zusammenbleiben würde.«

Natürlich waren diese Erkenntnisse meines Klienten nicht das Ergebnis der Arbeit weniger Tage, sondern einer Entwicklung von ca. drei Monaten. Dennoch eine erstaunlich kurze Zeitspanne im Vergleich zu der Zeitspanne, die sich mein Klient auf meine Frage zu Beginn der Therapie gegeben hatte. Er hatte damals gesagt, daß er damit rechne, daß seine Erektionsstörungen vielleicht erst nach einer Behandlungszeit von ein oder zwei Jahren behoben werden könnten. Etwa 15 Therapiestunden, mehrere Seiten rationaler Selbstanalysen und häufige rationale Vorstellungsübungen (für die mein Klient sogar seine Mittagspausen während der Arbeitszeit nutzte) hatten den Erfolg möglich gemacht:

Von einem Kurzurlaub mit seiner Frau zurückgekehrt berichtete mir mein Klient, daß er mit seiner Frau geschlafen habe (das Koitusverbot war inzwischen beschränkt worden darauf, daß die Einführung des Penis zwar erlaubt, aber kein Orgasmus während des Koitus herbeigeführt werden sollte). Wir beschlossen, die Therapie damit zu beenden. Die letzte Stunde verbrachte ich damit, meinem Klienten gegenüber den 'advocatus diaboli' zu spielen und hielt ihm all seine katastrophisierenden Gedanken aus der Anfangszeit der Therapie vor. Doch ich hatte keine Chance mehr gegen die inzwischen 'installierten' rationalen Erwägungen des jungen Arztes. Ein Telefongespräch Wochen nach Beendigung der Therapie ergab, daß das junge Ehepaar zufriedenstellende sexuelle Aktivitäten entwickelt hatte. Darüber hinaus berichtete mir mein Klient, daß er begonnen habe, die Methode der rational-emotiven Therapie auch in anderen Problembereichen seines Lebens erfolgreich einzusetzen.

An dem geschilderten Beispiel ersehen Sie, daß verabsolutierendes und katastrophisierendes Denken die Grundlage sexueller Störungen bilden kann. Neben diesen allgemeinen irrationalen Denkmustern gibt es aber auch noch eine Reihe typischer irrationaler Ansichten über Sexualität. Sie sind weit verbreitet, sogar bei Menschen, die für sich in Anspruch nehmen, frei und ohne Vorurteile über Sexualität zu denken. Lassen Sie uns einige dieser irrationalen Ansichten betrachten:

Einige irrationale Ansichten über Sex und Liebe

1. *Nur der Koitus garantiert befriedigende und lustvolle Sexualität, andere Formen der Sexualbetätigung sind minderwertig.*

Hier handelt es sich um eine Meinung, die trotz Sexwelle à la Oswald Kolle noch häufig anzutreffen ist, wenngleich sie sich oftmals hinter scheinbarer Vorurteilslosigkeit verbirgt. Der Koitus ist entgegen dieser Ansicht aber nur *eine* Möglichkeit, wie Sexualpartner zur gegenseitigen Befriedigung gelangen können. Wer sexuelle Betätigungsformen auf die Ausübung des Koitus (im Sinne des 'Penetrierens', wie es eine Fraktion radikaler Feministinnen nennt) beschränken will, macht daraus einen Fetisch.

Unterformen dieser unsinnigen Ansicht über die Rolle des Koitus im sexuellen Repertoire sind auch die folgenden Meinungen:

2. *Vielfältige und abwechslungsreiche sexuelle Praktiken sind unwichtig bzw. der Wunsch eines Partners danach ist ein Zeichen dafür, daß etwas 'nicht stimmt' mit der Beziehung.*
3. *Jede nichtkoitale Sexualbetätigung sollte nur als Vorspiel zum Koitus gelten.*
4. *Es gibt richtige und falsche, gute und schlechte sexuelle Aktivitäten und* ich bin *gut oder schlecht, wenn ich bestimmte sexuelle Aktivitäten bevorzuge.*
5. *Der einzig richtige Orgasmus für eine Frau ist der 'vaginale' Orgasmus oder zumindest ist er allen anderen Orgasmen überlegen.*

Sigmund Freuds Psychoanalyse, der zweifellos das Verdienst zukommt, gegen viele verstaubte Tabus im Bereich der Sexualität angegangen zu sein, haben wir andererseits den Mythos des 'vaginalen Orgasmus' zuzuschreiben. Auch dieser Mythos hält sich erstaunlich zäh am Leben. Die Untersuchungen der amerikanischen Sexualforscher Masters und Johnson haben aber klar gezeigt, daß die Unterscheidung eines vaginalen und eines klitoralen Orgasmus nicht haltbar ist.

Es gibt nur *einen* Orgasmus. Er stellt eine komplizierte psychophysiologische Reaktion auf psycho-somatische Stimulierung dar. Wie Masters und Johnson zeigten, erfolgt auch durch Einführen des Penis eine indirekte Klitorisreizung, indem ein Zug beiderseits der Schamlippen zu einer Bewegung der Klitoris führt.

Viele Frauen bedürfen aber einer direkteren Stimulierung der Klitoris, um zum Orgasmus zu kommen. Schon aus diesem Grunde ist es völlig unsinnig, nichtvaginale oder besser nichtkoitale Methoden als zweitrangig anzusehen und sich als 'sexuell unreife' Frau bzw. minderwertigen Mann zu diskriminieren, nur weil die Frau durch alleiniges Einführen des Penis in die Vagina nicht zum Orgasmus gelangt bzw. der Mann 'es nicht schafft', seine Partnerin durch Penetration zum Höhepunkt zu bringen.

Im Zusammenhang mit der Abwertung nichtkoitaler Liebestechniken dürfte auch die folgende irrationale Einstellung zu sehen sein:

6. *Onanieren ist zwar keine Sünde, aber ein Zeichen für infantile oder unreife Sexualität.*

Zwar ist die unmittelbare und brutale Verunglimpfung der Selbstbefriedigung, wie sie in früheren Zeiten geübt wurde, heute nur noch selten zu beobachten. Sie wird nicht mehr wie vor ca. 100 Jahren als Ursache für alle möglichen Krankheiten angesehen. Auch die Vorstellung von Onanie als sexueller 'Verirrung' ist nicht mehr häufig anzutreffen. Onanie wird aber heute oft »als Aushilfe-Sex« belächelt oder als infantiles, unreifes Sexualverhalten beschimpft, wie Volker Elis Pilgrim feststellt.

7. *Man muß leicht erregbar und leicht zu befriedigen sein bzw. ein guter Sexualpartner muß seinen Intimpartner leicht erregen und zum Orgasmus bringen können.*
8. *Als 'richtiger' Mann bzw. als 'vollwertige' Frau hat man ständig Lust nach Sex. Zumindest gibt es eine 'normale Häufigkeitsrate' für sexuelle Aktivitäten. Wenn der Partner keine ständige sexuelle Anziehungskraft ausübt oder zumindest die größte sexuelle Attraktivität unter allen Menschen hat, liebt man sich nicht (genug).*

Erstaunlich häufig entstehen zwischen Liebespartnern ernsthafte Probleme daraus, daß unterschiedliche Wünsche bezüglich der Häufigkeit sexueller Kontakte miteinander zu einer Frage des 'Liebst du mich eigentlich genug?' hochstilisiert werden. Natürlich sind die Wünsche eines Partners nach mehr Sex legitim und die Frustration bei zu viel abgelehnten Wünschen sehr rational, zumal wenn zwei Partner sich für eine monogame Lebensweise entschieden haben. Es ist aber unsinnig, aus den unterschiedlichen Wünschen nach Sex zu schließen, daß dies notwendigerweise darauf zurückzuführen sei, daß der eine Partner den anderen nicht genug liebe. Die Martin Luther zugeschriebene Regel »In der Woche zwier, thuts im Jahr einhundertvier, schadets weder mir noch dir« kann nur im letzten Teil Richtigkeit beanspruchen. Statistische Durchschnittswerte jedenfalls taugen nicht, um dem einzelnen Anhaltspunkte für ein 'normales' Sexualleben zu geben.

9. *Befriedigende Sexualbetätigung kann nur spontan zustandekommen; man muß schon erregt sein,* bevor *man mit Sex anfängt.*

Diese durch gewisse romantizierende Filmdarstellungen genährte Ansicht verlangt, daß wir als 'feurige Liebhaber' bereits auf einem hohen sexuellen Erregungsniveau sind, wenn wir Liebe machen wollen. Auch eine solche Einstellung ist realitätsfern und in vielen Fällen schädlich. 'Spontan' zustandekommende sexuelle Aktivität, bei der sich beide Partner bereits auf einem hohen Erregungsniveau befinden, bevor sie 'Hand anlegen', dürfte sogar die Ausnahme darstellen, zumindest was sexuelle Aktivitäten in monogamen Beziehungen darstellt.

12. *Der Wunsch nach sexueller Betätigung mit einem anderen Sexualpartner* muß *Ausdruck einer gestörten Beziehung sein und ist notwendigerweise illegitim und amoralisch.*

Was sexuelle Beziehungen mit dritten Personen betrifft, so lautet die Alternative: 'Tun oder nicht tun?', aber nicht 'Wunsch oder nicht Wunsch'; denn wie für fast alles, was Menschen tun, gibt es dafür vernünftige wie auch unvernünftige, 'gesunde' wie 'ungesunde' Gründe.

Spezielle Probleme bei Frauen

Manche den Überzeugungen der Frauenbewegung nahestehenden Leserinnen und Leser mögen sich angesichts dieser Überschrift sagen: »Aha, da schreibt also wieder ein männlicher Experte über Probleme von Frauen und tut so, als ob Frauen, *weil sie Frauen sind*, mehr Probleme mit Liebe und Sexualität haben als Männer.«

Nun, abgesehen davon, daß ich mir die Expertenstellung in diesem Zusammenhang gerne bestreiten lasse, meine ich aber doch, daß es sich lohnt, über spezielle Schwierigkeiten von Frauen bei Sex und Liebe nachzudenken. Und dies gerade *weil* wir in einer von Männern beherrschten, 'patriarchalischen' Kultur leben.

Ich bin nämlich nicht der Auffassung, daß all die speziellen Probleme von Frauen ungelöst bleiben müssen, solange männliche Vorherrschaft andauert. Eine *dauerhafte* Lösung der Probleme wird allerdings erst wahrscheinlich sein, wenn die zugrunde liegenden sozialen Bedingungen bedeutend verändert sein werden: denn wie sollen Frauen eigentlich *nicht* zu solch irrationalen Auffassungen neigen wie: »Ich *muß* jung und attraktiv sein« etc. wenn Zeitungen, Filme und Werbung praktisch pausenlos genau *das* behaupten?

Gibt es also Probleme, die besonders Frauen betreffen?

Therapeutische Erfahrung wie auch fast alle wissenschaftlichen Untersuchungen, die jemals zum Thema weibliche Sexualität gemacht wurden, zeigen, daß Frauen

- häufig schwer erregbar sind
- eher bestimmte Bedingungen benötigen, um sich sexuell engagieren zu können (etwa eine romantische Beziehung)
- häufige manifeste Schuldgefühle bezüglich ihrer Sexualität entwikkeln

- weniger häufig masturbieren
- in der Mehrzahl nicht bei jedem Geschlechtsverkehr einen Orgasmus erreichen
- verhältnismäßig häufig orgasmusunfähig sind etc.

Was können einige der Gründe für solche Probleme sein?

Schon Alfred Adler sprach von der 'hypostasierten Minderwertigkeit' der Frau, einem Begriff, der nicht mißverstanden werden darf. Meinte Adler doch damit *nicht*, daß die Frau *von Natur aus* irgendwie minderwertig sei. Vielmehr war er es, der bereits lange vor feministischem Aufbegehren auf die in patriarchalischen Kulturen geübte *negative Beurteilung des Merkmals weiblich hinwies.*

Angehörige negativ typisierter Gruppen vermögen aber – wie uns die Sozialpsychologie lehrt – nur in den seltensten Fällen ein dem herrschenden (Fremd)bild entgegengesetztes Selbstbild aufrechtzuerhalten. Aus diesem Grunde leiden Frauen in unserer Kultur bevorzugt unter allgemeiner Selbstunsicherheit. Diese allgemeine Selbstunsicherheit führt auch zu mangelnder Selbstbehauptung in sexueller Hinsicht und wirkt sich hierbei besonders unangenehm aus.

Der erste Schritt, als Frau ihre Probleme mit Sex und Liebe zu verringern, besteht also darin, sich dieser mangelnden Selbstbehauptung in allgemeiner wie speziell sexueller Hinsicht bewußt zu werden und dann aktiv zu bekämpfen. Wie Sie zu mehr Selbstsicherheit im allgemeinen kommen können, haben Sie in den vorigen Kapiteln dieses Selbsthilfebuches bereits gelesen. Lassen Sie uns deshalb hier das Problem unter dem zweiten Gesichtspunkt angehen.

Ihre mangelnde Selbstbehauptung bei Sex und Liebe

Fragen Sie sich ganz ehrlich:

Wer hat bei Ihrem letzten sexuellen Kontakt die *Initiative* ergriffen?

Wer hat über Ablauf und Modalitäten des sexuellen Kontaktes bestimmt?

Sind Sie eher aktiv oder passiv, wenn Sie eine neue Bekanntschaft schließen?

Täuschen Sie manchmal vor, sexuell befriedigt zu sein, auch wenn Sie es gar nicht sind?

Geben Sie häufig den Wünschen und Forderungen Ihres Partners in sexueller Hinsicht nach?

Dies sind nur einige Fragen, die, wenn Sie sich ehrliche Antworten geben, auf die Notwendigkeit hinweisen könnten, Ihre Selbstbehauptung auf sexuellem Gebiet zu stärken.

Beginnen Sie zunächst damit, Ihre Fähigkeit, NEIN zu sagen, zu entdecken oder zu entwickeln. Denken Sie sich einige Situationen aus oder greifen Sie einige Situationen der letzten Zeit auf, in denen es Ihnen schwer fiel, NEIN zu sagen. Fragen Sie sich dann, *wovor* Sie Angst haben! Machen Sie eine RSA darüber.

Sagen Sie zum Beispiel NEIN, wenn Sie zu müde oder nicht in Stimmung sind, Sex zu machen.

Lernen Sie NEIN zu sagen, wenn Ihnen bestimmte sexuelle Techniken zu anstrengend sind und sprechen Sie mit Ihrem Partner darüber. Beginnen Sie dann, Ihrerseits Wünsche auszusprechen:
Teilen Sie Ihrem Partner mit, was und wie Sie es gerne hätten.
»Ich mag es, wenn Du mich mit der Hand an der Brust streichelst.«
»Laß es uns hier am Boden machen.«
»Kannst Du etwas mehr Druck ausüben?«
»Ich hab es lieber sanfter.« etc.

Störende Schuldgefühle und Ängste

Mangelnde sexuelle Selbstbehauptung bei Frauen ist häufig die Folge bestimmter Ängste und Schuldgefühle. Selbst wenn eine Frau ein Bewußtsein über ihre Vorlieben und Abneigungen im Zusammenhang mit Sexualität entwickelt hat, kommt es nicht selten vor, daß sie ihre Gefühle *nicht kommuniziert.* Dahinter steckt meistens die Idee, daß sie ständig auf die Liebe und Zuneigung ihres Partners angewiesen sei und daß es folglich *schrecklich* sei, wenn sie dieser Zuneigung gelegentlich verlustig geht.
Oft genug leben Frauen aufgrund ihrer Angst vor Zurückweisung über Monate, ja sogar Jahre in sexuell unbefriedigenden Beziehungen.

Noch mehr als diese Ängste vor Ablehnung durch den Partner scheint aber eine gewisse 'caritative' Grundhaltung Frauen von sexueller Selbstbehauptung abzuhalten. Kennzeichen dieser 'caritativen' Grundhaltung ist die Auffassung, daß eine Frau sich in erster Linie darum zu kümmern habe, was ihrem Mann oder Partner gefällt. Folgende irrationale Gedanken stehen im Zentrum der 'caritativen' Grundhaltung:

»Wenn ich meine Gefühle, Wünsche und Abneigungen offen und direkt meinem Partner mitteile, könnte ich ihn damit *verletzen.*«

»Wenn mein selbstbehauptendes Verhalten dazu führt, daß sich mein Partner verletzt fühlt, ist das *schrecklich* und *meine Schuld.*«

Das Beispiel Karin:

Im Rahmen einer Paartherapie offenbarte mir Karin, daß sie seit geraumer Zeit mit der Art und Weise unzufrieden war, wie ihr Mann mit ihr ins Bett zu gehen pflegte. Ihr Hauptvorwurf ihrem Mann gegenüber bestand darin, daß dieser unmittelbar nachdem er eine Erektion hatte, in sie eindrang. Karin dagegen zog es vor, den Zeitpunkt des Einführens des Penis etwas hinauszuschieben, da sie sich häufig noch nicht genügend entspannt fühlte und ihre Scheide noch nicht genügend feucht war, um ein angenehmes, schmerzloses Einführen des Gliedes zu gewährleisten.

Als sie ihrem Mann dann einmal diesen Sachverhalt sagte, zeigte sich dieser sehr betroffen, und reagierte mit Impotenz. Aus Angst, ihren Mann erneut derart in seiner 'Männlichkeit' zu verletzen, hatte sie darauf ihre Wünsche wieder hintangestellt – war aber natürlich nicht zufriedener geworden.

Massive Schuldgefühle als Folge der Auffassung, ihren Mann unter keinen Umständen verletzen zu dürfen, waren der Grund für Karins 'altruistisches' Verhalten. Erst als sie erkannte, daß nicht *sie* ihren Mann verletzte, sondern die extreme Empfindlichkeit ihres Partners *dessen Problem* darstellte, konnte Karin auf dem Wege größerer Selbstbehauptung ein Stück vorankommen. Tatsächlich schuf sie damit überhaupt erst eine Voraussetzung dafür, daß ihr Mann sich seines Problems bewußt wurde und beginnen konnte, seinerseits nach den Gründen, d. h. den irrationalen Gedanken, zu suchen, die *seine* sexuelle Unsicherheit verursachten. Sie sehen an diesem Beispiel, daß stärkere Selbstbehauptung nicht nur im eigenen Interesse ist, sondern auch eine Hilfe für den Partner darstellen kann. Auf eine spezielle Form geringen weiblichen Selbstbewußtseins wollen wir nunmehr zu sprechen kommen.

Ohne Mann nur eine halbe Frau?

Lord Byron sagte einmal: »Für den Mann ist die Liebe ein Teil seines Lebens – für die Frau die ganze Existenz!«

Ohne Zweifel hat die feministische Bewegung bei einem Teil besonders der jungen Mädchen und Frauen die Wirkung gehabt, daß sie sich nicht mehr nur als 'Adams Rippe', als 'halben Menschen' begreifen – Frauen haben begonnen, ein eigenes Selbstbewußtsein zu entwickeln.

Dennoch dürfte bei vielen Frauen auch heute noch in mehr oder weniger ausgeprägter Form eine bestimmte muß-turbatorische Ideologie weit verbreitet sein: diese Frauen glauben, sie *müßten* einen Mann haben und ihr Leben habe nur dann einen Sinn, wenn sie die Position einer Ehefrau und Mutter erreichten. Sie meinen weiter, dieses unabdingbare Ziel bis zu einem bestimmten Zeitpunkt erreichen zu *müssen*, etwa bis zu ihrem 25. oder 30. oder 35. Lebensjahr. Sie tun dann buchstäblich alles – in 'Torschlußpanik' – um dieses Ziel nicht zu verfehlen, indem sie sich völlig zum Werkzeug ihrer jeweiligen Freunde machen – in der Küche so gut wie im Bett. Werden sie dann aber trotz ihrer Gefügigkeit und 'unendlichen Liebe' verlassen, so bricht für sie oftmals wortwörtlich ihre Welt zusammen. Und nachdem sie sich von einem solchen 'Schicksalsschlag' mühsam erholt haben, verdoppeln sie gleich zu Beginn ihrer nächsten Beziehung ihre Anstrengungen, verlangen Liebesgarantien bis in alle Ewigkeit und geraten jedesmal in tiefe Depressionen, wenn sie die nötige Anzahl von Gunst*beweisen* durch ihren Partner nicht finden können.
Bei diesen Frauen entwickelt sich also ein Gemisch aus selbstschädigenden Verhaltensweisen und unangemessenen Emotionen, dem wir regelrecht die Bezeichnung SUCHT nach Liebe und Zuwendung geben können. Denn wie bei jeder Sucht versucht auch die nach Liebe und Zuneigung eines Mannes süchtige Frau

- alles zu tun, was der Erhaltung oder Erlangung ihrer 'Droge' (d. h. der Liebe und Zuneigung eines Mannes) förderlich erscheint bzw. alles zu vermeiden, was zum Verlust derselben führen könnte.
- Wenn sie aber ihrer 'Droge' entsagen muß, so leidet sie unter ausgesprochenen 'Entzugserscheinungen': sie fühlt sich kaputt, niedergeschlagen, hat keinen Appetit mehr oder bekämpft ihre

Niedergeschlagenheit durch eine neue Sucht (wie Freßsucht, Alkohol etc.)
- solange sie hingegen im Besitze ihrer 'Droge' ist, richtet sie ihr Leben völlig auf die 'Droge' ein, ist nur für ihre 'Droge' da.
- Während sie mit der 'Droge' lebt, hängt ihre Stimmung völlig davon ab, wie hoch die 'Droge' dosiert ist, d. h. wenn sie von ihrem Mann die nötige Anzahl von Streicheleinheiten erhält, schwebt sie im 'siebten Himmel', aber sobald das Ausmaß der Zuneigung etwas geringer ausfällt, ist sie sofort 'down'.

Diese Symptomatik stellt innerhalb einer A-B-C-Analyse den Punkt C dar. Am Punkt A sind verschiedene aktivierende Ereignisse denkbar: eine Frau kann von ihrem Freund oder Ehemann verlassen worden sein. Oder es gelang ihr seit einiger Zeit nicht, einen Partner zu finden bzw. eine feste Verbindung einzugehen. Schließlich können auch durchaus alltägliche Probleme und Konflikte im Verlaufe einer Ehe oder Freundschaft zu aktivierenden Ereignissen werden. In all diesen Fällen ist es von größter Bedeutung, zu erkennen, daß nicht die Ereignisse am Punkt A, sondern irrationale Gedanken am Punkt B die unangemessenen Konsequenzen in emotionaler und verhaltensmäßiger Hinsicht auslösen.
Dazu ein Beispiel:

Frau M. war 25 Jahre alt und seit 6 Jahren verheiratet. Ihren acht Jahre älteren Mann hatte sie kennengelernt als sie noch zur Schule ging – unmittelbar bevor sie ihr Abitur ablegte. Da ihr Mann zu jener Zeit bereits sein Studium beendet und eine gut bezahlte Stelle inne hatte, schien es Frau M. »nicht nötig, ebenfalls zu studieren«, obwohl sie dieses Ziel ursprünglich verfolgt hatte. Inzwischen bot das junge Ehepaar das Bild einer harmonischen, glücklichen Beziehung, in der es an nichts fehlte. Man lebte in einem neu errichteten Eigenheim und die Familie war mit ihrem Nachwuchs – einem netten zweijährigen Sprößling – auf drei Mitglieder angewachsen.

Dennoch litt Frau M. all die Jahre ihrer Ehe hindurch unter der ständigen Angst, ihr Mann könne sie einmal nicht mehr lieben und möglicherweise verlassen. Sie wunderte sich oft – wie sie es ausdrückte – »daß bisher alles gut gelaufen sei« und ihr Mann immer noch mit ihr zufrieden sei, »obwohl er doch so viele attraktive Frauen in seinem Beruf kennenlernt.«

Auf ihr Sexualleben angesprochen, gab sie an, daß sie zwar »keinen sonderlichen Spaß daran« habe – zum Problem sei das aber zwischen ihr und ihrem Mann bisher nicht geworden.

Verschiedene psychosomatische Beschwerden hatten Frau M. veranlaßt, Ärzte aufzusuchen, die aber keine körperlichen Ursachen feststellen konnten. Schließlich war sie auf Vermittlung ihres Bruders zu mir gekommen.

Wie sich bald herausstellte, gehörte Frau M. zu den Frauen, die sich ohne Mann nur als halbe Frau betrachteten und entsprechend stand sie auch unter ständigem Streß, ausgelöst durch die Vorstellung, sie könne in ihrer Ehe scheitern. Wenn sie z. B. gemeinsam mit ihrem Mann einer Einladung zu einer Party folgte, so fragte sie sich den ganzen Abend, ob ihr Mann nicht eine der anderen Frauen attraktiver finde. Leicht mißdeutete sie es, wenn ihr Mann mit der Gastgeberin oder einer anderen Frau eine längere Unterhaltung führte. Als ihr Mann auf einem Faschingsfest tatsächlich einmal mit einer früheren Bekannten flirtete, brauchte sie Wochen, um aus ihrer niedergedrückten Stimmung wieder herauszufinden.

Der folgende Gesprächsausschnitt stammt aus der achten Therapiesitzung:

Frau M.: »Es kann schon sein, Herr Schwartz, daß diese ständige Angst immer mit dem Gedanken verbunden ist, daß ich einmal allein dastehe. Das ist nämlich eigentlich der Gedanke, der mir am meisten durch den Kopf geht ...

Th.: »Denken Sie an Ihre RSA, Frau M.! Sie haben dann noch mehr Gedanken, wenn Sie über die Möglichkeit nachdenken, daß Ihr Mann Sie verlassen könnte.

Frau M.: »Ja, sicher, so die Sachen, daß es eine Katastrophe wäre, wenn das eintreten würde. Aber wo ich so Schwierigkeiten habe, ist, daß ich es wirklich ganz schlimm finde, wenn ich daran denke.«

Th.: »Im Sinne einer Katastrophe?«

Frau M.: »Ja, ich kann es nicht anders sehen.«

Th.: »Katastrophe heißt: sehr schlimm und dann noch ein Stückchen mehr. Ich bin mit Ihnen einer Meinung, daß es sicher eine sehr unerfreuliche Entwicklung wäre, wenn Sie *morgen* von Ihrem Mann verlassen werden würden. Aber denken Sie zunächst noch einmal daran, wohin Sie

Ihre Betrachtungsweise als Katastrophe *heute* schon tagtäglich führt. Was haben wir da herausgearbeitet?«

Frau M.: »Sie meinen, daß ich dann z. B. den ganzen Abend auf der Party keinen Spaß mehr hatte und diese Dinge – ja, ja, das stimmt schon.«

Th.: »Schützt Sie das davor, verlassen zu werden?«

Frau M.: »Nein, das nicht – ja ich sehe Ihren Punkt. Aber wie kann ich dazu kommen, daß ich es nicht mehr so katastrophal sehe?«

Th.: »Zunächst, indem Sie sich ganz klar machen, daß es Unsinn ist, diese Sache als Katastrophe zu bezeichnen, also als das Schlimmste, was Ihnen passieren könnte, wo Ihnen doch unzweifelhaft noch Schlimmeres zustoßen könnte, etwa daß Sie krank werden *und* verlassen werden. Zweitens, daß Sie – und das halte ich für sehr wichtig – sich einmal bewußt machen, was denn daran so schlimm ist, wenn Sie mal ohne Mann – oder *Ihren Mann* – dastehen würden. Und drittens, daß Sie diese Dinge, die Sie so unangenehm finden, mit Ihren Katastrophenerwartungen vergleichen und Ihre Meinung revidieren: indem Sie das alles in RSA's aufschreiben und mit Vorstellungsübungen beginnen.«

Frau M.: »Ich soll Ihnen erzählen, was ich daran alles so schlimm finde?«

Th.: »Ja, erzählen Sie mir, was es für Konsequenzen hätte, wenn Ihr Mann Sie verließe.«

Frau M.: »Tja, es gäbe da schon einiges Unangenehme: schon daß ich nicht wüßte, wo ich dann Geld herbekäme ...«

Th.: »Meinen Sie, Sie würden verhungern?«

Frau M.: »Das nicht, aber ich müßte mich doch verdammt einschränken, könnte wahrscheinlich nicht mehr in dem Haus wohnen, nicht mehr in Urlaub fahren usw.«

Th.: »Das wäre sicher unangenehm – aber eine Katastrophe?«

Frau M.: »Katastrophe nicht – das stimmt. Es wären halt alles sehr große Umstellungen, z. B. auch wenn ich versuchen würde, einen Beruf auszuüben – ich könnte natürlich versuchen, zu studieren ...«

Th.: »Alles Dinge, die für Sie vielleicht wirklich eine Menge Unannehmlichkeiten mit sich bringen würden, aber vielleicht auch neue Erfahrungen, Aufgaben, die Ihnen dann auch mal Befriedigung bringen können, sogar Spaß ...«

Frau M.: »Ja, ich hab schon mal gedacht, daß es mir vielleicht Spaß machen könnte, zu studieren ... (Pause) ... was ich *eigentlich* immer denke mit der Katastrophe ist: *ich kann mir ein Leben ohne Mann nicht vorstellen.* Was bin ich denn dann? Auch so eine alte Jungfer, die keinen gekriegt hat oder noch schlimmer, der einer weggelaufen ist. Seit ich 14 Jahre oder so alt war, hab ich schon immer gedacht: Du *mußt* zuschauen, daß du einen kriegst – und – ich traue es mich gar nicht zu sagen – ich habe immer gleich, wenn ich einen getroffen habe, gedacht, ob der mich wohl heiraten würde ... oder mich gefragt, wie kann nur einer auf die Idee kommen, *mich Wurm* zu heiraten ... und dann hab ich mir gesagt, daß es *schrecklich* wäre, wenn ich ohne Mann leben müßte.« (weint)

Th.: »Und dann haben Sie sich immer so gefühlt wie jetzt ...«

Frau M.: »Ja ...«

Th.: »Ich glaube, Sie sind jetzt ein Stück näher an Ihrem Problem. Sie sagen: was bin ich denn ohne Mann? Beantworten Sie sich diese Frage einmal.«

Frau M.: »Tja – immer noch die gleiche ...«

Th.: »Genau, und die gleiche, die Sie waren, *bevor* Sie heirateten. Aber was Sie meinen, ist wohl, Sie seien dann nichts mehr *wert?*«

Frau M.: »Ja, das denke ich wohl.«

Th.: »Und wieso sind Sie nichts wert, wenn Sie keinen Mann haben?«

Frau M.: »Ich weiß nicht.«

Th.: »Sie wissen es nicht, weil es Unsinn ist, daß Sie dann keinen Wert mehr hätten – selbst wenn andere das behaupten würden. *Sie* bestimmen, was Sie sich wert sind.
Und was heißt es, daß ein Leben ohne Mann – oder ohne Frau, wenn es sich um einen Mann handelt – schrecklich sei? Gibt es keine anderen Dinge im Leben außer Liebe usw., die einem Spaß machen können? Könnten Sie nicht im Beruf oder bei verschiedenen Hobbies Befriedigung finden? Und zurückkommend auf Ihre Situation: wenn Ihr

Mann Sie verließe, wieso sollten Sie denn keine neuen Bekanntschaften schließen können? Sie könnten das Angenehme mit dem Nützlichen verbinden: unter Leute gehen, Tennis spielen, in Urlaub fahren, studieren – und andere Männer treffen!«

Den zentralen Teil von Frau M.'s Problematik bildete ihre Überzeugung, daß es für eine Frau geradezu undenkbar sei, ein Leben ohne Mann bzw. Familie zu führen. Folgerichtig war sie seit ihren Mädchenjahren immer mehr davon ausgegangen, daß sie einen Mann bekommen *müsse* und es *schrecklich* sei, wenn diese *Forderung* nicht erfüllt werde. Die Meinung, ein Leben ohne Mann sei für sie nicht vorstellbar, war aufs engste mit ihrer Ansicht verknüpft, daß eine Frau nur dann ihren *'vollen Wert'* erreiche, wenn sie 'es schaffe', eine Familie bzw. einen Mann zu haben.

Unschwer erkennen Sie die Ihnen bereits geläufigen muß-turbatorischen, katastrophisierenden und selbstverdammenden Ideologien, die sich allerdings in diesem Fall speziell um den Bereich 'Weiblichkeit' ranken, d. h. die traditionellen Erwartungen und Rollen betreffen, denen Frauen auch heute noch allzuoft ausgesetzt sind. In dem In-Frage-Stellen dieser Ideologien, die häufig zu schwerwiegenden emotionalen Konsequenzen führen, stimmt die rational-emotive Therapie mit vielen Ansichten der Frauenbewegung überein. Sie geht aber noch ein Stück weiter, wenn sie nicht nur auf die Notwendigkeit gesellschaftlicher Veränderungen der patriarchalischen Verhältnisse hinweist, sondern jeder Frau einen *individuellen* Weg aufzeigt, wie sie *heute* bereits beginnen kann, ein mehr selbstbestimmtes Leben zu führen.

Orgas**muß**???

Nicht ohne Grund habe ich mich entschlossen, diesen Abschnitt über Orgasmusprobleme bei Frauen erst im Anschluß an die Besprechung mangelnder sexueller Selbstbehauptung, störender Schuldgefühle und Ängste zu behandeln. Ich möchte Ihnen nahelegen, das Problem Orgasmus nicht zu wichtig zu nehmen. Das soll nicht heißen, daß ich Ihnen empfehle, den Orgasmus als *unwichtig* für Ihr

Sexualleben zu betrachten. Wenn Sie aber die Frage »Orgasmus – ja oder nein« zum hauptsächlichen Problem weiblicher Sexualität erklären, so geraten Sie leicht in Gefahr, aus Ihrem Orgasmus buchstäblich ein Orgas*muß* zu machen. Die Ansicht, als Frau *müßten* Sie orgasmusfähig sein, zu *mehr* Orgasmen fähig sein oder *auf eine bestimmte Art* (z. B. durch Koitus) orgasmusfähig sein, ist jedoch leider in vielen Fällen gerade der Grund, warum Frauen ihr jeweiliges Ziel *nicht* erreichen. Dagegen erreichen sie häufig etwas, was sie nicht wollen: sie machen sich zusätzlich noch deprimiert und mutlos und betrachten sich als (sexuelle) Versager. Mit anderen Worten: Die Überzeugung »Orgasmus muß sein« stellt den Ausgangspunkt für ein doppeltes Problem dar

1. Sie verringern wahrscheinlich die Chancen, Ihre Orgasmusfähigkeit zu verbessern und machen sich
2. zusätzlich noch ein weiteres völlig unnötiges emotionales Problem.

Um sicherzustellen, daß Sie sich auf Ihrem Weg zu mehr sexueller Freude nicht selbst blockieren, empfehle ich Ihnen, die folgenden Diagramme durchzuarbeiten:

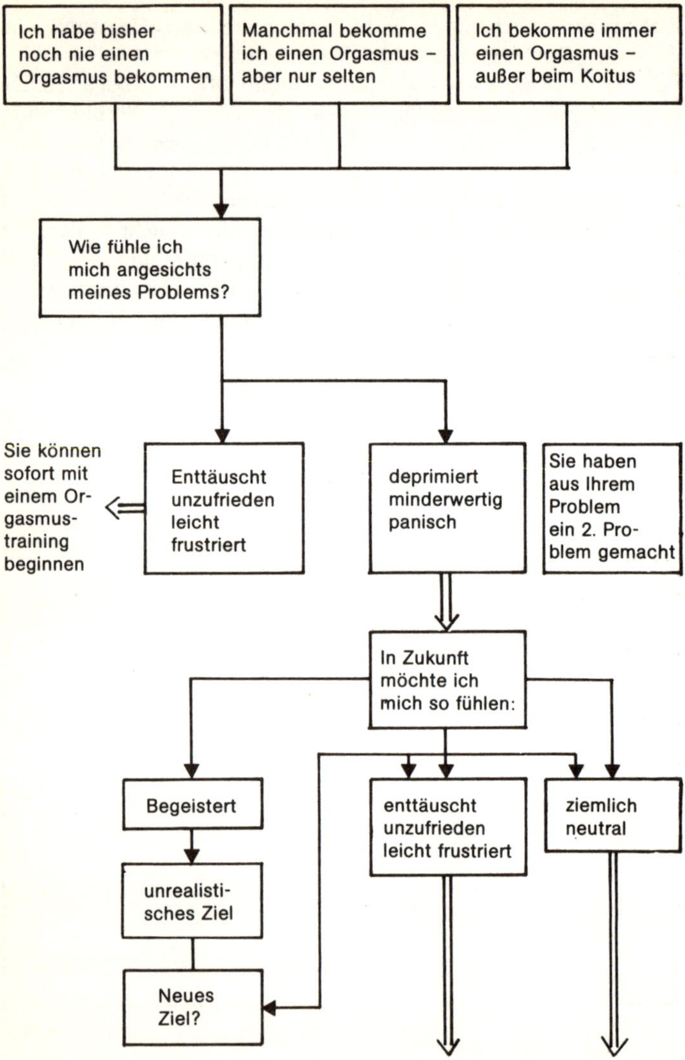
Ich habe bisher noch nie einen Orgasmus bekommen
Manchmal bekomme ich einen Orgasmus – aber nur selten
Ich bekomme immer einen Orgasmus – außer beim Koitus
Wie fühle ich mich angesichts meines Problems?
Sie können sofort mit einem Orgasmus-training beginnen
Enttäuscht unzufrieden leicht frustriert
deprimiert minderwertig panisch
Sie haben aus Ihrem Problem ein 2. Problem gemacht
In Zukunft möchte ich mich so fühlen:
Begeistert
unrealistisches Ziel
Neues Ziel?
enttäuscht unzufrieden leicht frustriert
ziemlich neutral

Das denke ich darüber, daß ich noch nie einen Orgasmus gehabt habe:

Das denke ich darüber, daß ich nur manchmal einen Orgasmus bekomme:

Das denke ich darüber, daß ich beim Koitus keinen Orgasmus bekomme:

Jetzt überprüfe ich meine Gedanken

Mein rationaler Disput

Wieso muß ich .../sollte ich .../darf ich nicht ...?

Wieso ist es schrecklich, fürchterlich, total schlimm, eine Katastrophe ...?

Wieso beweist es, daß ich als ganze Person nichts wert bin?

Wieso kann ich es nicht ertragen?

In Zukunft werde ich stattdessen denken:

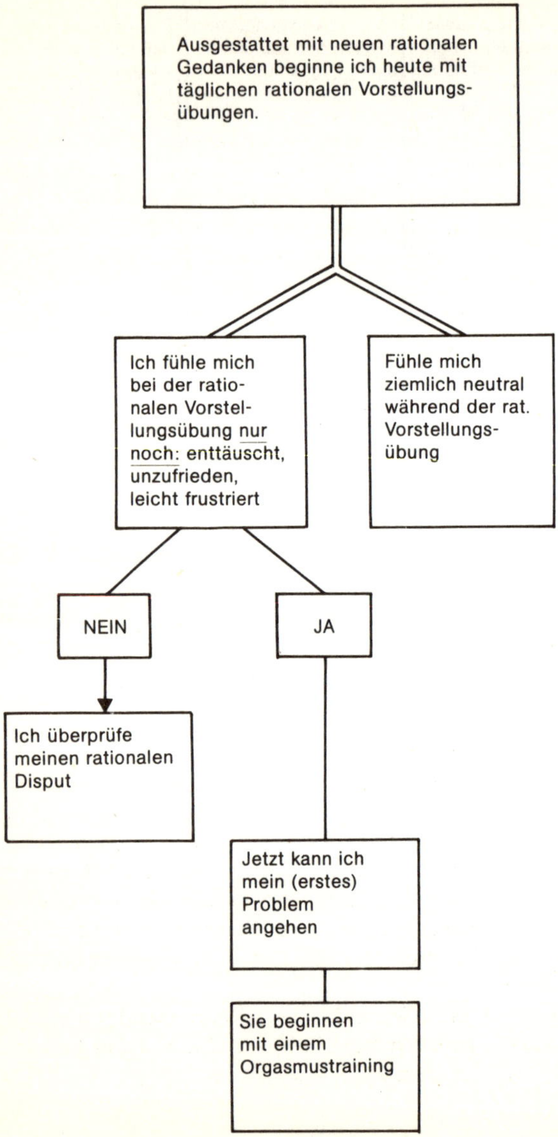

Anregungen für ein Orgasmustraining entnehmen Sie bitte der auf S. 209 angegebenen Literatur.

Scheiden tut weh

Die Beendigung einer Beziehung – sei es die 'einfache Trennung' eines unverheirateten Paares oder das Ende einer Ehe durch Scheidung – bringt oftmals eine Menge Konflikte und emotionale Probleme mit sich. Trennung oder Verlassenwerden stellt in meiner psychotherapeutischen Praxis ein häufiges Aktivierendes Ereignis (Punkt A in der Sprache der RET) dar, über das sich Klienten Gedanken machen. Das liegt daran, daß die Beendigung einer Beziehung nicht nur dann die Qualität eines Aktivierenden Ereignisses hat, wenn eine Trennung in der Realität bevorsteht oder vollzogen ist, sondern auch dann, wenn sie bei noch bestehender Beziehung in Gedanken *antizipiert wird.*

Mit anderen Worten: ich kann mich nicht nur dann durch irrationale Annahmen über die Bedeutung des Verlassenwerdens etc. in emotionale Verwirrung bringen, wenn ich *wirklich* verlassen werde, sondern praktisch in jedem Augenblick, wo ich an die *Möglichkeit* des Verlassenwerdens denke.

Dies zeigt zweierlei: zum einen illustriert es anschaulich die Grundthese der rational-emotiven Therapie, daß nicht die Ereignisse als solche die Menschen in emotionale Verwirrung bringen, sondern das, was sie darüber denken; zum anderen weist es einen guten Weg, wie Sie sich prophylaktisch gegenüber einem solchen Ereignis in Ihrem Leben – das nie auszuschließen ist – psychisch wappnen können.

Konkret gesagt: ich schlage Ihnen vor – auch und gerade dann, wenn Sie in einer Beziehung leben, deren Ende nicht abzusehen ist – sich gelegentlich über diese Möglichkeit Gedanken zu machen. Allerdings auf eine Weise, wie Sie es im Verlaufe der Lektüre dieses Buches gelernt haben. Als Punkt A setzen Sie möglichst anschaulich das entsprechende Ereignis, z. B.: »Meine Frau eröffnet mir, daß Sie sich von mir scheiden lassen will.« Dann suchen Sie nach den – wahrscheinlich in der einen oder anderen Form auch bei Ihnen anzutreffenden – irrationalen Gedanken und unterziehen diese entschlossen einer rationalen Selbstanalyse.

Wenn Sie auf diese Weise Ihre katastrophisierenden und muß-turbatorischen Gedanken bekämpfen, haben Sie eine gute Chance, Ihre Beziehung in Zukunft *angstfreier* zu gestalten.

Sie sehen: die Probleme und Konflikte, die sich im Zusammenhang mit dem 'Scheidungsschock' ergeben, sind mit der Methode der rational-emotiven Therapie gut zu bewältigen.

Lassen Sie uns deshalb in diesem Abschnitt zwei Probleme besprechen, die im *Vorfeld* einer Trennung auftauchen und einige zusätzliche Erwägungen nahe legen.

Das erste Problem läßt sich wie folgt beschreiben:

Einer der beiden Partner hat bereits die Entscheidung getroffen, daß es für ihn am besten wäre, sich scheiden zu lassen oder sich zu trennen. Er ist jedoch nicht in der Lage, seine Entscheidung in die Tat umzusetzen.

Das zweite Problem erscheint noch komplizierter: ein Partner ist sich nicht darüber im klaren, welche Entscheidung er treffen soll. Ein Beispiel für das erste Problem ist der Fall von Renate.

Renate war sich seit einiger Zeit darüber im klaren, daß sie aus verschiedenen Gründen eine Trennung von ihrem Mann für wünschenswert erachtete. Aber sie traf keine Entscheidung, da sie negative Reaktionen aus ihrer Umwelt fürchtete und Angst hatte, vielleicht keinen *besseren* Partner finden zu können. Deshalb lebte sie mit ihrem Mann weiter wie bisher, war aber sehr unzufrieden und begann bereits, sich für ihre 'Entscheidungsunfähigkeit' zu verdammen (»Was bin ich doch für eine schrecklich schlappe Person, daß ich immer so weiter mache!«).

Angst vor Ablehnung und Zurückweisung als Folge der irrationalen Idee Nr. 1 hielt nicht nur Renate davon ab, ihre Entscheidung zu verwirklichen, sondern ist überhaupt häufig der Grund, warum sich Menschen in einer solchen Situation emotional blockieren. Ein Instrument, das neben dem Anzweifeln der zugrunde liegenden irrationalen Ansichten in dieser Lage wertvolle Orientierungshilfe bietet, ist die sogenannte hedonistische Liste. Das Erstellen einer hedonistischen Liste bedeutet, sich die Vor- und Nachteile einer Entscheidung zu vergegenwärtigen und einander gegenüberzustellen. Dabei kann es nützlich sein, die jeweiligen Pro- und Kontra-Argumente zu quantifizieren, d. h. ihnen einen (subjektiven) Zahlenwert (z. B. von − 10 bis + 10) zuzuordnen, der es ermöglicht, eine abschließende Gewichtung vorzunehmen. Die folgende Tafel verdeutlicht eine hedonistische Liste:

Eine hedonistische Liste als Entscheidungshilfe:

Alternative I »Ich bleibe bei meinem Mann«		**Alternative II** »Ich trenne mich von meinem Mann«	
Vorteile Punkte 0 bis 10	Nachteile Punkte 0 bis 10	Vorteile Punkte 0 bis 10	Nachteile Punkte 0 bis 10
intellektuelle Ansprache + 7	sexuell unzufrieden – 10	Neue Erfahrungen + 10	Alleine leben – 7
Zuverlässigkeit meines Mannes + 8	Egoismus meines Mannes – 10	Unabhängiges Leben + 6	Verliere weitere Freunde – 10
Brauche mich nicht um einen 'Neuen' zu bemühen + 4	zu wenig Liebe – 10	etc.	etc.
Sicherheit des gegenwärtigen Zustandes + 2	zu viele unterschiedl. Bedürfnisse – 10		
etc.	etc.		
Summe + 21	Summe – 40	Summe + 16	Summe – 17
Gesamtsumme – 19		Gesamtsumme – 1	

Was können Sie anhand der hedonistischen Liste ersehen? Zunächst stellen wir fest, daß bei beiden Alternativen die Nachteile überwiegen (– 19 Punkte vs – 1 Punkt). Wer darüber überrascht ist, möge sich fragen, ob er von der unrealistischen Forderung ausgeht, bei Entscheidungen müßte eine Alternative insgesamt positive Züge tragen. Sich über die Möglichkeit im unklaren zu sein, daß beide Alternativen zunächst Nachteile bringen können, oder das Festhalten an der Forderung, eine Alternative müsse nicht nur relativ, sondern absolut Vorteile nach sich ziehen, kann entscheidungsunfähig machen. Der zweite Vorteil einer hedonistischen Liste besteht darin, daß Sie zukünftig einen *Gesamt*überblick über alle Vor- und Nachteile Ihrer Entscheidung haben; denn häufig verzerren die Menschen das Bild, indem sie nur ein oder zwei ihnen besonders ins Auge stechende Nachteile berücksichtigen.

Das Erstellen einer hedonistischen Liste kann auch nützlich sein, wenn sich jemand durch starke *Schuldgefühle* hindert, die erwünschte Trennung zu vollziehen. Starke Schuldgefühle in diesem Zusammenhang sind gewöhnlich durch irrationale Annahmen hervorgerufen wie: »Das kann ich unmöglich meiner Frau antun! Ich darf doch nicht verantwortlich dafür sein, daß sie kaputt geht. Sie würde das nicht überstehen etc.« Diese Ansicht geht davon aus, daß

1. der Partner eine Trennung sozusagen unter keinen Umständen 'überleben' würde
2. man zu 100 % verantwortlich wäre für die Gefühle des Partners, sowie
3. daß man unter keinen Umständen so etwas Schreckliches tun dürfe bzw. ein schlechter, abgrundtief gefühlloser Rohling sei, wenn man es tue.

Übung: Disputieren Sie diese Überzeugungen!

Bezüglich der Ansicht unter 1. kann eine hedonistische Liste *aus der Sicht des Partners* zu einer realistischeren Einschätzung führen. Denn wenn es auch richtig sein mag, daß der Partner durch die Trennung schmerzvolle Tage oder Wochen haben wird, so wäre dem doch gegenüberzustellen, was es bedeutet, in einer Beziehung oder Ehe weiterzuleben, wo ein Teil dies gar nicht mehr wünscht. Ist die erste Alternative also wirklich die nachteiligere?

Lassen Sie uns nun das oben erwähnte *zweite Problem* auf seine Besonderheiten untersuchen. Es handelt sich um den Fall, daß ein Partner nicht weiß, ob er z. B. die Ehe weiterhin aufrechterhalten will oder nicht. Hier hilft wiederum zunächst die Anfertigung einer hedonistischen Liste, um sich über die Vor- und Nachteile der beiden Alternativen umfassend klar zu werden.

Sollten Sie sich aber auch noch emotional blockiert fühlen, eine Entscheidung zu treffen, *nachdem* Sie sich über die jeweiligen Vor- und Nachteile der Entscheidung klar geworden sind, so ist folgendes nützlich: Sie machen über beide Alternativen eine rationale Selbstanalyse. Als aktivierende Ereignisse am Punkt A nehmen Sie die Dinge, die passieren könnten, wenn Sie sich für eine Weiterführung Ihrer Ehe oder Beziehung entscheiden. Dann versuchen Sie, Ihre emotionalen Reaktionen auf diese Ereignisse auszuloten und – als wichtigste Station – Ihren irrationalen Gedanken über den Punkt A auf die Spur zu kommen. Umgekehrt erstellen Sie dann eine RSA über die möglichen Aktivierenden Ereignisse, die als Folge Ihrer Entscheidung, sich zu trennen, auf Sie zukommen könnten. Auch hier überprüfen Sie Ihre gefühlsmäßigen Konsequenzen und möglichen irrationalen Annahmen.

Eine irrationale Einstellung, die besonders oft dafür verantwortlich ist, daß jemand sich entscheidungsunfähig macht, besteht in dem Glauben, Unannehmlichkeiten nicht ertragen zu können, also in der *Ich-kann-es-nicht-aushalten-Krankheit.* Wer z. B. einerseits die emotionale Geborgenheit einer festen Beziehung schätzt, andererseits aber auch die Freiheiten einer lockeren, offenen Beziehung anziehend findet, der kann leicht in die Situation kommen, die Vorteile beider Alternativen als *unverzichtbar* einzustufen. Wer dann darauf beharrt, er *müsse* alles haben, was er sich wünsche, und *könne unter keinen Umständen ertragen,* etwas nicht zu haben, was er haben möchte, der verbleibt mit ziemlicher Wahrscheinlichkeit unentschieden – und unzufrieden. Hier kommt es also darauf an, seine absolutistischen Forderungen aufzugeben und sich klar zu werden, daß in der Realität die meisten Entscheidungen auch Nachteile mit sich bringen. Haben Sie dies erst einmal akzeptiert, so wird es Ihnen nunmehr leichter fallen, eine Entscheidung zu treffen, da Sie vielleicht Möglichkeiten entdeckt haben, bei *beiden* Alternativen relativ glücklich leben zu können.

3. Ein Zugang zu psychosomatischen Beschwerden

Zu Beginn dieses Buches – in der Einführung – haben wir die drei Bereiche unterschieden, innerhalb derer sich psychische Probleme entfalten. Wir sprachen vom Gefühlsbereich, vom Verhaltensbereich und dem Bereich der Körperempfindungen. Im Zentrum der bisherigen Ausführungen standen die unangemessenen Emotionen und selbstschädigenden Verhaltensweisen. Dieses Kapitel widmen wir dem letztgenannten Bereich: ich will Ihnen einen Zugang zu Ihren psychosomatischen Beschwerden eröffnen.

Was sind psychosomatische Beschwerden?

Wenn Sie die Abb. 10 betrachten, so können Sie die hauptsächlichen Störungszonen ersehen, die wir dem Bereich der Psychosomatik zuordnen. Für Herz-Kreislaufkrankheiten und Magen-Darm-Erkrankungen ('Managersyndrom'), Kopfschmerzen und bestimmte Störungen des Atmungsapparates sind die Zusammenhänge zwischen psychischen Auslösern und der jeweiligen Organschädigung seit langem bekannt. In neuerer Zeit schenkt man aber auch 'alltäglichen' Störungen im Vorfeld der psychosomatischen Erkrankung – also zu einem Zeitpunkt, wo eine körperliche *Erkrankung* im engeren Sinn noch nicht vorliegt – vermehrte Beachtung. Es handelt sich um die Vielfältigen nervösen Störungen des Allgemeinbefindens wie Schlafstörungen, übermäßige Ermüdbarkeit und 'Schlappheit'. Daneben werden auf Kongressen neuerdings Zusammenhänge zwischen (hormonabhängigen) Tumoren, also bestimmten Krebserkrankungen, und Streßfaktoren diskutiert. Es gibt sogar Anzeichen dafür, daß psychisches Erleben bei Ausbruch und Verlauf infektiöser Erkrankungen eine Rolle spielen kann. Denken Sie z. B. daran, wie oft manche Menschen vor entscheidenden Prüfungen fiebrige Halsentzündungen bekommen. Meine Hausärztin pflegt Patienten, die sie wegen 'Angina' konsultieren, zu fragen: »Haben Sie demnächst ein Examen?« Ärzte haben für die verschiedenen psychosomatischen Störungen eine Reihe Bezeichnungen: Da gibt es das 'psychovegetative Syndrom', die 'vegetative Dystonie', 'paroxysmale Tachykardie' (gelegentliches Herzrasen), 'hyperkinetisches Herzsyndrom' etc. Tatsächlich schätzt man, daß etwa die Hälfte aller Patienten, die den Hausarzt wegen solcher funktioneller Störungen aufsuchen, eine psychosomatische Beteiligung aufweisen.

Der folgende psychosomatische Kurztest enthält die Beschreibungen einiger sehr verbreiteter Körperempfindungen, die wir mit psychosomatischen Beschwerden verbinden.

Kreuzen Sie an, welche Beschreibungen auf Sie zutreffen und summieren Sie anschließend Ihre Ja-Antworten.

Dieses Kapitel wird von besonderem Nutzen für Sie sein, wenn Sie in dem psychosomatischen Kurztest eine erhöhte Anzahl von Ja-Antworten gegeben haben. Aber selbstverständlich lohnt es sich auch, über vereinzelte 'Symptome' nach der hier vorgestellten Methode nachzudenken.

Abb. 10: Psychosomatische Beschwerden

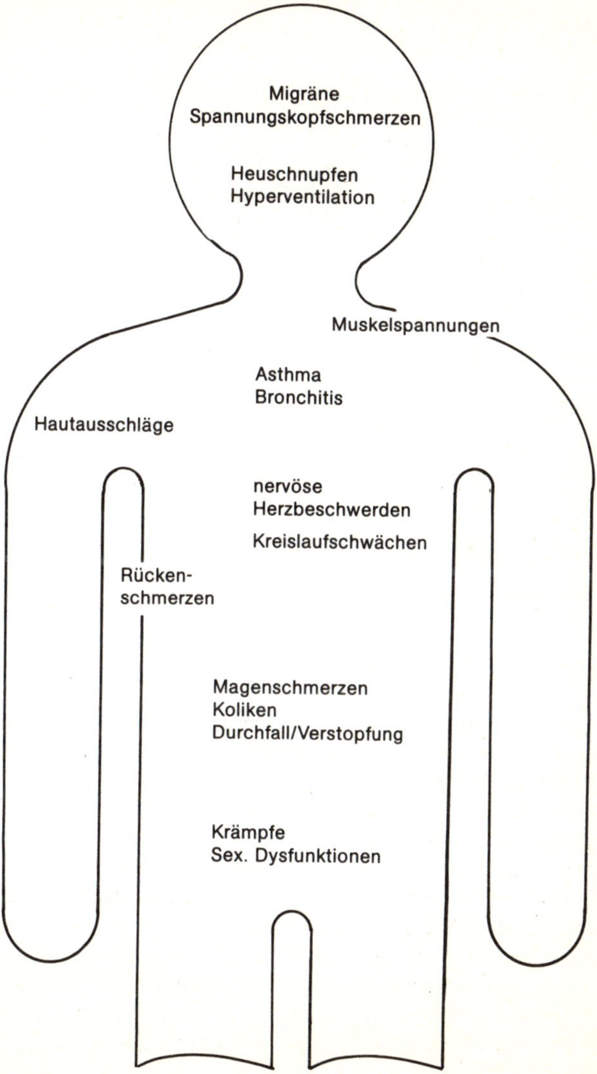

Psychosomatischer Kurztest

1. Ich habe öfter Herzrasen, Herzstolpern, unregelmäßigen Herzschlag
2. Ich leide unter Hitzewallungen, Blutandrang zum Kopf
3. Häufig habe ich kalte Hände und Füße
4. Bei Aufregung gerate ich oft in Atemnot
5. Manchmal ist mir, als ob ich einen Kloß im Hals habe
6. Ich bin sehr licht- und geräuschempfindlich
7. Oft habe ich einen trockenen Mund
8. Ich leide unter Magendrücken, Völlegefühl oder Magenschmerzen
9. Ich leide unter Blähungen/Verstopfung
10. Selten bin ich entspannt
11. Manchmal zittern meine Hände stark
12. Mich belästigt Zucken um die Augen, im Gesicht, am Kopf oder der Schulter
13. Ich kann schlecht einschlafen oder durchschlafen
14. Morgens bin ich müde und zerschlagen
15. Ich leide unter Wetterfühligkeit
16. Ich leide unter Appetitmangel
17. Manchmal habe ich Kopfschmerzen

Zahl Ihrer Ja-Antworten: .....

Auswertung

Wenn Sie mehr als *sieben* Ja-Antworten haben, so sind gewisse Anzeichen für psychosomatische Störungen gegeben.

Bei *zwölf* und mehr Ja-Antworten beschreiben Sie bereits eine starke psychosomatische Empfänglichkeit.

Sind Sie weiblichen Geschlechts, so können Sie ein bis zwei Ja-Antworten mehr aufweisen. Das gleiche gilt, wenn Sie über 50 Jahre als sind.

Wie kommt es zu psychosomatischen Störungen?

Um Ihnen das Verständnis für die Entstehungsgründe psychosomatischer Störungen zu erleichtern, will ich Ihnen den Zusammenhang zwischen psychischen und körperlichen Reaktionen kurz erläutern. Wir können dabei auf das zurückgreifen, was ich Ihnen in Teil I über die Wirkungsweise des menschlichen Gehirns bereits vermittelte. Wie wir sahen, werden Emotionen unter gewichtiger Beteiligung der Großhirnrinde vom Limbischen System aktiviert.

Während das willkürliche oder motorische Nervensystem unter dem direkten Einfluß des Großhirns steht, werden die vielfältigen Funktionen der inneren Organe über das vegetative Nervensystem gesteuert. Die Gehirnteile, die wir der Einfachheit halber als Limbisches System bezeichneten, stellen den 'Kopf' des vegetativen Systems dar. All die lebenswichtigen Vorgänge wie Atmung, Stoffwechsel, Verdauung, Herztätigkeit, Blutdruck etc., derer wir uns normalerweise kaum bewußt sind, werden also vom gleichen Zentrum aus geregelt wie die Emotionen. Aber auch hier kommt dem 'Kapitän', also dem Großhirn, eine gewichtige Rolle zu. Normalerweise überläßt der 'Kapitän' seinem 'Steuermann' das Steuern, so wie es auch auf großen Schiffen der Fall ist, wo der Kapitän z. B. seine Schlafkajüte nur verläßt und auf die Brücke kommt, wenn etwas Unvorhergesehenes eintritt: so etwa wenn Sturm aufzieht oder eine vielbefahrene Schiffspassage erreicht wird.

Was passiert nun, wenn der Mensch in entsprechende 'Gefahrsituationen' kommt? Das gleiche wie bei anderen Säugetieren. Er bringt seinen Körper in Kampf- oder Fluchtbereitschaft. Dies geschieht, indem eine allgemeine Anspannung und Aktivierung aller wesentlichen Körperorgane – und Funktionsbereiche – hergestellt wird. Der Körper wird sozusagen darauf vorbereitet, daß er augenblicklich Höchstleistungen vollbringen kann. Die Maschine wird auf volle Fahrt gebracht. Diese Aktivierung erfolgt über das sympathische Nervensystem. Den Anstoß hierzu gibt beim Menschen aber wiederum das Großhirn, das die Ausführung dann dem Limbischen System überläßt: denn nur wenn eine Gefahrensituation als *bedrohlich* erkannt wurde, erfolgt die entsprechende Aktivierung. Die Entscheidung, ob eine Situation bedrohlich ist oder nicht, bleibt – wie in unserem Modell – dem Kapitän überlassen.

Umgekehrt erfolgt 'Entwarnung', wenn die Situation als nicht mehr weiter bedrohlich angesehen wird, und es ergeht Befehl zur Entaktivierung oder Entspannung. Diese Entspannung erreicht die beteiligten Körperorgane über das parasympathische System, das dem sympathischen System antagonistisch zugeordnet ist. Die gefahrvolle Situation, auf die eine Aktivierung erfolgt, können wir auch als *Streßsituation* bezeichnen. Die aktivierenden Auslöser entsprechend als *Stressoren.*

Sie sehen aus dem, was wir bisher feststellten:

Ein Stressor besteht beim Menschen aus zwei Komponenten:

Die erste Komponente beinhaltet bestimmte Ereignisse in der Umwelt, z. B. ein drohender Angriff, Lebensgefahr, übermäßige Hitze, Lärm etc.

Die zweite Komponente ist psychischer Natur: der jeweilige Umweltreiz muß als bedrohlich erkannt oder empfunden werden.

Die Bedeutung der zweiten Komponente wird schon dadurch klar, daß ein Stressor tatsächlich ohne die erste Komponente auskommt; denn es kann eine Situation auch fälschlicherweise als bedrohlich angesehen werden. Dies zieht aber alle Folgen der entsprechenden Aktivierungen nach sich wie wenn die Situation in Wirklichkeit gefahrvoll wäre.

Was wir bisher beschrieben haben, stellt nun aber noch keine 'krankmachende' Situation dar. Der Organismus ist durchaus dafür ausgerüstet, schwierigen Situationen über vermehrte Anspannung zu begegnen. Ja, moderne Streßforscher betonen sogar, daß ein bestimmtes Maß an 'Gefordertsein' für den Organismus nützlich und notwendig sei. Gefährlich wird es erst dann, wenn das Gleichgewicht zwischen Anspannung und Entspannung über eine längere Zeit gestört wird. Das heißt mit anderen Worten: wenn das Individuum nach der Anspannungsphase nicht zurückkehrt in die Entspannung, weil es sich einer *ständigen Bedrohung* (vermeintlich oder in Wirklichkeit) gegenübersieht. Oder aber wenn der Körper den Anstrengungen der hohen Anspannung nicht mehr gewachsen ist und mit einer Erschöpfungsreaktion reagiert. Diese Erschöpfungsreaktion ist aber kein Zustand der Entspannung, sondern viel eher als Nebeneinander von Anspannung und Entspannung zu beschreiben. *Dauerstreß* also stellt eine Belastung dar, die schließlich zu vegetativen Fehlsteuerungen der verschiedensten Art führt: es entwickeln sich die Symptome, die wir als psychosomatische Beschwerden bezeichnen.

Wie produzieren Sie Dauerstreß?

Die rational-emotive Therapie steht nicht alleine, wenn sie die Bedeutung kognitiver Prozesse, also dessen, was Sie denken, für die Ausbildung psychosomatischer Beschwerden betont.

Auch die Teleoanalyse nach Alfred Adler geht davon aus, daß nicht äußere Ereignisse (A's in der Sprache der RET) zu physiologischen Funktionsänderungen führen. Vielmehr sind es bestimmte Emotionen, die dies bewirken, wobei die Emotionen ihrerseits die Folge bestimmter 'extremer Gedanken' (irrationaler Annahmen in der Sprache der RET) sind. Die Teleoanalyse Alfred Adlers weist also den Emotionen sozusagen eine Mittlerstellung auf dem Wege zu psychosomatischen Beschwerden zu. Auch diese Auffassung hat Ähnlichkeit mit der rational-emotiven Sichtweise, wie wir noch sehen werden.

Schließlich stützen auch Überlegungen 'schulenunabhängiger' Streßforscher die hier vertretene Auffassung. Auf dem Deutschen Therapiekongreß in Karlsruhe im Jahre 1980 wurde die wissenschaftliche Basis des Streßbegriffes wie folgt definiert: Streßreaktionen sind emotionale und körperliche Reaktionen (C's in der Sprache der RET) auf Reize *irgendwelcher Art* (A's und B's in der Sprache der RET), die aber nur dann unter dem Aspekt körperlicher Schädigung gesehen werden können, wenn sie als *Bedrohung* begriffen werden (B in der Sprache der RET).

Wie sieht nun das Modell der rational-emotiven Therapie bezüglich psychosomatischer Störungen aus?
Die folgende Tafel läßt die Zusammenhänge erkennen:

A: Situation, Ereignis	**Neues ABC** mit A und C als neuem A
B: Definition von A als »bedrohlich« **und** Evaluation als »schrecklich«, »unerträglich« etc.	B: Ich kann **weder** A **noch** C verändern
C: Unangemessenes Gefühl, z. B. Wut, Ärger	C: Dauerstreß mit Ausbildung psychosomatischer Störungen.

Lassen sie mich diese Zusammenhänge an einem Beispiel demonstrieren: Herr A. ist das, was man gerne einen erfolgreichen Mann nennt. Knapp über dreißig Jahre alt, hat er es in einer angesehenen Computerfirma zur Stellung eines Abteilungsleiters gebracht, dem in der Hierarchie der Firma eine Menge Verantwortung zufällt. Vorsichtig wägt er wichtige Entscheidungen ab, handelt kaum einmal unüberlegt und übernimmt stets gerne neue Aufgaben – ja, sucht sogar aktiv nach neuen Aufgabenbereichen. Diese Eigenschaften haben ihm bei seinen Vorgesetzten den Ruf eines nüchternen und aufstiegsbewußten Geschäftsmannes eingebracht. Des öfteren ist ihm signalisiert worden, daß er noch 'ungeahnte Möglichkeiten' habe.

Seit Jahren leidet Herr A. allerdings unter Kopfschmerzen. Selbstverständlich hat er gewissenhaft die verschiedensten Ärzte aufgesucht, um eine Besserung zu erreichen. Aber organische Ursachen sind weder vom Hausarzt noch von Spezialisten neurologischer Kliniken entdeckt worden. Herr A. akzeptierte die Erklärung, daß die Ursache seiner Kopfschmerzen im seelischen Bereich zu finden sei. Er begann, interessante Zusammenhänge zwischen dem Auftreten der Kopfschmerzen und bestimmten Ereignissen seines Lebens zu sehen. Immer wenn er eine Zeitlang besonders unter seinen Kopfschmerzen litt, konnte er eine einschneidende bevorstehende Veränderung in seinem Leben identifizieren. Die Kopfschmerzen waren aufgetreten, als er sich entschlossen hatte, seinen früheren Arbeitsplatz aufzugeben und sich bei seiner jetzigen Firma zu bewerben. Desgleichen quälten ihn Kopfschmerzen einige Wochen bevor er den Aufstieg zum Abteilungsleiter vollzogen hatte. Ein anderes Mal hatte er sie, als er um einen halbjährigen Ausbildungsabschnitt in der Hauptabteilung seiner Firma in den USA nachsuchte.

Herr A. fragte mich, ob auch ich hier Zusammenhänge sehen würde. Ich war nicht abgeneigt, seine Hypothesen durchzuprüfen, doch fehlten mir noch wesentliche Informationen. So fragte ich ihn zunächst danach, ob und was ihm an seiner Arbeit eigentlich Spaß mache. Herr A. überlegte lange und meinte dann, die Arbeit sei durchaus im Vergleich zu anderen denkbaren Möglichkeiten recht befriedigend. Der eigentliche Grund für seine Anstrengungen sei aber wohl sein »Gefühl, etwas darzustellen und es zu etwas gebracht zu haben« bzw. es immer mehr zu etwas zu bringen. Er gab zu, daß ihn das »Klettern auf der Erfolgsleiter« immer sehr viel Anstrengung gekostet habe, da er »jedesmal viel Angst und Hemmungen« zu überwinden gehabt habe. In Wirklichkeit sei er ein viel schwächerer Typ als dies »all die Kollegen vermuten« würden. Aber er sei ein Meister darin, dies zu kompensieren, sodaß er nach außen stark wirke.

Vertraut mit der Methode der rational-emotiven Therapie erstellte Herr A. schließlich folgende Analyse:

Mit Beginn seiner Oberschuljahre hatte er sich aufgrund mancher schulischer Mißerfolge als potentiellen Versager angesehen. Mit der Zeit begann er aber hart zu arbeiten und erreichte später im Studium beachtliche Leistungen. Er ging ab diesem Zeitpunkt davon aus, daß er Erfolg haben *müsse,* daß es absolut wichtig und notwendig sei, es im Leben zu etwas zu bringen. All die diversen Sprossen seiner Erfolgsleiter hatte er unter diesem Gesichtswinkel gesehen. Sie stellten für ihn den einzigen Beweis dar, daß er zu etwas tauge und von anderen Leuten geschätzt werden könne, was für ihn wiederum absolut unerläßlich war. Entsprechend litt er vor neuen 'Prüfungen' jedesmal unter der starken Angst, er könne sich den neuen Aufgaben nicht gewachsen zeigen und versagen. Gleichzeitig verdammte er häufig sein eingeschränktes Leben, das ihm keine Zeit mehr ließ, sich mit Dingen zu beschäftigen, die ihm außer der Arbeit noch Spaß machten. Aber er sah *keine Möglichkeit, daran etwas zu ändern.* Es erschien ihm undenkbar, mit dem Klettern auf der Aufstiegsleiter aufzuhören. Gleichzeitig aber sah er auch keine Möglichkeit, dieses Klettern in Zukunft mit weniger Energieaufwand, d. h. weniger ängstlich und angespannt, durchführen zu können.

Damit befand sich Herr A. seit Jahren (und immer noch) in dem typischen Teufelskreis, der nach dem Modell der rational-emotiven Therapie zur Ausbildung psychosomatischer Beschwerden führen kann. Er sah seine *Situation* (= die Kette immer neuer Anforderungen) als nicht veränderbar an *und* sah weiter keine Chance, die emotionalen Zustände, die ihn begleiteten (= seine Ängste und seine Wut), abzulegen. Die Folge: er befand sich seit Jahren im Dauerstreß.

Welche Möglichkeiten hat Herr A., aus diesem Teufelskreis herauszukommen?

Er kann zunächst versuchen, seine Überzeugung aus dem 2. A-B-C, daß er nichts, aber auch gar nichts ändern könne, in Frage zu stellen. Er kann dann zu der Erkenntnis gelangen, daß er seinen Gefühlen nicht hilflos ausgesetzt ist. Schon allein die Erkenntnis des Zusammenhanges zwischen bestimmten irrationalen Annahmen und den darauf folgenden emotionalen Konsequenzen weist auf Veränderungsmöglichkeiten hin. Herr A. verspürte auch Erleichterung, als er seine Situation zum ersten Mal unter diesem Aspekt betrachtete. Er kann sich weiter fragen, wieso er absolut darauf angewiesen sei, immer neue Erfolge aufzuweisen und eine Sprosse der Erfolgsleiter nach der anderen zu erklimmen. Schließlich wird er die zentralen Teile seiner Erfolgsideologie entlarven können: seinen ehrgeizigen, leistungsorientierten Perfektionismus (die irrationale Idee Nr. 2) verbunden mit der Angst vor Ablehnung und Zurückweisung (irrationale Idee Nr. 1).

Nachdem Herr A. derartig begonnen hatte, seine Lebensphilosophie in Frage zu stellen und durch eine neue zu ersetzen, besserten sich seine Beschwerden im Laufe etwa eines Jahres – wenn sie auch nicht völlig verschwanden. Allerdings gibt Herr A. zu, daß er auch seine Lebensphilosophie noch nicht völlig geändert habe, er hält nach wie vor an bestimmten Überzeugungen fest. Die verbliebenen Beschwerden akzeptiert er als »Preis« für seine Lebenshaltung, hat sich aber vorgenommen, aufzupassen, wenn wieder eine Verschlechterung eintritt.

Die 'psychosomatische Ideologie'

Stellen wir einmal zusammen, welche Gedanken besonders verbreitet sind bei Menschen, die unter psychosomatischen Beschwerden leiden.

Sucht nach absoluter Sicherheit

Menschen, die diesem Aspekt perfektionistischer Ideologie nachhängen, glauben, daß sie jedes wirkliche oder möglicherweise auftretende Problem solange 'durchkauen' müßten bis sie die Lösung gefunden haben. Sie können es nicht ertragen, in Ungewißheit über die möglichen Konsequenzen ihrer Handlungen zu leben, alles muß vorher bedacht und jedes Risiko ausgeschaltet sein.

Keine Fehler machen

Auch diese Haltung ist eine Ausprägung des Perfektionismus. Alles, was ein Mensch mit diesem Glauben tut, muß 100 %ig sein. Nur wenn um ihn herum völlige Ordnung herrscht, fühlt er sich wohl. Daher ist er in ständiger hektischer Aktivität und gönnt sich keine Ruhe.

Überbesorgtheit

Eine Spielart des Katastrophisierens. Der Überbesorgte wittert ständig tausend Gefahren um sich herum, von denen er annimmt, nicht mit ihnen fertig zu werden. Das Leben ist aus dieser Sicht eine Gratwanderung und man muß all seine Kraft aufbieten, um nicht abzustürzen.

Alle drei genannten Denkhaltungen können bis zum sogenannten Kontrollzwang führen. Ein Mensch, der unter Kontrollzwang leidet, kann seine Wohnung kaum jemals verlassen, ohne sich mehrmals vergewissert zu haben, ob er alle Elektrogeräte, den Gasofen etc. abgeschaltet hat.

Angst vor Ablehnung

Aus Angst vor Ablehnung stellt man die eigenen Bedürfnisse hintan, vermeidet den Konflikt um jeden Preis und wagt nicht, seine Gefühle des Unmutes, des Ärgers oder der Wut zuzulassen. Es könnte ja jemand verletzt werden. Die so angestaute Wut greift buchstäblich die Magenwände an und schafft die Voraussetzungen für das Magengeschwür. Sie wissen, daß es nicht das Konzept der rational-emotiven Therapie ist, unangemessene Gefühle wie Wut und exzessiven Ärger einfach 'herauszulassen' und zu glauben, daß damit ein besseres Leben möglich sei. Vielmehr legt Ihnen die RET nahe, nach den Gründen für Ihre Wut zu suchen und somit das Übel an der Wurzel zu packen. Davon zu unterscheiden ist aber die ihrerseits irrationale Vorstellung, man dürfe unter keinen Umständen seine Gefühle zeigen, da man ansonsten Gefahr laufe, von anderen zurückgewiesen zu werden – was schrecklich und nicht zu ertragen sei.

Übersteigerter Ehrgeiz und Ruhmsucht

Übersteigerter Ehrgeiz bis hin zur Ruhmsucht resultiert ebenfalls aus der Angst, bei anderen nicht 'anzukommen' – so wie man ist. Deshalb meint man, sich mit Orden – symbolisch wie buchstäblich – schmücken zu müssen und tut alles, um das Letzte auf dem Weg zu diesem erträumten Ziel aus sich herauszuholen. Auch der irrationale Glaube, man sei nur dann etwas wert, wenn man wertvolle Leistungen erbringe, führt zu einer ehrgeizigen, leistungsbetonten Einstellung: Nur Leistungen beweisen, daß man zu etwas taugt!

4. Einige Ratschläge zum Schluß

Wenn Sie noch mehr lesen wollen

Dann finden Sie hier einige Empfehlungen:

Albert Ellis: Die rational-emotive Therapie. Das innere Selbstgespräch bei seelischen Problemen und seine Veränderung. München: Pfeiffer 1977

Teilübersetzung des fundamentalen Werkes von Albert Ellis: 'Reason and Emotion in Psychotherapy'. Ellis schreibt klar und verständlich, weshalb das Buch auch für den Laien sehr lesenswert ist. Hier finden Sie eine ausführliche Darstellung der psychologischen und philosophischen Grundlagen der rational-emotiven Therapie. Viele Fallbeispiele illustrieren die theoretischen Aussagen.

Schwartz, D.: Selbstschädigende Ideen

Testheft mit Auswertungs- und Arbeitsteil. Ein leicht durchführbarer rational-emotiver psychologischer Test, der eine präzise Analyse des eigenen selbstschädigenden Denkens und quantitative Aussagen über den individuellen Ausprägungsgrad Ihrer selbstschädigenden Ideen ermöglicht. Jeder so festgestellten selbstschädigenden Idee wird im Auswertungs- und Arbeitsteil die rationale Alternativstrategie gegenübergestellt.

Zu beziehen über das Institut für Rational-Emotive Therapie, Sanderglacisstraße 1, D-8700 Würzburg

M. Hockel/F. J. Feldhege: Handbuch der Angewandten Psychologie Bd. II. Behandlung und Gesundheit, Landsberg: verlag moderne industrie 1981

Lesen Sie den Abschnitt über die schulische Orientierung der Psychologen, bevor Sie einen Therapeuten wählen (vgl. hierzu auch den nächsten Abschnitt).

Patricia E. Raley: Making Love. Wir lernen zu lieben. Berlin u. a.: Ullstein 1978

Eines der besten Bücher zum Thema: Wie werde ich mein eigener Sexualtherapeut.

Das reich bebilderte und dennoch preiswerte Werk gibt eine Menge Anregungen für ein erfüllteres und zufriedeneres Sexualleben. Viele Übungsvorschläge und Reflektionshilfen.

Lonnie Garfield Barbach: For Yourself. Die Erfüllung weiblicher Sexualität. Berlin u. a.: Ullstein 1977

Ein spezielles Programm für Frauen, das den Weg weist zu mehr Körpererfahrung und erfüllter weiblicher Sexualität. Basiert auf Erfahrungen vieler Frauen, die workshops über weibliche Sexualität besuchten. Hervorragende Ausgestaltung und Ergänzung des Orgasmustrainings, wie ich es in Teil IV angesprochen habe.

Sie wählen einen Therapeuten

Zum Abschluß eines Selbsthilfebuches Ratschläge für die Wahl eines Therapeuten? Ist das nicht ein Widerspruch?
Ja und Nein!

Ja, insofern als ich glaube, daß viele Menschen mit emotionalen Problemen die Fähigkeit und Kraft haben, mit ihren Problemen selbst fertig zu werden. Besonders dann, wenn sie die Grundzüge einer effektiven Therapie wie der RET kennengelernt haben.
Nein, wenn Sie folgendes bedenken:

Die Aneignung der notwendigen Selbsthilfetechniken, wie ich sie Ihnen in diesem Buch zu vermitteln suchte, kostet mehr Zeit und Mühe als bloßes Lesen des Buches. Sie müssen mit dem Buch arbeiten. Ein guter rational-emotiver Therapeut aber kann Ihnen helfen, *schneller* zum Zentrum Ihrer individuellen Problematik zu gelangen. Deshalb führe ich z. B. seit einiger Zeit am Institut für RET in Würzburg Blocktherapiesitzungen durch, um die Leser meines Buches bei ihrer Selbsthilfearbeit zu unterstützen.

Ein weiterer Grund, warum Sie Hilfe bei einem Therapeuten

suchen könnten, besteht darin, daß Sie in einer *Gruppe* an Ihren Problemen arbeiten möchten. Gruppentherapie ist äußerst effektiv! Dies gilt besonders für die rational-emotive Therapie, da in einer rational-emotiven Gruppe viele unmittelbare Übungsmöglichkeiten für das aktive Anzweifeln irrationaler Ideen gegeben sind und die Teilnehmer sozusagen therapeutische Funktionen auf Gegenseitigkeit übernehmen.

Was also sollten Sie beachten, wenn Sie einen Therapeuten wählen?

Zunächst: Therapeut ist nicht gleich Therapeut. Ganz abgesehen davon, daß es – wie z. B. auch bei Ärzten – gute und weniger gute Therapeuten gibt, unterscheiden sich Therapeuten dadurch voneinander, daß sie mehr oder weniger *verschiedenen psychotherapeutischen Schulen* angehören.

Sie könnten z. B. einen psychoanalytisch arbeitenden Therapeuten aufsuchen. Einen solchen Therapeuten werden Sie vor allem unter ärztlichen Therapeuten finden. Wenn dieser sich an der Psychoanalyse von Freud orientiert, so gilt: Sie werden mit ihm Ihre Kindheit explorieren, Ihre Träume und Ihre Gefühle zum Therapeuten oder anderen für Sie wichtigen Personen analysieren. Eine solche Behandlung ist normalerweise auf längere Zeit – etwa ein Jahr – angelegt. Ich persönlich glaube, daß es nicht notwendig ist, in die Kindheit 'zurückzugehen', um seine Probleme der Gegenwart zu lösen. Auch glaube ich nicht, daß die Länge der Behandlungszeit eine effektivere Therapie garantiert.

Häufig werden Sie auch auf gesprächspsychotherapeutisch orientierte Therapeuten treffen. Diese sind der klientenzentrierten Therapie nach Carl Rogers verpflichtet.

Ein solcher Therapeut – er wird meistens ein Diplompsychologe sein – ist – grob skizziert – ein sehr verständnisvoller und freundlicher Mensch, dem Sie alles erzählen können, ohne daß er Sie deswegen verurteilen wird. Erwarten Sie von ihm nicht, daß er Sie auf irrationale Denkgewohnheiten von sich aus aufmerksam macht oder Ihnen konkrete Ratschläge gibt. Ihre diesbezüglichen Fragen wird er Ihnen zurückgeben; denn er vertraut darauf, daß Sie auf alle wichtigen Aspekte Ihrer Probleme von selbst stoßen werden, wenn Sie sich in einer verstehenden Atmosphäre aussprechen können.

Wenn Sie zu einem Verhaltenstherapeuten gehen, so werden Sie mit diesem gemeinsam Ihre problematische Situation analysieren und nachschauen, welche 'Belohnungen' oder 'Bestrafungen' dafür verantwortlich sind, daß Sie sich auf eine bestimmte Art und Weise verhalten. Ein Verhaltenstherapeut geht davon aus, daß Sie Ihre 'Probleme' erlernt haben und folglich auch wieder verlernen können. Er wird Ihnen z. B. zeigen, wie Sie Ängste durch gezielte Entspannungsverfahren gekoppelt mit Vorstellungsübungen verlernen können.

Wenn Sie auf einen *kognitiv* arbeitenden Verhaltenstherapeuten treffen, so werden Sie starke Ähnlichkeiten mit der rational-emotiven Methode feststellen.

Wie steht es mit einem Gestalttherapeuten?

Seine Vorgehensweise zu schildern, ist nicht einfach. Sie könnten zum Beispiel bei einem Gestalttherapeuten ein Zwiegespräch mit sich selbst führen, wobei Sie dies symbolisieren, indem Sie zwischen zwei Stühlen hin- und herwechseln. Manchmal wird er Sie sehr direkt mit bestimmten Verhaltensweisen konfrontieren oder Ihre Gesten widerspiegeln. Er mag Sie auffordern, 'unerledigte Geschäfte' zu vollenden oder mit ihm 'auf eine Reise' zu gehen.

Ich empfehle Ihnen:

Fragen Sie in jedem Fall, bevor Sie sich für einen Therapeuten entscheiden, mit welchen therapeutischen Elementen er arbeitet.

Ich denke, es wird Sie nicht überraschen, wenn ich Ihnen bei der Wahl zwischen zwei gleich kompetenten Therapeuten einen RET-Therapeuten empfehle.

Welche Therapie Sie dann auch bevorzugen, seien Sie kritisch und fragen Sie sich während der Therapie öfter, ob Sie die Vorgehensweise Ihres Therapeuten noch als nützlich empfinden. Weisen Sie Ihren Therapeuten dann auf Ihre Bedenken hin; denn der Satz 'Besser irgendeine Therapie als gar keine' ist falsch. Dies haben genügend Untersuchungen gezeigt, die feststellten, daß manche Menschen durch schlechte Therapie und schlechte Therapeuten eine Verschlimmerung ihrer emotionalen Probleme erlitten.

Adressen von Diplom-Psychologen und Ärzten, die auf der Basis der Rational-emotiven Therapie arbeiten:

INSTITUT FÜR RATIONAL-EMOTIVE THERAPIE
Sanderglacisstraße 1; 8700 Würzburg
Tel. (09 31) 8 15 56
Leitung: Dieter Schwartz

Besonderer Institutsservice:
- individuelles Streßmanagement für Führungskräfte
- Paar-, Ehe- und Scheidungscounseling
- Blocktherapie für auswärtige Patienten
- Ausbildung in RET und Kognitiver Therapie für Dipl.-Psych., Dipl.-Päd., Dipl.-Soz.-Päd. und Ärzte

Austermeier, J. P.; Diplom-Psychologe,
Christofstraße 4; 7012 Fellbach; Tel. (07 11) 58 81 41

Crone, C.; Diplom-Psychologin
Fröbelstraße 2; 4006 Erkrath (bei Düsseldorf); Tel. (0 21 04) 3 33 95

Eichenberger, Urs W., Dr. phil., Verhaltenstherapeut SGVT
Rennweg 30; CH-8001 Zürich

Eifflaender, Gerd; Diplom-Psychologe
Zähringerstraße 10/1; 6930 Eberbach

Hoellen, B., Dr. phil.; Diplom-Psychologe
Friedrichstraße 7; 6640 Merzig

Merkle, R. und Wolf, D.; Diplom-Psychologen
Am oberen Luisenpark 33; 6800 Mannheim 1

Rupp, Heinz-Georg, Dr. phil.; Diplom-Psychologe
Liebfrauenstraße 12; 4150 Krefeld 1; Tel. (0 21 51) 2 82 41

Schubert, F.; Prof. Dr.
Bergstraße 142; 4050 Mönchengladbach

Simon, Dieter; Diplom-Pädagoge
Im Schwendel 11; 6530 Bingen 16

Ulsmann, R.; Diplom-Psychologe
Langobardenstraße 2; 5600 Wuppertal 2

Zilien, E.; Diplom-Psychologe
Königstraße 4; 2872 Hude

Literaturverzeichnis

Beck, Aaron T.: Wahrnehmung der Wirklichkeit und Neurose. Kognitive Psychotherapie emotionaler Störungen. München: Pfeiffer 1979

Barbach, L. G.: For Yourself. Die Erfüllung weiblicher Sexualität, Berlin u. a.: Ullstein 1977

Binder, V./Binder, A./Rimland, B.: Psycho-Fahrplan. Die wichtigsten Methoden zur Überwindung psychologischer Probleme. München: MVG 1980

Bloom, L.Z./Coburn, K./Pearlman, J.: Die selbstsichere Frau. Das Training zur Selbstbehauptung. München: Ehrenwirth 1979

Ellis, A.: How to live with a 'neurotic', at home and at work, New York: Crown Publishers 1975

Ellis, A.: Growth through reason, No. Hollywood: Melvin Powers Wilshire Book Company 1976

Ellis, A.: Die rational-emotive Therapie. Das innere Selbstgespräch bei seelischen Problemen und seine Veränderung. München: Pfeiffer 1977

Ellis, A.: Wut. Goldmann Ratgeber 1987

Ellis, A./Abrahms, E.: Brief Psychotherapy in Medical and Health Practice, New York: Springer 1978

Ellis, A./Grieger, R.: Praxis der rational-emotiven Therapie. München: Urban und Schwarzenberg 1979

Ellis, A./Harper, R.: New guide to rational living. Englewood Cliffs: Prentice Hall 1975

Försterling, F.: Disputationstechniken in der rational-emotiven Therapie, in: RET-report 1/1980

Goodman, D. S./Maultsby, M. C.: Emotional Well-Being Through Rational Behavior Training. Springfield: C. C. Thomas 1978

Hauck, Paul A.: Overcoming Depression. Philadelphia: Westminster Press 1973

Hauck, P. A.: Overcoming Frustration and Anger, Philadelphia: Westminster Press 1974

Hauck, P. A.: Overcoming Worry and Fear, Philadelphia: Westminster Press 1977

Hennenhofer, G./Heil, K. D.: Angst überwinden. Selbstbefreiung durch Verhaltenstraining. Reinbek: Rowohlt 1978

Hockel, M./Feldhege F. J.: Handbuch der Angewandten Psychologie, Bd. II. Behandlung u. Gesundheit, Landsberg: mi 1981

Hoellen, B.: Stoizismus und rational-emotive Therapie (RET) – Ein Vergleich. Pfaffenweiler: Centaurus 1986

Juli, D./Engelbrecht-Greve, M.: Streßverhalten ändern lernen. Reinbek: Rowohlt 1980

Keidel, Wolf D.: (Hrsg.) Kurzgefaßtes Lehrbuch der Physiologie. Stuttgart: Thieme 1973

Keßler, B. H./Hoellen B.: Sexuelle Störungen, in: Wittling, W. (Hrsg.) Handbuch der Klinischen Psychologie Bd. V, Hoffmann u. Campe 1980
Keßler, B. H./Hoellen, B.: Rational-emotive Therapie in der Klinischen Praxis, Weinheim u. Basel: Beltz 1982
Koestler, A.: Der Mensch – Irrläufer der Evolution. Bern/München: Scherz 1978
Krantzler, M.: Kreative Scheidung. Wege aus dem Scheidungsschock. Reinbek: Rowohlt 1977
Krech, D./Crutchfield, R. S.: Grundlagen der Psychologie. Weinheim/Basel: Beltz 1972
Lazarus, A./Fay, A.: Ich kann wenn ich will. Stuttgart: Klett-Cotta 1978
Lange, A. J./Jakubowski, P.: Responsible Assertive Behavior. Cognitive/behavioral procedures for trainers. Champaign 1976
Lensch, Karl: Psychosomatische Aspekte infektiöser Erkrankungen, Diss. Würzburg: 1976
Lewis, S.: Massage zu zweit. Anregung und Entspannung durch Partnerschaftsmassage. München: Heyne 1979
Masters, W. H./Johnson, V. E.: Die sexuelle Reaktion. Reinbek: Rowohlt 1970
Maultsby, M. C.: Help yourself to happiness through rational selfcounseling. New York: Institute for rational Living 1975
Maultsby, M. C./Henricks, A./Diekstra, R. F. W.: Sie und Ihre Gefühle. Amsterdam/Lisse: Swets und Zeitlinger 1978
Pilgrim, V. E.: Der selbstbefriedigte Mensch. München: Desch 1975
Raley, P. E.: Making Love. Wir lernen zu lieben. Berlin u. a.: Ullstein 1978
Shelton, J. L./Ackermann, J. M.: Verhaltens-Anweisungen. Hausaufgaben in Beratung und Psychotherapie. München: Pfeiffer 1978
Schwartz, D.: Die rational-emotive Therapie, in: Hockel M./Feldhege, F. J. (Hrsg.) Handbuch der Angewandten Psychologie, Band III, Behandlung und Gesundheit, Landsberg: MVG 1981
Schwartz, D.: Imaginationstechniken in der rational-emotiven Therapie, in: RET-report 1/1980
Schwartz, D.: Rational-emotive Therapie, in: Welche Therapie?, Weinheim: Beltz 1987
Titze, M.: Lebensziel und Lebensstil. Grundzüge der Teleoanalyse nach Alfred Adler. München: Pfeiffer 1979
Ullrich, R./Ullrich de Muynck, R.: Diagnose und Therapie sozialer Störungen. Das Assertiveness-Training-Programm. München: Pfeiffer 1980
Satyananda, S.: Ganz entspannt im Hier und Jetzt. Tagebuch über mein Leben mit Bhagwan in Poona. Reinbek: Rowohlt 1979
Schulte, W./Tölle, R.: Psychiatrie. Berlin u. a.: Springer 1973
Watson, D./Tharp, R.: Einübung in Selbstkontrolle. Grundlagen und Methoden der Verhaltensänderung. München: Pfeiffer 1975
Walen, S. R./Di Giuseppe, R./Wessler, R. L.: RET-Training. Einführung in die Praxis der rational-emotiven Therapie, München: Pfeiffer 1982
Watzlawick, P./Beavin, J. H./Jackson, D. D.: Menschliche Kommunikation. Bern u. a.: Huber 1974

Stichwortverzeichnis

Abbild, mentales 21
A-B-C-Theorie 41
A-C-Verbindung 41
Adler, Alfred 180, 203
Advocatus diaboli 176
Ärger 165
-reaktion 167
aktivierendes Ereignis 40
Alltagskommunikation 104
-konzept 25
Angst 155
- vor Ablehnung und Zurückweisung 137
- vor dem Schilaufen 134
- vor öffentlichen Reden 91
Autogenes Training 130

Belohnung 150
Beschwerden, psychosomatische 14, 197
Bestrafung 150
Bewertung 51
Blickkontakt 144

Cannon-Bardschen-Theorie 23

Dauerstreß 205
Denken, magisches 71
Depression 162
Disput 82, 93
Dystonie, vegetative 198

Ehrgeiz 208
Einsicht, emotionale 116, 127
-, intellektuelle 116, 127
Ejaculatio praecox 171
Ellis, Albert 33
Entspannungsmethoden 131
Erektionsstörungen 171
Erziehungsmuster 104
Etikettierung 56

Familienkonstellation 16
Fehlschlagangst 156
Flugzeugabsturz 159
Forderung, absolutistische 53
Frustrationstoleranz 59, 74
Furcht 155

Gedanke, unvollendeter 113
Gefahr 58, 160
Gefühl 27
-, negatives 98
Gestalttherapeut 211
-therapie 35
Gruppentherapie 210

Herz-Kreislauf-Krankheiten 198
Herzrasen 198
Hypothesenbildung 64

Ich-kann-es-nicht-aushalten-Krankheit 73, 147, 197
Impotenz 86, 182
Individualpsychologie 34
Irrationalität 64

Kamera-Check 89
Katastrophieren 71
Kindererziehung 208
klientenzentrierte (Gesprächs-)psychotherapie 35
Kognitionen 18
Koitus 176
-verbot 174
Komplimente 143
Konsequenzen, emotionale 43
-, verhaltensmäßige 43
Konstruktion der Wirklichkeit 66
Kontrollzwang 207
Kopfschmerzen 204
Krankheitsmodell 16
Krebserkrankungen 198

Lebensphilosophie, irrationale 52
Leistungsprinzip 54
Liste, hedonistische 194
Logik 64

Magen-Darm-Erkrankungen 198
Mark Aurel 34
Massenmedien 104
Muskelentspannungsverfahren 130
Mußturbieren 71
Mystizismus 63

Neocortex 21

Onanieren 177
Orgasmus 188
–, klitoraler 177
-schwierigkeiten 171
–, vaginaler 177

Paartherapie 172
Panik 86, 156
Perfektionismus 55, 124, 207
Polizeiwagen-Beispiel 25
Probleme, emotionale 14
Psychiatrie 16
Psychoanalyse 33, 210

Rauchen 68
Realität 20, 65
–, wahrgenommene 65
Rogers 34

Scheidung 193
Schuldgefühle 168
Selbstgespräch, inneres 29, 83
Selbsthilfe 32
Selbstmitleid 110
Selbstsicherheit 180
Selektivität 19
shame-attacking-exercises 147
Sicherheit 58
sich selbst erfüllende Prophezeiung 109
Sorgen 161
Sprache 162
Störung, psychische 16
Störungen, sexuelle 170
Streß 202
Stressor 202
Sucht nach Liebe 183
System, limbisches 22

Trauer 98
Trennung 193

Überbesorgtheit 207
Umwelt 15
-bedingungen 17
Unglücklichsein 97

Vaginismus 171
Vergangenheit 61, 112
Verhalten, selbstsicheres 142
Verhaltensprobleme 14
-therapeut 211
Vorgehen, empirisches 64
Vorspiel 177

Wahrnehmung 19
–, verzerrte 66, 69, 108
Watzlawick, Paul 160
Wut 165

Ziele, menschliche 51
Zweites A-B-C 92